大学生跨文化交际能力的培养策略研究

周宝玲等　著

天津大学出版社
TIANJIN UNIVERSITY PRESS

图书在版编目 (CIP) 数据

大学生跨文化交际能力的培养策略研究 : 河北省社科基金项目 HB18JY024 / 周宝玲等著 . -- 天津 : 天津大学出版社 , 2021.7

ISBN 978-7-5618-6996-3

Ⅰ . ①大… Ⅱ . ①周… Ⅲ . ①大学生－文化交流－研究－中国 Ⅳ . ① G125

中国版本图书馆 CIP 数据核字 (2021) 第 142599 号

出版发行	天津大学出版社
地　　址	天津市卫津路 92 号天津大学内 (邮编：300072)
电　　话	发行部：022-27403647
网　　址	www.tjupress.com.cn
印　　刷	北京盛通商印快线网络科技有限公司
经　　销	全国各地新华书店
开　　本	185 mm×260 mm
印　　张	12.5
字　　数	312 千
版　　次	2021 年 7 月第 1 版
印　　次	2021 年 7 月第 1 次
定　　价	40.00 元

《大学生跨文化交际能力的培养策略研究》编委会成员

前　言

本书是在河北省哲学社会科学规划办公室的资助下，笔者主持研究的“大学生跨文化交际能力的培养策略研究”这一河北省社科基金项目的研究成果。本研究成果不仅具有很大的政策性意义，而且具有很重要的学术价值，对我国高校未来的教学改革也具有指导性的意义。

自20世纪80年代改革开放以后，我国与世界各国的沟通与交流已经遍布政治、经济、文化、教育等各个领域。在与世界各国进行交流合作或进行贸易往来时，就需要了解对象国的政治、经济、语言、文化等各方面的情况。特别是习主席提出“一带一路”倡议后，中国与其他国家的交流合作得到了进一步的扩大，因此，我国各领域工作人员在国外工作时，或者中国企业的经营活动跨越国境时，以及外国企业在中国境内进行经营活动时，本国文化必然会遭遇异国的不同文化。由于各国文化以及人们的思维方式、价值观等都有着很大差异，如果仅仅拘泥于本国文化，去考虑对象国情况、判定对象国人的想法的话，就容易产生各种问题，只有在充分理解对象国文化的基础上进行交流，才能避免产生各种冲突。因此我国要想更好地在“一带一路”背景下，与各国建立良好的合作发展关系，就需要更多具备良好跨文化交际能力的复合型专业人才。

随着我国改革开放的不断深化，对外交流活动日益增多，在我国境内进行经营活动的跨国公司也在不断增加，无论是国家层面的外交活动，还是商务领域的商务谈判以及跨国公司的经营管理等活动，都涉及不同文化背景下的交流与沟通，因此人们越来越认识到在理解对方文化背景下的交际是非常重要的。近年来教育界对大学生跨文化交际能力的培养也日益重视，这也体现在中国教育部最新颁布的《外国语言文学类教学质量国家标准》中，在外语专业的“新国标”中明确地将“跨文化交际”课程列为专业核心课程，在学生的能力培养要求中特别提到了跨文化交际能力的培养，从这一点也可以看出我国政府已经把大学生跨文化交际能力的培养在未来的外语教学中提高到了非常重要的地位。这也是我国政府在促进对外开放、扩大对外交流活动、继续推进经济全球化发展战略中的一项重要举措，是教育部在适应我国全球化发展的人才培养方面的重大改革，对今后我国高校的外语教学提出了新的要求。

跨文化交际学是20世纪60年代自美国兴起的。随着我国改革开放政策的实行和不断深入，20世纪80年代初期，我国也引进了跨文化交际学的研究。

自80年代末至90年代初，我国对跨文化交际的研究主要以引进介绍国外的研究为主，只有少数高校开设了跨文化交际学课程。1995年中国跨文化交际研究会成立，可以说标志着中国跨文化交际学学科地位的确立。自1995年至21世纪初，我国学者对跨文化交际的研究不断增强，开始发出国人学术探索之声。这一时期，跨文化交际学已经在中国外语界牢固地确立了其学科地位。进入21世纪以后，中国学者开始独立思考，以求构建具有中国特色的跨文化交际理论。为此，外语界大量引进了国外英文原著，这些英文原著大大拓宽了国内学者的视野。在吸收国外理论的基础上，中国学者结合中外交流的实际情况以及基于学科建设的理论创新意识，不断推出了新的专著和教材。此外，中国跨文化交际学会会刊《跨文化交际研究》于2009年创刊，它为国内外跨文化交际研究者提供了一个学术对话平台，也是中国跨文化交际研究日趋成熟的一大标志。

迄今为止，我国关于跨文化交际的研究中思辨成分较多，实证性研究和具体性研究较少，而且关于跨文化交际能力构成要素的研究较多，关于跨文化交际能力培养实践途径的研究较少。在此背景下，本研究针对如何提高大学生跨文化交际能力这一问题，通过问卷调查来进行具体的实证性研究，探索提高大学生跨文化交际能力的有效方法和策略，通过改革高校各专业的课程设置、增加跨文化交际的相关内容等措施来帮助学生跨越文化障碍，使其具备良好的跨文化交际能力，以期满足未来"一带一路"发展对国际化人才的需求。

为了尽可能客观、全面、翔实地反映我国高校教师、高校学生跨文化交际能力的现状以及社会各界对大学生跨文化交际能力需求的实际情况，项目组全体人员经过反复讨论，设计出了分别以高校教师、高校学生以及企事业单位为对象的3个调查问卷。经过课题组全体成员的共同努力，最终收到了受访高校教师的有效问卷样本470份、受访高校学生的有效问卷样本2 604份、受访企事业单位工作人员的有效问卷样本875份，这样大规模的问卷调查在我国跨文化交际相关研究中尚属少见。课题组成员在文献研究的基础上，运用定量和定性研究相结合的方法，对所获得的大量数据进行了系统的分类和详细的分析，最后综合地阐述了大学生跨文化交际能力培养的具体举措。因此本研究成果所得出的结论具有很强的客观性和说服力。

本书共分为六章。第一章为绪论，主要内容包括研究背景及意义、国内外相关研究现状、研究内容、研究思路、研究方法、本研究的创新点及不足等，执笔人周宝玲、解媛媛、邓颖（撰写了国内外相关研究现状）。第二章是关于跨文化交际的理论研究，主要阐述了文化与交际的关系、跨文化交际的概念及其要点、大学生跨文化交际能力培养的必要性等内容，执笔人周宝玲。第三章是高校教师对大学生跨文化交际能力培养所进行的调查与分析，主要内容是受访者的基本信息以及他们对跨文化交际能力概念的认识、对自身跨文化交际能力的评价、对所在院校学生跨文化交际能力的评价以及受访者为培养跨文化交际能力采取的教学手段及效果等。本章根据调查结果进行了总结分析和未来展望，执笔人丁宁。第四章是关于大学生跨文化交际能力的现状调查与分析。主要内容涵盖了受访高校学生的基本情况、他们对自身跨文化交际能力的评价及外语学习调查情况、所在院系师资及课程设置情况以及受访者进行跨文化交际的意愿和方式等。本章根据问卷调查结果，对在校大学生跨文化交际能力的现状及他们对所在高校现有培养措施的看法和需求进行了总结分析。本章执笔人郭媛。第五章是关于企事业单位对员工跨文化交际能力的需求调查及现状分析。主要内容包括受访者及其所在企事业单位的基本情况调查、具有较强跨文化交际能力人员调查与其他人员各方面能力的比较、所在企事业单位及员工本人对跨文化交际能力的重视程度及培养情况调查。本章对问卷调查的结果进行了综合分析及未来展望，执笔人解媛媛。在第三、四、五章分别从教、学、用三方面了解我国跨文化交际的现状和需求的基础上，第六章从教师主体、学生主体、社会主体的层面，进一步提出我国高校为提高大学生跨文化交际能力应采取的手段和策略，以期能够完善跨文化交际能力培养的方法论研究，促进高校师生意识的转变，使高校更好地为今后的跨国合作交流提供人才支撑。本章执笔人按照章节顺序分别是丁宁、郭媛、解媛媛。书后附有第三、四、五章的3个调查问卷，这3个调查问卷由课题组全体成员（周宝玲、解媛媛、丁宁、郭媛、邓颖、马千红）经过多次商讨共同完成。

本研究在课题组全体成员的共同努力下取得了较为丰硕的成果，但也存在一些缺憾，例如：课题组虽然面向全国高校及企事业单位发出了问卷，但是所回收的问卷大部分来自京津冀地区受访者，其他地区的调查结果较少。由于调查结果可能存在一定的片面性，因此研究结果具有一定的局限性。今后在条件允许的情况下，课题组将尽可能弥补这方面的不足，以期得到更全面的信息和数据，继续推进此类研究。

本书的不足之处，诚请各位前辈、同行和读者予以指正。

周宝玲
2021年1月于天津

目 录

第一章 绪 论

一、研究背景及意义

近年来，在经济全球化已经成为潮流的国际形势下，我国各界也顺应趋势，不断扩大对外交流与合作。很多企业都在努力扩大海外市场，以谋求更大的发展，同时，很多外资企业也纷纷来中国建厂，努力扩大在中国的市场份额。特别是习主席提出“一带一路”倡仪后，中国与其他国家的交流合作得到了进一步的扩大，因此，我国各领域工作人员在国外工作时，或者中国企业的经营活动跨越国境时，以及外国企业在中国进行经营活动时，本国文化必然会遭遇异国的不同文化。如果在充分理解对象国文化的基础上进行交流，就可以避免产生各种冲突；而如果仅仅拘泥于本国文化，去考虑对象国情况、判定对象国人的想法的话，就容易产生各种问题，因为各国的文化以及人们的思维方式、价值观等都有着极大的不同。我国要想更好地在“一带一路”背景下与各国建立良好的合作发展关系，就需要更多具备良好跨文化交际能力的复合型专业人才。本研究将在调查目前我国大学生跨文化交际能力现状及社会对跨文化交际复合型专业人才需求的基础上进行分析，找出目前我国高校在培养大学生跨文化交际能力方面存在的问题，并提出有效的改进策略，以期为“一带一路”背景下中国及相关国家的社会、经济、文化发展培养更多、更优秀的复合型专业人才。

中国有句俗话叫“以己度人”，也就是说人们在交际过程中最容易犯的一个错误就是以自己的思维方式和价值观来判断对方的语言和行为，然而，不同的文化背景造成不同的主观认识，而不同的认识体现在交际的各个环节，这就造成了跨文化交际的障碍。当我们以自身的经验和认识来判断对方的言行时，一旦发现对方的言行与自己的预期相差很远，就会产生困惑与失望，从而造成跨文化交际的失败和进一步的退缩。因此，在大学教育期间，我们要努力使学生具备良好的跨文化交际能力，不仅要让学生掌握外语的听说读写能力，还要让学生充分理解外国文化，学会听弦外之音、说恰当得体的外语，这样才能使学生具有良好的跨文化交际能力，以满足现代社会对国际化人才的需求。

著名的文化人类学家霍尔说，“文化和交流都依赖于语言，与他人交流是用语言来进行的”①，“语言是思想形成的一个重要因素”②。在文化环境中，人类将语言作为文化的一部分来学习，用声音符号（口头语言）还有文字符号（书面语言）来传达自己的思想（交流）。在这个过程中，信息的发出者将自己的意思和感情用语言符号（口头语言和书面语言）传达给接受者，接受者再通过听觉和视觉感知这一信息符号，在大脑中进行认知，解

① エドワード・T. ホール著，岩田慶治・谷泰訳「文化を超えて」有斐閣，TBS ブリタニカ，1984，27 页

② エドワード・T. ホール著，日高敏行・佐藤信行訳「かくれた次元」みすず書房，1970，4 页

读信息符号的意义。用语言进行交流的时候，语言的含义分为情景性含义、构造性含义、外延性含义和内包性含义，因此，即使是同样的言语，它所使用的情景不同，含义也就不同；使用的对象不同，意思也会有所差异。其中，内包性含义对于不同人来说并不是完全一致的，这一点在跨文化交流中尤为重要。语言是公认的文化载体，因此，跨文化交际学理论被广泛应用于外语教学中。

时至今日，大学生跨文化交际能力的培养已成为外语教育领域不可或缺的一部分。而对于毕业后就面对“一带一路”新发展形势的大学生来说，具备良好的跨文化交际能力，将成为他们日后择业和就业的一大助力和优势。

从20世纪80年代开始，跨文化交际学在中国的发展突飞猛进，中国的经济腾飞和全球一体化的浪潮使得各国语言和文化快速交流与融合。40余年来跨文化交际领域不断增加的研究成果不仅使跨文化交际学在近几年的国内外语教学和对外汉语教学中应用日益广泛，还引起教育部的重视。在英语专业的“新国标”中也提到“学生应具备英语语言运用能力、文学赏析能力、跨文化交流能力、思辨与创新能力、一定的研究能力、自主学习能力和实践能力”，其他语种的“新国标”中也阐述了同样的内容和要求。目前针对非外语专业学生如何有效地在大学学习期间提高学生跨文化交际能力的研究还很少。很多人认为，非外语专业的学生将来如果需要和外国人协同工作，那么久而久之外语自然就会学好了，在大学期间学习时无须重视外语教学；而目前的大学外语教学大多只重视学生的听力和阅读能力，并不重视对外国文化的理解。因此很多学生步入工作岗位后，刚刚开始在异文化环境中工作，因为跨文化交际能力差，都或多或少产生过不适与困惑，有的甚至因为觉得自己不具备足够的跨文化交际能力而中途放弃在国外工作的机会。

在关于跨文化交际的研究方面，以“跨文化交际”为关键词搜索知网论文数据库，2015年以来共有2 458篇论文，主要集中在论述跨文化交际的重要性、外语专业课堂教学中跨文化交际能力的培养、跨文化交际与翻译、跨文化交际案例等方面。对非外语专业学生来说，除了语言教学以外，还必须理解外国文化，而跨文化交际理论教育的研究还很少。因此，本项目组认为本课题具有很好的研究价值和创新性。

本研究在系统论述跨文化交际理论的基础上，针对我国高校学生跨文化交际能力培养的现状，从高校教师、学生及用人单位3个不同角度分别进行问卷调查，根据实证调查的结果进行综合分析，找出目前我国高校在培养学生跨文化交际能力方面存在的问题以及改进对策，为我国高校今后在培养大学生跨文化交际能力方面提出建设性的意见，指明我国高校外语教育未来的改革方向。本研究对我国高校外语教育改革具有现实的指导意义。

二、国内外相关研究现状

2010年颁布实施的《国家中长期教育改革和发展规划纲要（2010—2019年）》明确提出，要“开展多层次、宽领域的教育与合作，提高我国教育国际化水平”，要“培养大批具有国际视野、通晓国际规则、能够参与国际事务和国际竞争的国际化人才”。中国法语教学研究会会长曹德明在2011年提出，以国际化培养为主线，以学生发展为工作中心，全力培养善于进行跨文化交际的国际型外语人才；倡导在人才培养定位和课程设置上，更加接近国际化需求，创新教育方式，强化思维训练，尤其是要打造高水平、国际化的师资队伍，扩大国际交流规模，强化交流效果。早在 1972 年，美国社会语言学家 Hymes 最先提出了交际能力概念，主要包括两方面：①语法性，即合乎语法；②可接受性，即在文化上的可行性，在情境中的得体性和现实性。Canale & Swain（1980）提出交际能力由语法能力（grammatical competence）、社会语言学能力（socio-linguistic competence）、语篇能力（discourse competence）和策略能力（strategic competence）组成。

综上所述，跨文化交际能力的培养、跨文化意识的形成和文化知识的建构是密切相关的。学生须在养成跨文化意识的基础上，掌握相关语言知识和文化知识，培养语言能力和语用能力，并在交际实践过程中通过文化融入和策略培训等手段，进一步提升跨文化交际能力。

（一）国外研究现状

跨文化教育（intercultural education）体现着在不同文化之间的交流与互动。从英语构词和词义的角度来看，即可看出跨文化教育是一个动态概念，是一种促进各种文化在社会中平等交融的动态过程。

1959 年，美国文化人类学家爱德华•霍尔（Edward T.Hall）出版了《无声的语言》（*The Silent Language*），学术界普遍认为，这标志着美国跨文化交际学的开端。1996 年，美国颁布了《21 世纪外语学习标准》（Standars for Foreign Language learning in the 21st Centry）并指出：外语教育应包含 5 个目标：交流（communications）、文化（cultures）、联系（connections）、比较（comparisons）和群体（communities）。其中，语言是外语学习的重点，文化是交际的基础保障，联系是外语学习的重要目的，也就是如何应用所学的外语去巩固和拓展已学的其他学科知识或获取其他学科知识，这三方面是外语界普遍认同和长期践行的目标，这些概念强调了外语学习对于学习者认识本族文化、参与多元文化活动的重要作用。Ting-Toomey（2007：16）认为“Cross-cultural”特指发生在同一主流文化背景下不同亚文化之间的交流，而“Intercultural”则是来自不同文化群体成员之间的符号交流（包括共享意义和符号体系），由知识、动机和技能构成，三者缺一不可。知识是指跨文化交际所需的跨文化意识，以及对他者文化的理解，例如，他者文化的交流规则、语境、民族特性等。动机则包括跨文化交际中的情感、意图、需要和动力，焦虑、社交距离、民族优越感和偏见都会影响交流者参与或放弃交际的决定。技能指的是交际语境中有效而恰当的行为和表现，技能必须可重复操作，并以实现目标为导向（ Spitzberg，2000）。这 3 种因素可以通过教育、经历和有指导的实践来后天获得，换言之，每个人通过相关学习都可以成为合格的跨文化交际者。当今国际跨文化研究领域著名学者迈克尔•拜拉姆（Michael Byram）教授于 1997 年出版了《跨文化交际能力的教学与评估》（*Teaching and Assessing Intercultural Communicative Competence*），他从跨文化的角度诠释了外语教学，认为学习外语的目的应在于对国外的世界有更多的了解，并且能有效地与外界进行沟通（Byram，1997：10）。国际上较为关注跨文化交际主题，刊载数量较多的 3 个国际期刊分别是 *Language and Intercultural Communication*，*International Journal of Intercultural Relations*，*Journal of Pragmatics* 近些年，国际跨文化交际研究的发文数量则呈现出增长态势，并在 2017 年达到了 318 篇的年度发文量峰值。

（二）国内研究现状

与国外相比，国内跨文化交际研究出现得较晚，始于20世纪80年代初期，主要以引进和介绍国外的跨文化交际理论为主。跨文化研究学者提出：英汉两种语言中，表面上对等的词汇实际文化内涵并不对等，该观点推动了外语界去关注语言与文化对比研究。美国Trinity大学与中国哈尔滨工业大学外语系在1995年8月联合举办了中国第一届国际跨文化交际研讨会。之后，该研讨会隔年举办，参加者以国内学者居多，但也不乏诸多外国学者。因此，可以说1995年中国第一届国际跨文化交际研讨会的成功举办标志着中国跨文化交际学学科地位的确立。关世杰教授于同年推出的《跨文化交流学：提高涉外交流能力的学问》被视为我国跨文化交际研究发展的里程碑，该时期是跨文化交际研究的借鉴和初创阶段。

1996—1999年是跨文化交际研究的提升和拓展阶段。该研究从“引介阶段”开始走向“创作阶段”，内容倾向于中外文化对比、外国文化介绍、理论介绍、方法论探讨和研究模式探索。在中国跨文化交际研究继续推介跨文化交际学这一新兴学科的同时，不但成立了专门的研究学会，而且学术对话有所增加，开始发出国人学术探索之声，全国各高校也相继开设了跨文化交际课程。

进入21世纪之后，跨文化交际研究进入高潮和深化阶段。随着中国加入世界贸易组织（WTO），以及对外经济、文化交流的日益广泛和人际交往的不断扩展，跨文化交际人才的需求迅猛增长，我国跨文化交际学科呈现出快速发展的势头，研究机构和研究人员不断增多，与国外的学术交流日益频繁。中国学者开始尝试构建具有中国特色的跨文化交际理论。大量的国外英文原著被引入中国，大大拓宽了国内学者的视野。基于学科建设的理论创新意识，中国学者结合国外理论和中外交流情况，不断推出了新的专著和教材。教育界越来越重视大学生跨文化交际能力的培养，开设跨文化交际学课程的高校也在不断增加。我国教育部颁布了《外国语言文学类教学质量国家标准》，明确地将“跨文化交际”课程列为专业核心课程。2009年，《跨文化交际研究》正式创刊，每年一期，该刊物为国内外跨文化交际研究者提供了一个学术对话平台，这标志着中国跨文化交际研究日趋成熟。

由于其交叉学科的性质，跨文化交际学吸引了不同学科的学者著书立说，在国内尤以传播学界和外语界为最，胡文仲、李炯英、彭世勇、张向阳、关世杰等学者均对我国现有研究做过回顾总结。本章节将主要以2010—2019年我国跨文化交际研究论文为对象，探析我国近10年跨文化交际研究的发展变化。鉴于国内学者存在不同的译名和研究角度，考虑到主题中包括“跨文化”的论文有很大一部分与跨文化交际的关联性不大，分析其内容后，将部分论文排除在研究范围之外，以避免对研究结果产生误导。

1. 研究问题与研究方法

本节采用语料库定量研究方法统计2010—2019年我国跨文化交际研究的发展现状。定量研究，即运用测量、统计分析和建立模型等方法量化处理数据、资料和信息，目的是测定对象特征数值、确定研究对象某方面量的规定性或总结某些因素之间量的变化规律，该研究方法具有较强的精确度和确定性。本节以中文社科引文索引（CSSCI）为范畴，以“跨文化”“跨文化交际”为关键词或篇名，检索了2010—2019年间发表的论文，对我国跨文化交际研究的近况进行数据归类及统计分析，力求探究近 10 年我国外语界跨文化交际研究的热点话题、主题分布、研究方法、研究发展脉络，分析优点及不足，以期为未来研究提供参考。

2.2010—2019 年我国跨文化交际研究的总体发展趋势与特点

1）CSSCI 期刊论文发表概况

数据统计结果显示，2010—2019 年我国各类学术期刊上共发表跨文化交际类论文 5 195 篇。其中，CSSCI 期刊发表了 2 117 篇以“跨文化”为关键词或篇名部分文字的论文；以“跨文化交际”为关键词或篇名部分文字的论文为 287 篇（各年份发表的论文数量详见图 1-1 和图 1-2）。相对于“跨文化教学”（26 篇）、“跨文化管理”（36 篇）、“跨文化交流”（70 篇）而言，学者更关注跨文化交际，关注度最高的两个刊物分别为《外语界》和《中国教育学刊》。以上数据表明，近 10 年来，学术期刊及国内学者一直很重视跨文化交际的研究，语言学、文化学、经济学比其他学科更关注跨文化交际研究，因为外语教学有机结合了语言、文化、交际等，必然成为开展跨文化交际教育的重要平台。

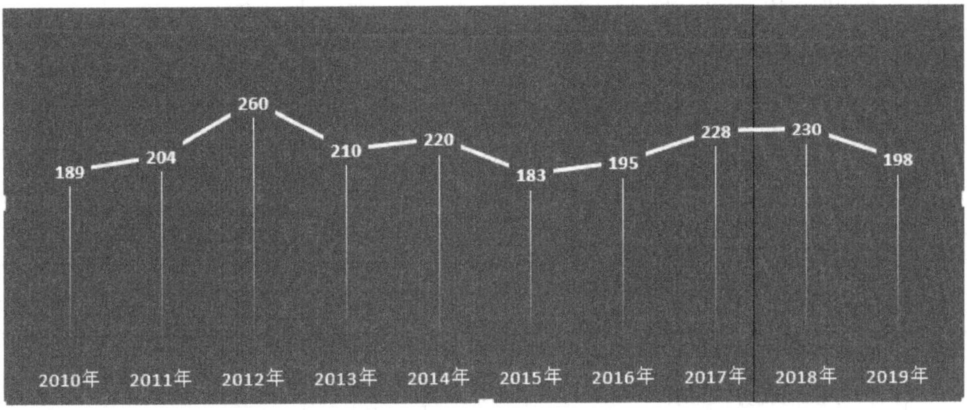

图 1-1 2010—2019 年 CSSCI 期刊“跨文化”论文发表情况概览

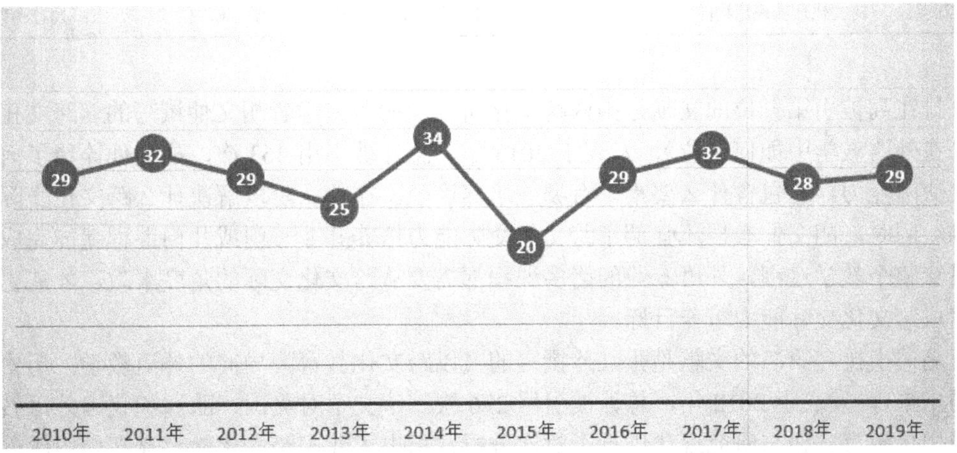

图 1-2 2010—2019 年 CSSCI 期刊“跨文化交际”论文发表情况概览

2）研究主题分布特点

国内跨文化交际研究的热点主要集中在语言学领域，跨文化相关的研究集中在跨文化交际能力培养、跨文化教育 / 教学、跨文化与语言的关系等方面，研究范畴比较集中，原因在于跨文化交际学最初由外语界引入我国，因而在外语界最先得到关注与认可，且学科队伍中“大部分为外语专业教师”。例如，其中 4 篇探讨跨文化交际教材的论文均为英语学科，尚未涉及小语种教材，6 篇探讨跨文化传播的论文，集中在文化学领域。

3）高被引文献分析

为梳理跨文化交际的研究架构，本节对近 10 年该领域的文献进行梳理，文献的被引频次可以在一定程度上反映了该研究的影响度。表 1-1 统计了 CSSCI 期刊排名前 10 名的高被引文献，并附上文献的作者、出版时间等相关信息。

表 1-1 CSSCI 期刊排名前 10 名的高被引文献

被引排名	篇名	作者	刊名	发表时间
1	跨文化交际能力在外语教学中如何定位	胡文仲	外语界	2013-12-25
2	以跨文化教育为导向的外语教学：历史、现状与未来	张红玲	外语界	2012-04-25
3	翻译与跨文化交际策略	孙艺风	中国翻译	2012-01-15
4	跨文化适应研究现状综述	王丽娟	山东社会科学	2011-04-05
5	跨文化传播的基本理论命题	单波	华中师范大学学报（人文社会科学版）	2011-01-27
6	大学英语跨文化教学的模式构建——研究现状与理论思考	孔德亮；栾述文	外语界	2012-04-25
7	翻译与跨文化阐释	王宁	中国翻译	2014-03-15
8	跨文化交际能力体系的构建——基于外语教育视角和实证研究方法	张卫东；杨莉	外语界	2012-04-25
9	跨文化交际能力培养与大学英语教学	葛春萍；王守仁	外语与外语教学	2016-04-15
10	跨文化适应理论构建	陈国明；余彤	学术研究	2012-01-20

排在高被引第一位的文献是国内跨文化研究领域著名学者胡文仲撰写的《跨文化交际能力在外语教学中如何定位》，发表于 2013 年，总计被引用 463 次，胡文仲诠释了何谓跨文化交际能力，它包含什么要素，有哪些培养途径，在什么阶段解决什么跨文化交际能力问题。同时，胡文仲教授还强调了跨文化交际能力培养并非一门或几门课程就能完成，必须贯穿整个教学过程，外语专业的诸多课程都需要从跨文化交际的角度来教，才能更有效地达成跨文化交际能力培养目标。

高被引排名第二的文献是张红玲撰写的《以跨文化教育为导向的外语教学：历史、现状与未来》，发表于 2012 年，总计被引用 296 次。该文章对美国、欧洲和我国外语教学中的跨文化教育实践与研究现状进行了对比分析，指出了我国跨文化教育存在的问题，并建议通过借鉴欧美国家的跨文化教育经验，制定符合我国国情的教学大纲，编写教学材料，研讨教学方法，开展教师培训，从而将跨文化教育理念落实到教学的各个环节。

除此之外，《大学英语跨文化教学的模式构建——研究现状与理论思考》发表于2012年，总计被引用198次。该文章以2001—2010年的大学英语跨文化教学研究的主要文献为研究对象，以“文化”“跨文化”“教学方式”等为检索主题词，分析大学英语跨文化教学的研究现状，探索本土化、多元化和可持续发展的跨文化教学形式，从而构建大学英语跨文化教学的结构模式、实践模式。其主要策略为：实施教师跨文化能力培训工程，提高教师的综合能力；平衡语言和文化，突出导向功能；比较中西文化，融会贯通；教材结合英语新闻，与时俱进；引入文化测试，形成常规，完善跨文化评价体系。

《跨文化交际能力体系的构建——基于外语教育视角和实证研究方法》发表于2012年，总计被引用188次。该文章认为，绝大多数的跨文化研究模式是建立在概念整合与理论归纳的基础之上的，主观见解有余，基础实践不足，而跨文化交际能力从本质上讲是一种行为层面上的能力，缺少实践的支撑，也就违背了它的基本属性。因此，它从中国外语教育视角出发，提出跨文化交际能力体系的预设：互相联系、互相制约的3个维度（文化意识维度、文化知识维度、交际实践维度）13个要素构成一个整体，用实证研究方法进行调查和访谈，通过数据分析来解释和印证该体系在跨文化交际实践中的合理性、必要性和可行性，建设符合中国人需求的跨文化交际能力体系。

《跨文化交际能力培养与大学英语教学》发表于2016年，总计被引用164次。该论文梳理了大学英语教学中有关跨文化交际能力培养的问题，在阐述跨文化交际能力的概念及含义的基础上，提出跨文化教学是大学英语跨文化交际能力培养的切入点，内容涉及语言基础、应用实践以及素质培养三大类教学内容，培养形式主要是课堂教学和课外主题活动两种。同时，可以通过加强师资培训、开发优质教材、培养双向跨文化意识和实施实践培训项目等途径来培养跨文化交际能力。

（三）国内相关研究的不足之处

国际跨文化交际研究起源于社会心理学，起初旨在应对和解决现实问题，比如移民、留学生、患者的跨文化冲突及跨文化适应问题，因此其相关研究非常务实。进入21世纪后，该领域的国际研究才逐渐涉及语言、语言学以及语言教学。在国内，语言学、经济学、文化学比其他学科更关注跨文化研究，研究外语教学、语言、文学与文化关系，其他学科的参与程度及重视程度仍显不足。因此，国内跨文化交际研究的学科领域和范畴亟待拓展，寻找多学科交叉的复合式研究之路。国内跨文化交际研究多围绕探讨如何增强学生的跨文化意识和敏感性，使他们能够根据不同语境灵活调整自己的文化参考框架，从跨文化的视角去看待、分析和解决问题，以保证交际的有效性和恰当性；如何增强跨文化教学意识，优化教学资源；如何调整培养目标、课程设置、教学理念，丰富教学内容、教学方法和教学活动设计、学校教育与社会实践互相结合，从而将跨文化教育理念贯穿于外语教学的各个环节。国内跨文化交际研究的思辨成分多，实证性研究和具体性研究少；机械性、介绍性研究多，本土性、创造性研究少；跨文化交际能力的构成要素研究多，跨文化交际能力的实践途径研究少；静态研究多，动态研究少。换言之，偏向于“是什么”和“怎么样”，却较少涉及“为什么”和“怎么做”，缺乏可操作性。大多数实践研究只是简单罗列策略或方法，从而造成跨文化外语教学的理论和实践脱节，跨文化交际能力培养呈现无章可循、各自为政的状态，造成出现不同程度的中外文化失语现象的结果。本研究将在一定程度上弥补上述不足之处。

三、研究内容

本项目的研究内容包括：研究对象、总体框架、重点难点、主要目标等。

（一）研究对象

全国各地高校教师、高校学生、中外资企业、事业单位。

（二）总体框架

本项目针对如何提高大学生运用外语进行跨文化交际的能力培养这一问题进行研究，通过改革高校各专业的课程设置，增加跨文化交际的相关内容，探索出提高大学生跨文化交际能力的有效方法，帮助学生跨越文化障碍，使其具备良好的跨文化交际能力，以期满足未来“一带一路”发展对国际化人才的需求。本研究的总体框架包括以下内容。

1. 调查目前我国高校针对大学生跨文化交际教学的现状、特点和不足

虽然现阶段我国高校在外语教学上取得了一定成就，但仍有不足，主要体现在：学生只懂外国语言，不了解外国文化，更不了解跨文化交际中应注意的种种问题。因此大学生毕业后到外国继续深造或到外资企业工作后，就会在日常学习、工作和生活中遭遇不同文化间的冲突问题。

2. 有针对性地提出教学方法的改革及课程设置的建议，进行理论研究与教学实践

针对目前我国高校在跨文化交际的教学实践中的不足，提出解决对策。可从以下几方面切入。

（1）加强教师队伍建设，提高教师自身的跨文化交际能力及课堂教学水平。

（2）继续完善跨文化交际的相关课程设置。

（3）激发学生们对外国文化的兴趣，让学生们自发地在课后继续学习研究。

（4）开设外语辅修二学位与外语校选课，可以让有需要的学生自行选择语种和课程。

3. 调查大学生的跨文化交际的需求，实证调查与分析研究

此项调查能够充分发挥项目组成员本身即为外语教师的优势，他们能够运用自己的专业知识，为学生提供更多更有效的帮助。

（三）拟突破的重点和难点

1. 调查对象的代表性和普遍性

通过对教、学、用这三方面的调查，以期整体和客观地把握调查对象。

2. 调查手段的科学性和可靠性

通过大量的问卷调查来得出较为科学的依据和可靠的结论。

3. 所提建议的科学性和可行性

通过对社会需求的调查及对外语专业“新国标”中具体要求的研读，提出适合新阶段外语教学改革的方案。

（四）主要目标

本项目对如何提高大学生跨文化交际能力的教学方法及课程设置进行研究，探索提高大学生跨文化交际能力的有效方法，并在河北省乃至全国高校推广，为学生打下良好的跨文化交际能力的基础。为此，本项目组成员希望通过此次项目研究实现以下几个目标。

（1）客观地了解我国大学生的跨文化交际现状和需求，掌握第一手资料。

（2）通过对双语人士的访谈和调查，有预见性地引导学生的言语和非言语交际技能。

（3）撰写对快速提高大学生跨文化交际能力富有实践意义的论文及著作，切实为提高非外语专业学生跨文化交际能力提供有效的教学方法及合理化建议。

四、研究思路和研究方法

（一）本研究的基本思路

首先对全国各地区高校的学生、相关教师以及企事业单位分别进行问卷调查，了解目前教、学、用三方面关于跨文化交际的现状和需求，然后根据调查结果提出可供今后高校在大学生的跨文化交际能力培养教育方面切实可行的建议。基本思路归纳为：理论总结—实证调查—整理数据—数据对比—辩证分析—得出结论。

（二）具体研究方法

本研究将采用文献研究和问卷调查相结合的方法。

1. 文献研究

本研究主要对现有的文献资料进行系统搜索和分析，通过对国际关系学、政治学、经济学、管理学等领域的文献研究，探讨大学生跨文化交际能力的重要性，以及目前在大学生跨文化交际能力培养中存在的问题。

2. 调查研究

本研究主要通过问卷调查法针对高校学生、教师和企事业单位进行调查。

1）对学生主体的调查

大学生目前的跨文化交际能力（外语表达能力、专业外语掌握情况、与不同文化者交流合作的能力、个人职业生涯规划与跨文化交际是否有关等方面）现状及其对跨文化交际教学的建议。

2）对教师主体的调查

高校外语教师本身的跨文化交际能力及其培养学生跨文化交际能力的手段及效果。

3）对社会主体的调查

企事业单位自身的未来发展是否对员工跨文化交际能力有要求，是否需要更多具备良好跨文化交际能力的复合型人才。

4）综合分析

本研究从学生、教师、企事业单位三方面得到的数据分析总结了目前大学生跨文化交际能力的水平，大学生对提高自身跨文化交际能力的诉求，教师跨文化交际能力的水平，教师对培养学生跨文化交际能力的重视程度及教学手段，企事业单位对具备跨文化交际能力人才的需求等，并结合目前“一带一路”的发展背景进行现状分析，提出跨文化交际能力对未来发展的重要性，提出有利于提高大学生跨文化交际能力的手段和策略，以期培养更加符合社会发展需求的高水平国际化人才。

五、本研究的创新点及不足

迄今为止，我国高校只重视大学生的外语语言教学，而对学生的跨文化交际能力的培养不够重视。关于跨文化交际的研究也大多是理论研究和外语教学方法的研究。而本研究结合“新国标”中对学生跨文化交际能力培养的要求以及我国“一带一路”倡仪发展的新形势和新需求，通过对大量高校教师、学生以及用人单位进行问卷调查，全方位地分析我国高校大学生跨文化交际能力、水平及教学现状，找出目前在大学生跨文化交际能力培养方面存在的问题，系统性地从构建合理化教学体系、多元化能力培养模式，激发学生积极性，增强大学生社会竞争力等方面进行研究论证。最后根据研究结果提出今后高校如何提高大学生跨文化交际能力的切实可行的具体方法与策略。通过对大量实证调查结果的分析得出的结论更具有实际意义，同时还具有很强的说服力。

本研究的不足之处在于，项目组虽然面向全国高校发出了问卷，但是回收的问卷大部分来自京津冀地区受访者，其他地区的调查结果较少。由于调查结果可能存在一定的片面性，因此研究结果具有一定的局限性。调查对象的局限性使研究结果的全面性受到了一定的影响。今后在条件允许的情况下将尽可能弥补这方面的不足，以期得到更全面的信息和数据。

第二章　关于跨文化交际的理论研究

一、文化与交际

（一）文化及其特性

1. 文化的概念及其范畴

人类在从出生到长大成人的过程中，受到周围的生活环境和社会环境（家庭、学校、职场等）的影响，形成其价值观、思维方式、行为模式等。每个人所处的环境都带有其所属文化的特征，而文化背景又会影响人的行为模式及思维方式，因此属于不同文化的人，其价值观、思维方式、行为模式等都各不相同。总之，在我们每天生活中所体现出来的状态，都是基于文化类型而形成的，人们的语言和非语言交流方式，也都基于自身成长的文化背景。

那么，什么是文化呢？不同国家不同领域的学者都给出了不同的定义，而最先给文化下定义的是英国的人类学家泰勒，他认为"文化和文明就其广泛的人种学而言，是一个复杂的整体，包括知识、信仰、道德、法律、风俗以及作为社会成员的人所获得的才能与习惯"①。文化既包括世界观、人生观、价值观等具有意识形态性质的部分，又包括自然科学和技术、语言和文字等非意识形态的部分。文化是人类社会特有的现象。文化是由人类所创造、为人类所特有的。文化是智慧群族的一切群族社会现象与群族内在精神的既有、传承、创造、发展的总和。人类传统的观念认为，文化是一种社会现象，它是由人类长期创造形成的产物，同时又是一种历史现象，是人类社会与历史的积淀物。确切地说，文化是凝结在物质之中又游离于物质之外的，能够被传承的国家或民族的历史、地理、风土人情、传统习俗、生活方式、文学艺术、行为规范、思维方式、价值观念等，它是人类相互之间进行交流的普遍认可的一种能够传承的意识形态，是对客观世界感性上的知识与经验的升华。分析各文化特征的方法之一，就是研究文化的范畴。根据美国社会学家菲利普・R. 哈里斯和罗伯特・T. 莫朗的说法，构成文化的独特要素可分为以下 10 个范畴②。

（1）语言和交流。语言和非语言交流所表达的含义因文化不同而不同。有的国家本身就有 15 种以上的语言，而且每种语言还各有方言、俚语、术语等。另外，手势等身体语言在不同文化背景下所表达的含义也不同。

（2）服饰与姿容。穿戴的衣物和装饰品体现着各种文化独有的特点。例如：日本的和服、非洲人的头饰、英国人的礼帽和洋伞等都体现了不同的文化特点。

---

① 朱筠笙编著 . 跨文化管理 [M]. 广州：广东经济出版社，2000，27 页

② P.R. ハリス、P.T. モーラン、国際商科大学国際交流研究所監訳 . 異文化経営学 [M]. 日本：興学社，1983 年，92-98 页

（3）食物和饮食习惯。食物的种类、制作方法、呈现方式以及食用方法也是因文化不同而不同的。一种文化中的宠物在另一种文化中则成为美味佳肴，如美国人喜欢吃牛肉，而这在印度是被禁止的。饮食习惯因文化不同也不尽相同，饮食的工具也因文化而异，如：既有用手食用食物的文化，也有用筷子用餐的文化，还有用成套餐具用餐的文化。即使同样使用叉子，欧洲人与美国人的使用方法也有所不同。

（4）时间与时间观念。对于时间的理解和感知也因文化不同而不同，既有严格遵守时间的文化，也有不严格遵守时间的文化。例如：德国人和日本人是严格遵守时间的，而拉丁人通常被认为是比较散漫的，不守时的。甚至于在有的文化背景下，对时间的严格遵守程度还因年龄的大小和地位的高低而不同。

（5）表彰与奖励。从各种表彰与奖励的方式中也能看出文化的差异。对做了好事立功的人进行表彰而举行的庆祝活动也因文化不同而不同。例如：既有举行大型庆典活动的，也有举办庆功宴的，还有举办联欢会的。

（6）人际关系。文化是通过年龄、性别、地位、血缘关系以及财富、权力、智慧将人们之间和组织之间的关系确定下来的。不同的文化决定了其人际关系和组织之间关系的不同。家庭单位是最典型的，例如：在印度，通常是母亲、父亲、孩子、祖父、祖母、叔父、叔母、堂兄弟姐妹都生活在一个大家庭中。在这样的家庭中，一个人的生活角色已经被定位，以男性为一方，以女性为一方。

（7）价值观和规范。人以何为重？需要什么？在一个群体中重视怎样的行为？这些都取决于其所属的文化。那些为解决温饱问题而努力的人们，自然会重视吃、穿、住等生存问题；而在认为安全最重要的群体中，人们则更重视物质、金钱、在职场中的地位、法律和秩序等。从价值观体系来看，无论任何事情，文化都为其所在的社会设定了行为规范，事物好坏的判断基准也因文化而异，文化对社会行为规范起到了决定性作用。

（8）人的自我意识和空间意识。关于如何看待自己这个问题也存在文化差异。自我认同和欣赏在一个社会中可能会以谦逊的态度表现出来，而在另一个社会中可能会以自我显示的态度表现出来。在有的文化中，互相协助与顺应会比自立和创新得到更好的评价。关于对空间距离的认识和理解，在美国文化中要求人与人之间要保持一定的距离；而在拉丁文化和越南文化中需要人们之间保持较近的亲密感。在每一种文化中，人们都以其独特的方式来认可自己。

（9）思维方式和学习方式。由于不同的文化强调人的大脑发达的不同侧面，因此在人们的思维方式和学习方式上也产生了很大差异。文化人类学家霍尔认为思想、知性是一种主观的文化，它包括人们如何组织和处理信息的过程。学习或者不学习某种特定信息，或者以什么方式学习都是由其所在文化明确界定的。例如：德国人强调逻辑，而日本人则拒绝西方的思维方式。有的文化重视抽象思维和概念化，而有的文化则倾向于机械地记忆和学习。但是各种文化的共同点是它们都有自己的推理过程，但这个过程又具有它们各自独特的方式。

（10）信仰、信念和态度。要了解一个文化群体的信仰是什么，它给人们的人生观和世界观会带来什么样的影响是非常困难的，但是所有文化中的人似乎都对一种超自然的力量表现出了关注，这一点可以从他们的宗教实践活动中得到证明。在各种文化中的宗教传统也自觉或不自觉地影响着我们对生死及来世的态度。西方文化主要受到基督教、伊斯兰教的影响；而东方文化则受佛教、儒教、道教和印度教的影响更大。宗教在某种程度上表明了人们的人生观，它受到其所属文化的影响，同时因文化不同，人们对待信仰、信念的态度也不同。

2. 文化的特性

从上述构成文化的各种要素来看，文化具有以下五大特性[①]。

（1）文化是人类所独有的，是人类区别于动物的主要标志。文化是社会遗产，而不是生理的遗传。

（2）文化不是先天所有的，而是通过后天习得的。一个人具有什么样的文化，并不取决于他的种族，而取决于他所处的文化环境。

（3）文化大部分存在于人的潜意识中。人们在行动时并没有意识到自己的文化在支配着自己。我们对于自己的文化的许多方面通常都视为理所当然，只有在与异文化接触时，才会感到自己文化的独特之处。

（4）文化是人们行动的指南。我们的一言一行都是我们所处的文化所决定的，我们的衣食住行都处于一定的文化约束之中。

（5）文化是动态的，文化的形态与一定的历史时期相联系。文化一旦形成就具有一定的稳定性，但同时又是不断变化的。例如：在几千年的历史中，中国文化随着时代的变迁产生了巨大的变化。

文化虽不太被人所意识到，但其实文化因素的影响伴随每个人从生到死，遍布生活的各个领域。文化通过人的交际与交流得到传承和进一步的发展。文化是交际的基础，人们的交际方式受各自所属文化的影响，同时又大大依赖于自身所属的文化[②]。所以交际和文化一样，对于人类是不可或缺的东西。人只要活着，就要身处各种各样的团体，和他人进行交际与交流。换言之，人的一生都在不停地以各种形式进行交际。文化人类学家霍尔说："人类的交际行为更多的是与其生理无关的进化行为。我们的语言就是其中之一，若不理解其所属文化或亚文化，那么也就无法正确理解它的真正含义。"[③]巴纳德在组织论中也提到组织成立的三要素（交际、贡献意识和共同目的）中最重要的要素就是交际。所以可以说，交际是人类日常生活和工作中不可缺少的行为。

（二）交际

交际在中国是一个古老的概念。在《现代汉语词典》中将交际定义为"人与人之间的往来接触"。而本文中提及的交际，主要是英文"communication"这个词的翻译。作为学术上的术语，交际的定义也和文化一样是多种多样的，通常是指人与人之间相互作用的过程，这个过程由传递方、接收方、信息、传媒、噪声等因素构成。交际可以分为意识性的和无意识性的两个层面。除了通过语言进行交际以外，通过面部表情、视线、体态等非语言行为也可以将信息传递给接收方[④]。

---

① 胡文仲．跨文化交际学概论 [M]. 北京：外语教学与研究出版社，1999，36-42 页

② L・A・サモーバー著、西田司等译．異文化間コミュニケーション入門 [M]. 日本：聖文社，1983，3 页

③ エドワード・T・ホール著、岩田慶治訳．文化を超えて [M]. 日本：TBSブリタニカ，1984，56-57 页

④ 樊葳葳、陈俊森、钟华编．外国文化与跨文化交际 [M]. 武汉：华中科技大学出版社，2008，2-3 页

在人与人之间的交际过程中，在理解对方传达的信息符号（语言符号或面部表情等非语言符号）时，围绕交际活动的情况判断及对场景的解读是非常重要的。而且在交际过程中所使用的信息符号的含义依赖于其文化的语境（context）。因此，可以说交际受其所属文化的语境影响，而语境又极大地影响了交际的形式和内容。德国语言学家 Wegener 认为，语言的意义只有根据语境才能确定。他指出语境概念包括的因素很多，大致可分为 3 种：一是说话时的客观情景，二是受话者能够直接联想到的各种成分或因素，三是人的整个心态，尤其指交际双方对各自身份的意识程度。文化人类学家霍尔认为，人类交际（包括语言交际）都要受到语境的影响，如果没有语境，符号是不完全的。语境是交际中的一个重要因素，它是由物理环境（时间、地点、空间距离等）和社会环境（如：他人的存在与否、与对方的关系等）构成的。语言交际离不开语境，一定的语境可以防止交际双方由于信息符号的差异或噪声而产生信息传递不畅，并可以帮助接收者推测出对方的意图。文化不同，交际时对语境的依赖程度也不同。

霍尔将文化分为“高语境文化”（high contextculture）和“低语境文化”（low contextculture）。所谓高语境文化，是人们之间缔结着较为深层的人际关系，其中的成员有着相似的理解和认识，即使是看似简单的信息中也蕴含着复杂的含义，这种文化就是高语境文化。由于传统和历史的原因，高语境文化中的人们长期生活在固定的地方，生活节奏井然有序。在这种彼此相知的社会中，人们总是对环境作出相同的回应，交际行为成为固定的模式。而且，高语境文化中语言表达含糊，信息更多地存在于文化的内涵之中。高语境文化中人们之间联系密切，共知信息或共有背景知识较多，集体主义倾向明显。高语境文化中的非语言交际具有重要作用，语言不必是主要的信息渠道，手势、空间距离甚至沉默都可以传达思想，沟通感情。另一方面，低语境文化是由于成员之间所共有的信息是有限的，所以在交际过程中自己要明确地表达自己想要传递的信息，将自己的意图明确表示给对方，只有明确表达的言语本身才具有意义。低语境文化中的人口同质性较低，人们居住松散，人际关系相对独立。由于缺少共同的生活经验，因此在交际过程中，人们一定要提供详细的背景信息。低语境文化中的信息大多存在于语言中，而非情境中，要求语言具体、准确。由于低语境文化中人们之间的联系较为松散，因此强调个性和个人主义。

高语境文化下的语言交际对语言的依赖性较小，对语境的依赖度高，说话讲究含蓄、委婉。如：中国、日本都属于高文化语境，汉语的“心有灵犀一点通”“不言自明”“不言而喻”以及日语的“以心传心”“闻一知十”“沉默是金”等都是高语境文化的一种反映。低语境文化下的语言交际对语言的依赖性大，对语境的依赖度低，交际的双方大多依赖明确的语言信息，说话比较直截了当，如：美国、德国都属于低语境文化。在低语境文化中口才好、善于表达的人会受到较高的评价和认可①。“高语境文化”和“低语境文化”的特征如表 2-1 所示。

---

① 樊葳葳、陈俊森、钟华编．外国文化与跨文化交际 [M]. 武汉：华中科技大学出版社，2008，3 页

表 2-1 高语境文化和低语境文化的特征

高语境文化	低语境文化
1. 对语言的依赖性小 2. 对方的语言包含 10 种意思 3. 对非语言表达依赖性大 4. 比之特定语言，理解信息意思更多是通过事物状态和内部知识而判断 5. 在跨文化交际中过分斟酌交流中信息的含义（overscanning） 6. 重视场面话、和谐、形式	1. 对语言的依赖性大 2. 对方所言即为对方所意 3. 对非语言表达依赖性小 4. 信息大部分通过书写、口述等特定语言来传达 5. 在跨文化交际中不斟酌交流中信息的含义（underscanning） 6. 重视真心话、诚实、内容

出处：林吉郎《異文化インターフェイス経営》日本经济新闻社，1994，72 页.

如表 2-1 所示，高语境文化下的交际依赖于彼此的共有信息，对语言的依赖性相对较小；而低语境文化则更依赖于语言，因此更注重语言表达能力。所以，当属于同一语境文化的人之间进行交际时，由于交际双方在很多方面具有共享的语言符号和非语言符号，所以其交际行为才能有效，不太容易出现问题。而当信息发出者和接收者属于不同文化语境时，由于交际双方的语言符号和非语言符号所表现的意思不同，因而在交际过程中容易发生误解和偏差。因此，交际双方要充分了解对方的文化特点，根据对方的文化语境采用适当的语言符号和非语言符号，以产生有效的交际行为和良好的交际效果。

终上所述，在一般的交际过程中，由于信息发出者基于自己所属的文化进行表达，信息接收者在接收信息后会基于自身所属的文化去认识和解释。即在通过信息传递进行交际的过程中，交际的结果依赖于交际者各自所属的文化，交际方式也取决于其所属文化。总之，文化和交际之间有着不可分割的密切关系。

（三）文化与交际的关系

人与人之间的交际，无论是语言交际还是非语言交际，都具有一定的社会背景，进而决定了交际必须有一定的文化背景。因此，交际是一种以文化为背景，又以文化为纽带的社会活动，二者密不可分，文化与交际之间存在着互动关系，互为因果。文化从价值深层、行为认知程序等方面影响甚至决定交际的过程与模式；交际则从交际的结果对文化的进程起到促进或阻碍的作用。由此可见，交际是个动态的、循环往复的过程，交际者的角色也在这个过程中不断转变。人是交际的主体，参与交际过程的始终，在较大程度上决定交际的结果。通过交际，文化得以传承①。

由于同一文化背景的人们在很多方面实现了共享，因而他们才能进行有效的交际。交际是一个动态多变的编译码过程，当交际者把意义赋予语言或者非语言符号时，就产生了交际。因此可以说交际受制于文化、心理等多种因素。交际不一定以主观意志为转移，可能是无意识的和无意向的活动。交际就是文化，文化就是交际。没有交际，文化是难以形成的。综上所述，我们可以得出以下结论②。

1. 交际是文化的一部分，同时又是文化的编码系统与传承工具

从社会学的角度来看，人们是在通过交际来完成社会化的过程中，习得交际能力的，

① 张鲁宁、杨颖．高语境与低语境文化交际比较 [J]．重庆社会科学，2008（2）：120-121 页

② 秦建华．文化与交际论略 [J]．运城高等专科学校学报，2000，18（5）：2-3 页

又通过交际建立起内部世界和外部世界之间的联系——交际是人们赖以生存、社会赖以活动、文化赖以传承和储存的最重要机制。

2. 文化影响着交际，交际受制于文化

交际行为是文化行为和社会行为，它必然发生在社会之中，并受社会中各种文化因素的影响和制约，尤其是世界观、价值观等文化的核心成分，会像电脑一样为人们编制行为和思维程序，进而规定交际行为的内容和模式以及编译码过程，也就是说交际行为的解释过程或译码活动都是由文化特定规则或规范所制约的。

3. 交际不仅影响着文化，还丰富着某一民族的文化，二者相互依存，相互作用

离开交际，文化的传播将会成为一纸空谈，由此可见，没有交际就没有文化。交际有时也影响或丰富着文化，给文化添加新的成分，注入新的活力。

各种文化之间存在着差异，交际过程对交际环境的依托程度也会因文化而异，因此在跨文化交际中，因文化方面存在着差异，意义的赋予是一个非常复杂的过程，编码人传递的信息和译码人所获取的意义之间就会产生间距。因此这种所属不同文化的人之间的交际就是跨文化交际。

二、跨文化交际的概念及其要点

（一）跨文化交际的概念及发展历程

“跨文化交际”是由英语“intercultural communication”翻译而来的，早期也称作“cross-cultural communication”，有的学者对上述两个词语的区分是前者强调过程，后者强调文化比较，目前大多使用前者。汉语也常常被译为“跨文化沟通”或“跨文化交流”。本文使用“跨文化交际”一词。跨文化交际就是指具有不同文化背景的人之间进行交际的过程，换言之，就是不同文化背景的人之间所发生的相互作用[①]。跨文化交际不仅仅局限于对面交流，不同文化背景的人之间打电话、上网聊天、进行电视电话会议、发电子邮件和传真等，都属于跨文化交际。

跨文化交际学是20世纪60年代由美国兴起的。国际学术界普遍认为美国人类学家爱德华·霍尔（Edward T.Hall）1959年出版的《无声的语言》（*The Silent Language*）是跨文化交际学的奠基之作。美国是一个移民国家，除了印第安人以外，还有来自欧洲、亚洲、拉丁美洲、大洋洲各国的移民，他们都有各不相同的文化传统和风俗习惯，他们在相互交际中难免产生问题，因此，跨文化交际学自然就引起了学者的注意。在20世纪60年代，美国少数民族——特别是黑人争取自己的权利与地位的斗争风起云涌，民族意识不断增强，各少数民族都强调维护自己的文化，于是逐渐地在美国形成了多元文化的格局。在学校、政府部门、企业、民众团体中如何处理不同文化习俗和价值观成为不容忽视的问题。到70年代中期，美国已经有200多所大学开设了跨文化交际学的课程。跨文化交际学在欧洲发展得比较晚。就跨文化交际学在学术领域的地位而言，1970年在国际传播学会下成立了跨文化交际学分会，1972年第一届跨文化交际学国际会议在日本东京举行。此后在日本也逐步开始了跨文化交际学的研究[②]。

---

① 樊葳葳、陈俊森、钟华编．外国文化与跨文化交际[M].武汉：华中科技大学出版社，2008，4页

② 胡文仲．跨文化交际学概论[M].北京：外语教学与研究出版社，1999，9-10页

在中国，跨文化交际学是从20世纪80年代初期从国外引进的。改革开放之初，外语界学者提出要注意英汉两种语言中表面上对等的词汇实际文化内涵并不对等，如此鲜明的观点对推动外语界关注语言与文化对比研究起到了重要的作用，此后人们才逐渐开始关注这方面的问题。20世纪80年代末90年代初，我国对跨文化交际的研究主要以引进介绍国外的研究为主，我国学者的个体研究也逐渐增多，有少数高校开设了跨文化交际学课程。1995年8月，美国三一（Trinity）大学与中国哈尔滨工业大学外语系联合举办了第五届国际跨文化交际学术研讨会，也是中国第一届国际跨文化交际研讨会，其间中国跨文化交际研究会成立。随后，研讨会隔年举办，参加者以国内学者居多，但也有很多外国学者频繁亮相。1995年中国第一届国际跨文化交际研讨会标志着中国跨文化交际学学科地位的确立。自1995年至21世纪初，中国学者的跨文化交际研究普及型读物和研究专著相继出版，这一时期的中国跨文化交际研究在继续推介跨文化交际学这一新兴学科的同时，不但成立了专门的研究学会，而且学术对话有所增强，开始发出国人学术探索之声，全国各高校也争先恐后地开设了跨文化交际学课程。总之，这一时期跨文化交际学已经在中国外语界牢固地确立了其学科地位。进入21世纪以后，随着中国学者开始独立思考，以求构建具有中国特色的跨文化交际理论，为此外语界引进了大量国外英文原著，这些英文原著大大拓展了国内学者的视野，在吸收国外理论的基础上，中国学者结合中外交流的实际情形以及基于学科建设的理论创新意识，不断推出了新的专著和新教材。从2008年开始，几乎每年都邀请国际跨文化交际著名学者来参加中国跨文化交际学术研讨会，中外学者对话与交流成为中国跨文化交际理论创新的一大途径。此外，中国跨文化交际学会会刊《跨文化交际研究》于2009年创刊，此后每年一期，为国内外跨文化交际研究者提供了一个学术对话平台，也是中国跨文化交际研究日趋成熟的一大标志①。

跨文化交际学的研究在中国自20世纪80年代初至今经历了40年的发展，在学术界虽然取得了很大的成就，而且开设跨文化交际学课程的高校也在不断增加，但是在我国高校的外语专业培养方案中跨文化交际学课程并没有被列入必修课程，因此开设跨文化交际学课程的高校外语专业仍是少数，相关教材也不多见。不仅是高校的外语专业，在高校的大学外语教学中开设跨文化交际学课程的更是少之又少。因此，中国大多数人对跨文化理解的重要性还没有形成足够的重视，相当一部分人认为跨文化交际只不过是学习外语的问题，很多人认为只要学好外语的听、说、读、写（四会），就能顺利地与外国人进行交际，他们将跨文化交际等同于外语的上述四会能力。而事实上，在某一国家文化背景下属于常识性的行为，换在另一个国家文化背景下可能被视为异常的行为；在某种文化背景下属于礼貌的行为，在另一种文化背景下可能被视为无礼。例如：在欧美以及日本等国家，人们互相之间比较尊重个人隐私，一般不会问别人的年龄、工资、家庭情况等，而在中国人们为了拉近彼此的距离，有时即使初次见面，也会问及对方的年龄、工资、家庭情况等问题。但是近年来随着全球化的发展，人们的思想意识也在不断变化，人们之间问及个人隐私的情况有所减少。如果中国人不了解欧美等国家的习惯，在跨文化交际中问及外国人的个人隐私，就会造成令人尴尬的局面。

随着我国改革开放的不断深化，对外交流活动日益增多，跨国公司在我国的数量不断

① 池舒文，林大津．论中国跨文化交际研究的历史分期及其特点[J]. 中国外语，2014，11（3）：79-82页

增长，无论是国家层面的外交活动，还是商务领域的商务谈判，以及跨国公司的经营管理等活动，都涉及不同文化背景下的交流与沟通，因此人们越来越认识到在理解对方文化背景下的交际是非常重要的。近年来教育界越来越重视对大学生跨文化交际能力的培养，这体现在教育部最新颁布的《外国语言文学类教学质量国家标准》中。在外语专业的“新国标”中明确地将“跨文化交际”课程列为专业核心课程，作为学生的必修课程，在学生的能力培养要求中特别提到了跨文化交际能力的培养，从这一点可以看出我国政府已经把大学生跨文化交际能力的培养在未来的外语教学中提高到了非常重要的地位。这也是我国政府在促进对外开放、扩大对外交流活动、继续推进经济全球化发展的一个重大举措，是教育部在适应我国全球化发展的人才培养方面采取的重大改革，为今后我国高校的外语教学提出了新的要求。

（二）跨文化交际的要点

文化的起源不同，历史背景不同，发展历程不同，这导致各个国家、各个地区的文化存在着很大差异。这种文化差异在跨文化交际中首先表现在表层的语言和非语言行为的差异上，但更深层的原因则是价值观、思维方式等精神文化的差异。文化是人类所特有的。人类有了语言，人类的知识文化才得以积累和传承。文化不是先天就有的，而需要通过后天习得。它是人类行动的指南，支配着人类的行动。文化一旦形成就具有一定的稳定性，但同时又是动态的，它会随着社会发展产生一定的变化。只有了解不同的文化，不断学习，学会从不同的视角进行观察和思考，才能更好地进行跨文化交际①。

跨文化交际是指本族语者与非本族语者之间的交际，也指任何在语言和文化背景方面有差异的人们之间的交际。通俗来讲，就是如果你和外国人打交道（由于存在语言和文化背景的差异），应该注意什么问题，应该如何得体地去交流，是跨文化交际过程中应该注意的要点。具体来说跨文化交际包含以下几个要点。

1. 交际双方来自不同的文化背景

文化背景的差异是一个宽泛的概念，既指不同文化圈之间的差异，又指同一文化圈内部亚文化之间的差异。本文中所指的文化差异主要指不同文化圈以及不同国家之间的差异。从跨文化交际的实际情形来看，文化背景的差异容易导致交际失误，因此我国和欧美国家的人际交往由于文化背景差异较大，容易引起冲突。不仅如此，我国同亚洲地区国家，如日本、韩国以及东南亚一些国家的人际交往也往往会出现问题。虽然这些国家与中国同属东方文化圈，彼此之间在文化取向和交际规范方面有很多相通的地方，但是由于每个国家都有其不同的发展历史及社会变迁，因而各国之间也存在一定的文化差异。虽然这种文化差异比之欧美国家文化差异较小，我国与这些国家在跨文化交际方面比同欧美国家顺利一些，但是也会出现文化冲突。例如：虽然很多日本文化源自中国，但是在其长期的历史发展中无论是语言，还是非语言都产生了很大的变化。同样的汉字“爱人”在中国是指“配偶”，而在日本则是指“情人”；在非语言方面中日两国也存在着一定的差异，在中国竖起大拇指表示夸奖别人优秀、了不起，而在日本则是指男人和上司。

中日两国虽然同样位于亚洲，同属东方文化圈，但是文化间的差异不胜枚举。我国同其他国家之间的文化差异自不必说。因此，文化间的冲突是一种无法回避的客观现象。在

① 孟亚娟 . 跨文化交际 [M]. 北京：中国人民大学出版社，2018，2 页 .

进行跨文化交际的过程中，不必彻底改变自己去迎合对方，但是为了减少交际的失误，减少交际双方的误解和冲突，就要充分了解异国文化，做到互相尊重彼此的文化。

2. 交际双方必须使用同一种语言交际

在交际过程中，假如一方使用一种语言，而另一方使用另外一种不同的语言，交际是无法进行的。但是，既然交际的双方来自不同的文化背景，又要使用同一种语言，那么用来交际的语言对一方来说是母语，而对另一方来说必然是第二语言（习得的“目的语”）。比如一个中国人与一个美国人交谈，他们可以选择使用汉语，也可以选择使用英语，这样他们就可以用同一种语言直接交际，而不需要通过翻译这个中间环节。根据跨文化交际的定义来说，还有一种情况就是交际双方互相不了解对方国家的语言，而使用第三种语言沟通交流。例如：生活在日本的中国人和韩国人之间只能使用日语进行沟通交流，由于双方所属的文化背景不同，因此这种沟通交流也可以说是跨文化交际。

3. 交际双方进行的是实时的口语交际

跨文化交际的途径多种多样，可以是语言符号的交际，也可以是非语言符号的交际，如以商品、画报、实物、影像、演出到其他物化形式符号的交际；可以是现场的双向交际，也可以是通过媒介的单向交际，如通过电视、广播、报刊、广告等的交际；可以是口语交际，也可以是书面语交际，如信函、公文等的来往。从外语专业和对外汉语专业来看，我们主要着眼的是实时的口语交际，即双方面对面的交谈。此外也包括伴随口语交际而可能发生的书面语交际，即文字传播方式的交际。

4. 交际双方进行的是直接的言语交际

当前国内的跨文化交际研究主要集中在外语教学界。

跨文化交际是一门年轻的学科，它是在国际交往日益频繁、全球经济一体化的特定时代产生的新兴学科。在中国，跨文化交际研究是改革开放的产物，是引进国外先进技术以及汉语国际推广战略决策的需要。跨文化交际又是一门综合性学科，它是当代社会科学学科综合研究的结果。学科背景主要涉及文化语言学、社会语言学、言语交际学。其中文化语言学凸显“文化”的侧面，社会语言学凸显“社会”的侧面，而言语交际学凸显“交际”的侧面，这3个不同的侧面都围绕语言符号与非语言符号的“语用”这个核心。正是在这个基础上建立起了这么一门综合性的语言学科。通俗的解释是在学习外语的过程中，许多人在语言交流当中有很多障碍，最早的时候沟通障碍在于因外语表达不好而使对方产生误解，这是传统的看法。之后，当双方的语言能力都比较强的时候，好像就没有障碍了，而这其实是我们的一种误解。研究发现，并不是外语好就能达到沟通的目的。我们过去所说的沟通仅仅是会表达。所以研究外语的人把“Intercultural Communication”翻译成“跨文化交际”。交际，就意味着用语言进行表达，而在语言表达过程中还有许多沟通上的问题。因为前者更注重你的语言表达好与不好，而不注重沟通之中对方是否真正理解到了你所要表达的问题，所以从某种意义上来说，更倾向于“跨文化沟通”。同时，沟通的目的在于让对方理解你要表达的真正含义，而不是你所说的话的表面意思。特别是高语境文化对语言的依赖性较小，其语言所包含的深层含义较多，如果交际双方对所使用语言深层含义理解不同，就会产生文化冲突。另外，不同文化对非语言符号所赋予的含义也有所不同，因此如果交际者对双方文化的差异没有足够的了解，也会造成跨文化交际的失误。跨文化交际能力所涉及的因素非常多，如图2-1所示。

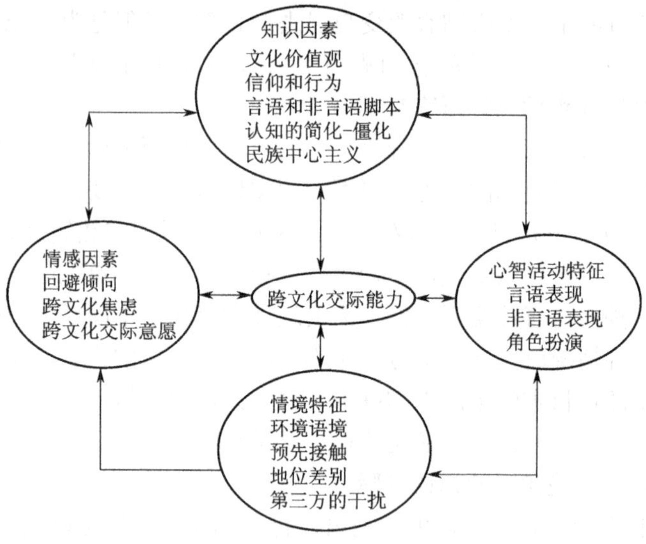

图 2-1 跨文化交际能力所涉及因素

（三）跨文化交际研究的必要性

1. 跨文化交际研究的必要性——全球一体化的时代特征

20 世纪人类的科学技术有了突破性的发展，这极大地改变了世界的格局和人类的生活方式。现代交通高速发展，航班日益增加，邮轮频繁出入，火车屡屡提速，高速公路纵横交错，家用轿车以更快的速度在更大范围内普及，这使得人们之间的交往空前频繁。现代通信技术高度发达，移动电话的迅速普及，可视电话的广泛应用，使得人们之间的沟通绝对畅通。尤其是电脑的普及和国际互联网的诞生，使人类的生活形态进入了一个崭新的时代，突破了以往生活功能空间的限制，办公无纸化、商务电子化、生活网络化、沟通互动化等无处不在，人们眼前展现了一个“虚拟的世界”。这些巨大变化的一个核心就是人和人之间的时间、空间距离被拉近了，巨大的地球被压缩成一个小小的“地球村”，人们可以像村民在小村子里一样，随时随地串门、聚会、交往、沟通。

与此同步，全球经济一体化的进程也日益加速。经济是一个国家、一个民族、一个地区的命脉，围绕着经济的发展，国家、民族、地区之间在政治、文化、科技、贸易等方面的交往日益频繁。这种交往可以表现为合作、援助，也可以表现为交涉、斡旋乃至冲突、战争，使得世界已形成一个多元化的格局，而且变得精彩纷呈、变化无穷。事实表明，无论是哪种类型的交往，万变不离其宗的是大家必须沟通，需要接触、会晤、谈判、协商、讨论，这些对外交往都是典型的跨文化交际方式，因为尽管现代科技的发展拉近了人们之间的时间和空间距离，却无法拉近人们之间的心理距离。不同的国家、民族由于不同的历史渊源、不同的社会习俗，形成了特定的文化背景，特定的文化背景又形成了不同的价值取向、思维方式、社会规范、语用规则，这些因素给跨文化交际带来的潜在的障碍、低效率的沟通、相互间的误解以及可能导致的文化冲突，都会给人类带来不必要的灾难。

跨文化交际作为一门新兴的边缘科学，正是在这样的时代背景下产生的。这个领域的研究无疑是为了适应这样一个日益发达的跨文化国际交往和人际交往的需要而产生的。因为这门学科必须研究不同文化背景形成的价值取向、思维方式的差异，必须研究不同社会结构导致的角色关系、行为规范的差异，必须研究不同民族习俗所积淀的文化符号、代码系统的差异，必须研究不同交际情景制约的语言规则、交际方式的差异。所有这些研究不但要进行深入的理论探究，还要注重实际的应用研究，这样才能使这门学科更科学、更完善、更丰满，从而更好地为这个时代服务。

2. 跨文化交际研究的目的和内容[①]

在中国，关于跨文化交际的研究起步较晚，以前人们大多认为只要学会外语，熟练掌握外语的语法和句法以及听、说、读、写的相关技能，就能够跟外国人顺利地交际和沟通，大多数人并没有意识到文化的差异会影响不同文化背景下的交际者的沟通。其实文化的差异意味着不同的价值观和对事物的不同认识方法。语言是文化的产物，它具有深刻的文化内涵。与不同的对象，在什么样的情况下，如何表达某一思想，这些都与文化背景息息相关。仅能正确地运用外语语法和句法同外国人沟通交流，并不能很好地与外国人打好交道。因此在目前我国全球化的背景下，要充分研究如何才能做好跨文化交际。

1）跨文化交际研究的目的

跨文化交际研究的基本目的有以下 3 个。

（1）培养人们对不同的文化持积极、理解的态度。各种文化之间都是存在差异的，通过研究发现对方与自己的不同点，由此来加深对自身文化的理解，从而做到客观地把握各自的文化特性。在发现差异的过程中，同时也要注意到双方文化的共同之处。

（2）培养跨文化交际接触时的适应能力。初次与异文化接触时，往往会受到文化冲击（cultural shock），从而产生某种不适应。要使交际得以顺利继续下去，必须设法减缓冲击、提高适应能力。这是跨文化研究的一项重要内容。

（3）培养跨文化交际的技能。随着对外开放的进一步扩大，走出国门或留在国内参与跨文化交际的人越来越多，这些人都需要学习、掌握与不同文化背景的人交际沟通时的实际技能。在美国，除了大学里开设了这方面的课程以外，社会上，如商业界，也有许多机构专门进行跨文化交际技能培训，以适应国际化社会的需要。因此可以说跨文化交际研究的实践意义大于理论意义。

2）跨文化交际研究的内容

跨文化交际的基本研究内容包括以下 3 个方面。

（1）有关世界观、价值观方面的研究。所谓世界观，就是人们对待世界的看法，包括人在宇宙中的位置、人与大自然的关系等诸多哲学方面的概念。所谓价值观，就是判断好与坏、是与非的标准，它会将人的行为引至某个方向。因此，价值观就构成了文化与社会的基干。不同的文化，对同一事物的判断标准不同。如何判断好坏都是受价值观所支配的。价值观是一个抽象的概念，一般只能通过语言或非语言的行为模式看出某种文化的价值观。例如：在中国请客吃饭时，一般都会点很多菜，最后各种菜都剩下一些，表明客人已经吃饱了，如果都吃光了的话，主人会觉得客人没有吃饱，自己招待不周，甚至会觉得对客人很失礼。而在日本招待客人时，一般都适量点菜，客人都吃光才表明饭菜美味可

① 樊葳葳、陈俊森、钟华编．外国文化与跨文化交际 [M]. 武汉：华中科技大学出版社，2008，6-8 页

口，这样才是符合日本的礼仪，如果剩下的话，会使主人感到所点的饭菜不合口味，会感觉对客人招待不周，很失礼。因此如果不了解中日两国这一习惯的不同，就会造成双方的误会和尴尬。

（2）关于语言行为的文化特性的研究。文化具有鲜明的个性，不同的文化之间自然产生差异，文化差异反映到语言上，就成为语言上的差异。语言是文化的产物，又是文化的表现形式，文化决定思维方式，决定语言的表达方式。例如：在中国，我们在和不太熟悉的人见面时为了拉近与对方的距离，常常会根据自己的判断问对方的出生地，对看上去像日本人的人会问："您是日本人吗？"如果不了解日本的习惯，而把这句话直接翻译成日语的话，就译为"あなたは日本人ですか？"这样翻译从语法上来说完全正确，但是一般日本人听这句话时会觉得比较生硬，有些失礼。如果按照日本的习惯来问的话，就应该说："日本の方ですか？"这样才是比较礼貌的问法，因为日语中常常省略主语，而且对说话对方要使用敬语"日本の方"，而不能直接翻译成"日本人"。这句话虽然简单，但是在日语的表达方式上要了解日本的文化习惯，才能做到不失礼节。

（3）非语言交际方面的研究。非语言行为与语言行为一样，因文化的不同往往被赋予不同的含义。在跨文化交际过程中，由于不同的文化对非语言行为的解释不同，因而常常会产生误解。非语言交际的范围很广，从人的身体特征到身上穿戴的服装饰品，从使用的香水的味道到身体散发的气味，从声音的高低到房间的摆设、光线、色彩，从时间观念到空间观念，这些都是非语言交际的要素，都是交际过程中不可缺少的要素。日本人的鞠躬、欧美人的拥抱接吻、拉美人的脱帽致意等都表现出各自的文化特征。非语言信息弄得不好就会造成误解。例如：在中国召开会议时的会标常常使用红底黄字，而在日本一般各种会议和仪式上的会标和标语常常使用白底黑字，在中国白底黑字的搭配常常让人想起葬礼的颜色，如果不了解中日两国对色彩使用的不同习惯也会产生误解。

因此，在经济全球化的今天，我们在加深理解本国文化的同时，还必须积极主动地去理解跨文化交际对方的文化特性，要充分认识到在参与跨文化交际时文化因素所带来的影响。在学习外语时，不仅要学习外国语言的相关知识，同时还要充分理解外国文化的相关知识，不断提高自己的跨文化交际能力。只有这样，我们才能在国际交往日益频繁的今天，在国际舞台上成为优秀的国际化人才。

三、大学生跨文化交际能力培养的必要性

（一）跨文化交际能力的概念

跨文化交际是指具有不同文化背景的人之间进行的交流和沟通的过程。在目前经济全球化时代，各国之间在政治、经济、文化等不同层面的沟通与合作不断扩大，跨文化交际已成为当今时代的一大特点，因此高校作为培养未来从事国际事务、具有国际视野人才的摇篮，对大学生跨文化交际能力的培养也成为不可忽视的重要课题。

那么何为跨文化交际能力？跨文化交际能力如何培养？国内外专家、学者均认为跨文化交际能力的培养极为复杂，需要在传统的语言教学中进行新的尝试。跨文化交际能力的培养应贯穿于整个外语教学过程中，贯穿于每项语言技能的培养过程中。跨文化交际能力

和交际能力有着很大的区别。跨文化交际能力是指超越特定文化的、使不同文化背景的交际者能自如地进行交往的能力。跨文化交际者在尽可能多地保留自身文化特征的同时，应最大限度地接近、了解对方。而一般的交际是指跨文化交际者在特定范围内，以自己的本族文化为出发点和参照物进行交际的过程。它带有鲜明的文化局限性和排斥他文化的特点。另一方面，跨文化交际能力和交际能力是相互联系的，交际能力是跨文化交际能力的基础，跨文化交际能力是交际能力的延伸和发展。语言学家 Cannale 和 Swain 认为，交际能力包括 4 个方面的能力：①语法能力（grammatical competence）；②社交能力（sociolinguistic competence）；③语言策略能力（strategic competence）；④语言能力（discourse competence）。语法能力包括语言、词法、句法、词汇等语言知识，它所涉及的是正确理解和表达句子和段落的能力。社交能力所涉及的是语言使用的社会规则，这种规则主要是关于人们在交际中理解别人话语和使用话语的方式。交际能力的核心是语言的适当性，也就是说语言的运用要符合特定的文化背景。策略能力是指运用各种语言和非语言交际策略去应对和解决交际中产生的困难和问题①。

"交际能力"这一术语是英国人类学家 Hymes 在 1967 年首次提出的。根据语用学理论的各派综合所见，交际能力应包括以下 5 个方面的内容：①语言——指掌握语法知识；②功能——指运用听、说、读、写 4 个方面的能力；③语境——选择与所处语境、说话场所相适应的话语；④交际者之间的关系——根据对方的社会地位和身份，说出合乎自己身份的话语；⑤社会文化知识——美国的海姆斯（D. H. Hymes）认为，语言首先是一种"社会实践"，语言的得体性离不开社会文化知识②。

综上所述，跨文化交际能力就是在异文化环境中，要按照自己的意愿达到某个目的时，同时能认识到为此所选择的行为在异文化的人看来也是合适的。在获得一门外语的语言能力和交际能力之后，一个人的文化能力较强就能够较为正确地判断交际场合和交际目的，合适地使用语言有效地表达和传达意思。因此可以说，交际能力与文化能力的有机融合是有效地形成跨文化交际能力的重要基础。

在使用外语进行交际时，中国人应具备的跨文化交际技能有以下 5 个方面的内容。

（1）能正确地理解对方所表现出的语言和非语言行为，并且能解释其功能。也就是说能通过表面现象看到其文化所代表的交际目的。如当听到"What an unusual necklace！ It is really beautiful！"（多别致的一条项链啊，真漂亮！）这样的话语时，应该马上能意识到这样的赞扬言语的功能是表示友好或引起谈话。

（2）熟悉各种语言形式、词汇内涵和外延所包含的文化含义。如：用陈述句表示请求，"It is cold here."（这里真冷。）这句话的意思可能是请求关闭窗户。日语中也有类似的表达方式。

（3）有良好的心理素质并能在各种交际场合运用语言和非语言技能应对、修复或修补交流渠道。

④有合适的语言和非语言行为。例如：能在合适的场合说合适的话，能容忍对方的交际错误，有较好的承受力，抱着积极的态度去理解、认同对方。

⑤在异文化环境里无集体可依赖时，如何确立自己的身份，怎样正确地奉行中国人所

① 尹丕安 . 跨文化交际能力的培养与交际教学 [J]. 河北理工学院学报（社会科学版），2002，2（1）：91-92 页

② 胡文仲 . 文化与交际 [M]. 北京：外语教学与研究出版社，1999，450 页

崇尚的“以和为贵”精神，合情合理地捍卫自己的观点和利益[①]。

（二）大学生跨文化交际能力培养的必要性

随着我国改革开放的不断深入，我国在各类国际事务中越来越发挥着重要的作用，国家和各地区对具有较强跨文化交际能力人才的需求不断扩大，因此对高等教育提出了新的挑战，培养大学生的跨文化交际能力成为高校外语教学的主要目标之一。最近新颁布的《外国语言文学类教学质量国家标准》中首次将“跨文化交际”课程列为外语专业的核心课程。在外语类专业学生的能力培养要求中，跨文化交际能力被列为其中一项重要的能力之一，从这一点可以看出，我国高校在人才培养的目标上将大学生的跨文化交际能力的培养放在了非常重要的位置。不仅对外语专业学生要强调跨文化交际能力的培养，对非外语专业学生在传统的听、说、读、写、译这五大外语语言能力培养以外，也要加强他们的跨文化交际能力培养，因为未来他们要直接参与国际事务或者国际商务活动，而不能只依赖翻译，这就要求他们不仅具备较强的外语语言能力，还要具备较好的文化能力，从而能够顺利地在国际舞台上进行跨文化交际活动。因此培养大学生跨文化交际能力就成为了目前我国高校亟待解决的重要课题。

目前我国高校的外语教学中，无论是外语专业还是非外语专业，都存在着以下问题。

1. 在课程设置上不重视跨文化交际能力的培养

外语专业开设“跨文化交际”课程的高校较少，最近新颁布的“新国标”中才刚刚把该课程列为必修的核心课程；非外语专业的大学英语教学或者其他小语种的大学外语教学的课程设置中开设该课程的高校更是少之又少。

2. 教学设备及教材较为落后

在传统的外语教学中，无论是英语还是其他小语种，受应试教育的影响，在教学中大多以教材中的语法、句式、词汇等为教学内容，教材的主要内容也是侧重于学生的应试能力的培养，在教材中并没有过多编写文化背景以及文化之间存在的差异这样的内容，从而造成学生在应用时形成中国式思维逻辑的外语句式；学生使用外语交流的机会较少，大多仅仅局限在外语课堂上，而且传统的外语教学是教师讲的多，学生实际使用外语表达自己思想的机会较少。

3. 教师的跨文化交际能力较低，且培养学生跨文化交际能力的意识较差

一些教师本身对培养学生跨文化交际能力的意识薄弱，还有一些教师已经习惯于传统的教学模式，缺乏外语教学的改革创新意识，甚至有些教师本身的跨文化交际能力较弱，从而造成了固守传统的外语教学模式，教学中只重视学生语言能力的培养，而忽视了对学生文化理解能力和交际能力的培养。

4. 应试教育的思想根深蒂固，以致学生本身对跨文化交际能力的提高不重视

由于目前大学生从中小学阶段开始多年来一直接受应试教育，他们大多为了考出好成绩，为了考上好大学，一直努力学习外语语法、句法、词汇等语言的相关知识，并没有意识到当代社会对国际化人才跨文化交际能力的需求，因此他们对外语语言能力的提高非常重视，并不重视对所学语言的文化背景以及相关的文化知识的学习和理解，最终造成很多学生使用外语表达思想时会出现中式外语，即中式思维的外语表达。因此，大学生本身想要提高自己跨文化交际能力的意识有待加强。

---

① 樊葳葳、陈俊森、钟华编．外国文化与跨文化交际[M]．武汉：华中科技大学出版社，2008，177页

第三章　高校教师对大学生跨文化交际能力培养的调查与分析

一、引言

本问卷调查是河北省社会科学基金项目“大学生跨文化交际能力的培养策略研究”的组成部分。虽然研究的直接对象是大学生，但作为奋斗在第一线，与学生朝夕相处的引路人和观察者，高校教师的声音具有很重要的参考价值。

高校教师对跨文化交际能力的概念是否有清晰的认识，是否足以承担提高学生跨文化交际能力的培养任务，课程建设还存在哪些问题和不足，都是化解目前高校教育与跨文化交际能力培养之间症结的关键所在。同时，大学生从高中到大学，在生活方式、学习方法、自我认知等方面都发生了巨大的转变。处在角色转换阶段的大学生是否具有足够的外语语言能力、文化知识能力、表达交际能力等这些跨文化交际行为中不可或缺的要素，从教师的评价中可以得到直观的认识。这次调查没有局限于外语教师，而是把调查范围扩大到所有专业的高校教师，以期得到更加全局性的结论。

本次调查对全国各地不同年龄段、不同专业的高校教师进行了调查，回收有效答卷470份。本问卷共40题，其中客观选择题38题（多选题7题、单选题31题），主观论述题2题。客观题涵盖了受访高校教师的基本信息、对跨文化交际能力概念的认识、对自身跨文化交际能力的评价、对所在院校学生跨文化交际能力的评价以及为培养跨文化交际能力采取的教学手段五部分。

本章按照以上五部分将客观题划分成版块，在每道题下以图表（单选题饼状图、多选题柱状图）和表格形式列出结果数据，主观题单独列表，依序对各问题进行分析。本章通过问卷的调查结果，对高校教师本身的跨文化交际能力及其培养学生跨文化交际能力的手段及效果进行了分析并在本章结尾总结反映出的问题。

二、受访者及所在院校的基本情况调查

该部分调查主要是针对高等学校包括大学、专门学院、高等职业学院、高等专科学校在职教师的年龄、学历，所在院校的地理位置分布、高校类别、外籍教师和留学生数量、受访者所讲授课程类别等基本情况进行的调查，主要涉及问卷中的第1题到第10题。

1. 您的年龄是？（　　）

A.30岁以下　　B.30~40岁　　C.40~50岁　　D.50岁以上

调查结果见表 3-1、图 3-1。

表 3-1

选项	小计	比例
A.30 岁以下	14	2.98%
B.30~40 岁	214	45.53%
C.40~50 岁	146	31.06%
D.50 岁以上	96	20.43%
本题有效填写人	470	

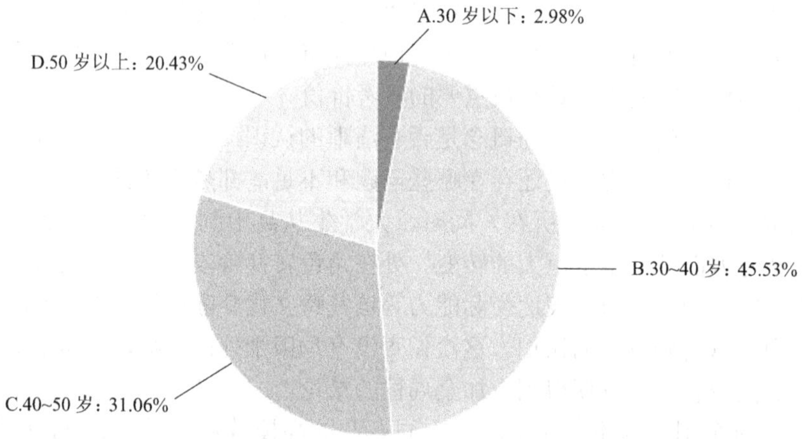

图 3-1

2. 您的学历是？（　　）

A. 大学专科　　B. 大学本科

C. 硕士研究生　　D. 博士研究生

调查结果见表 3-2、图 3-2。

表 3-2

选项	小计	比例
A. 大学专科	3	0.64%
B. 大学本科	83	17.66%
C. 硕士研究生	236	50.21%
D. 博士研究生及以上	148	31.49%
本题有效填写人数	470	

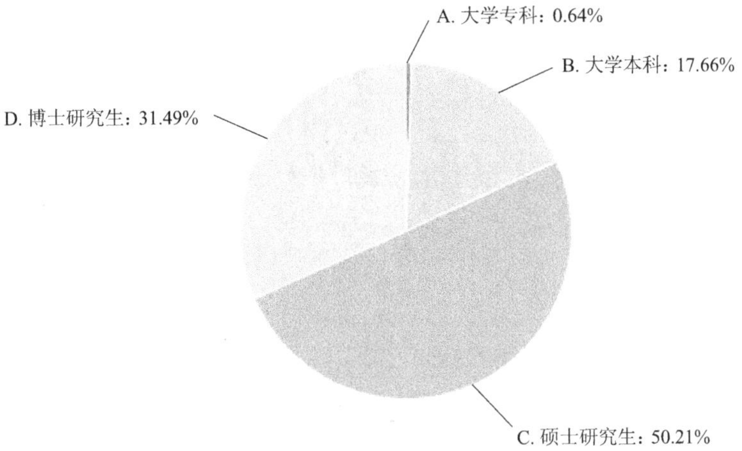

图 3-2

由于本次的调查重点在于不同地区、不同年龄层次及学科类别中跨文化交际能力培养策略的现状，因此没有设置性别的选项。问题 1、2 的调查结果表明，76.59% 的受访者为 30~50 岁，学历为硕士研究生的比例高达 50.21%，学历为博士研究生的受访者比例次之，占 31.49%。这些数据表明，绝大部分受访者学历在硕士以上，且正处于年富力强、承担大量教学任务的年龄段，他们是在职高校教师的中坚力量。

3. 您所在高校的地区是？（ ）

A. 北京地区　B. 天津地区　C. 河北地区
D. 上海地区　E. 广东地区　F. 其他地区（请注明： ）

调查结果见表 3-3、图 3-3。

表 3-3

选项	小计	比例
北京地区	11	2.34%
天津地区	195	41.49%
河北地区	133	28.3%
上海地区	7	1.49%
广东地区	8	1.7%
其他地区（请注明： ）	116	24.68%
本题有效填写人数	470	

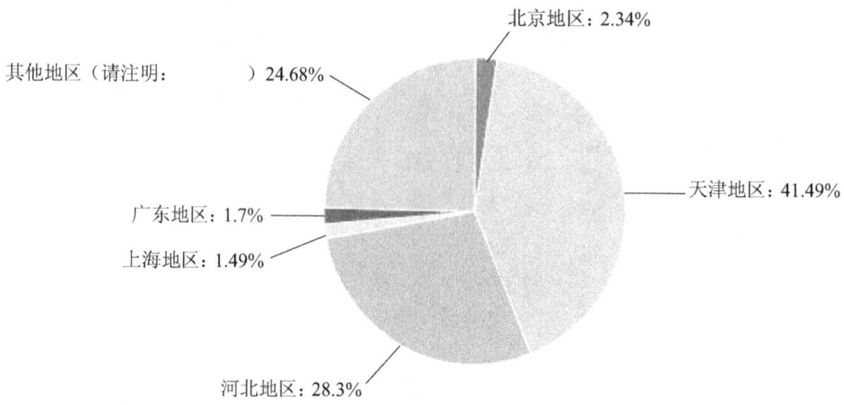

图 3-3

4. 您所在高校属于哪种类别？（　　）

A. 外语类　　B. 人文社科类　　C. 理工类　　D. 综合类

E. 其他（请注明：　　）

调查结果见表 3-4、图 3-4。

表 3-4

选项	小计	比例
A. 外语类	55	11.7%
B. 人文社科类	22	4.68%
C. 理工类	173	36.81%
D. 综合类	172	36.6%
E. 其他（请注明：　）	48	10.21%
本题有效填写人数	470	

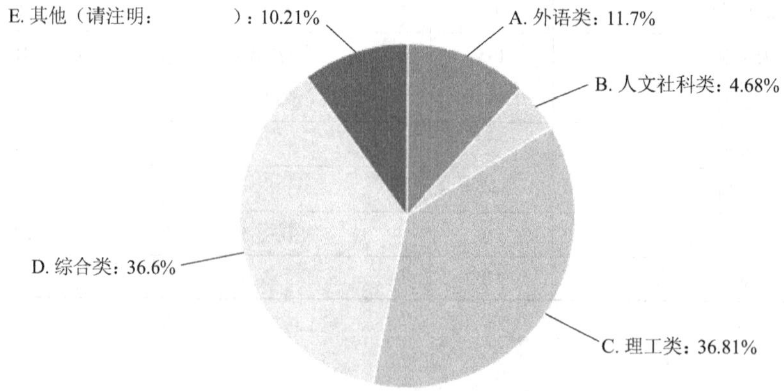

图 3-4

5. 您讲授的课程属于哪种类别？（ ）

A. 外语类　　B. 人文社科类

C. 理工类　　D. 其他（请注明： ）

调查结果见表 3-5、图 3-5。

表 3-5

选项	小计	比例
A. 外语类	283	60.21%
B. 人文社科类	66	14.04%
C. 理工类	99	21.06%
D. 其他（请注明： ）	22	4.68%
本题有效填写人数	470	

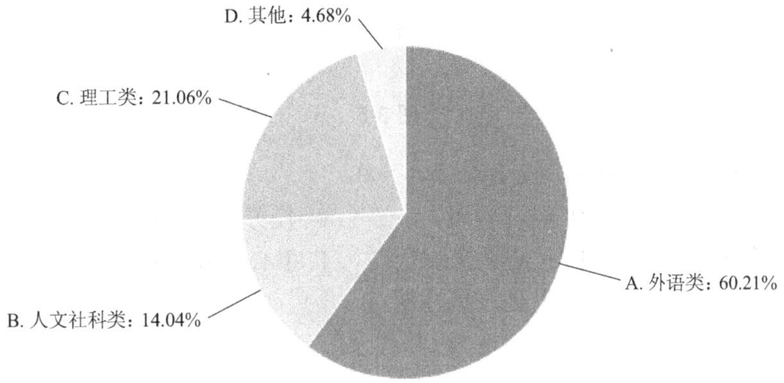

图 3-5

问题 3、4、5 的调查结果表明：受访的高校教师主要来自京津冀地区，其中北京地区 2.34%、天津地区 41.49%、河北地区 28.3%，总和为 72.13%，经济发展较快的上海地区、广州地区高校分别为 1.49% 和 1.7%。其他地区为 24.68%，涵盖了以华北地区为主的华中、华东、华南、西北、东北、西南地区的 15 个省、4 个直辖市。受访教师所属高校主要为理工类（36.81%）与综合类（36.6%），其次是外语类（11.7%）和人文社科类（4.68%），另外还包含 10.21% 的师范、财经、农林、艺术、医学、体育类院校。受访教师的讲授课程主要为外语类（60.21%），其次是理工类（21.06%）、人文社科类（14.04%）和其他学科（4.68%）。

6. 您入职后是否有海外进修的经历？（ ）（如选择 A 则跳过下一题）

A. 有　　B. 没有

调查结果见表 3-6、图 3-6。

表 3-6

选项	小计	比例
A. 有	203	57.02%
B. 没有	153	42.98%
本题有效填写人数	356	

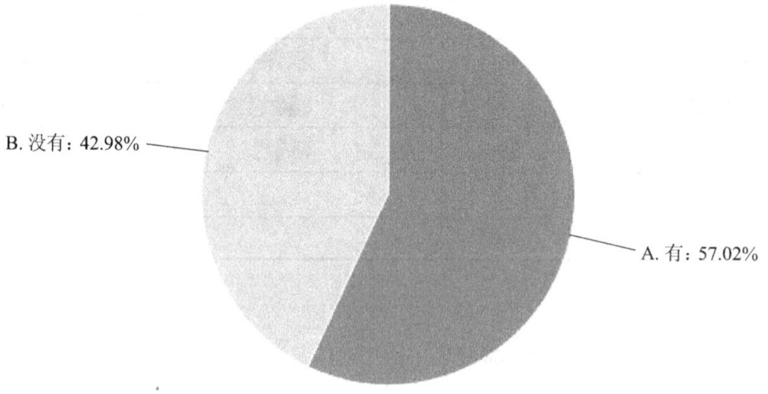

图 3-6

7. 您没有参加海外进修的原因是？（　　）

A. 家庭原因　B. 经济原因　C. 校方批准门槛太高

D. 担心影响工作　E. 担心人身安全　F. 担心交流不畅

G. 无出国意愿　H. 其他（请注明：　）

调查结果见表 3-7、图 3-7。

表 3-7

选项	小计	比例
A. 家庭原因	52	33.99%
B. 经济原因	23	15.03%
C. 校方批准门槛太高	62	40.52%
D. 担心影响工作	20	13.07%
E. 担心人身安全	0	0%
F. 担心交流不畅	12	7.84%
G. 无出国意愿	26	16.99%
H. 其他（请注明：　）	21	13.73%
本题有效填写人数	153	

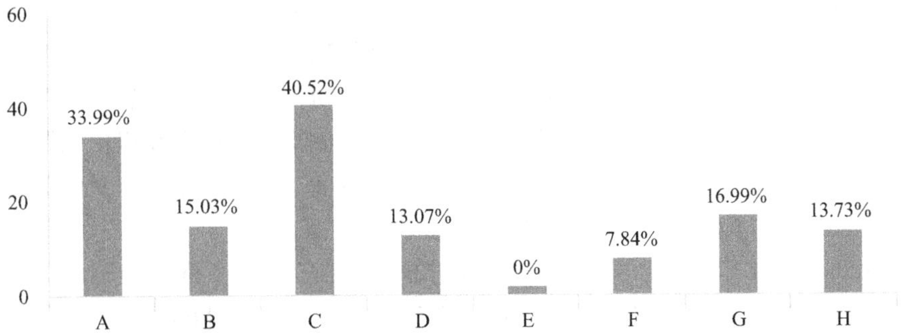

图 3-7

8. 您在海外停留过多长时间？（包括留学、工作、旅游等）(　　)

A.5 年以上　　B.3~5 年　　C.1~3 年　　D.1 年以内

E. 没有

调查结果见表 3-8、图 3-8。

表 3-8

选项	小计	比例
A.5 年以上	73	15.53%
B.3~5 年	30	6.38%
C.1~3 年	69	14.68%
D.1 年以内	184	39.15%
E. 没有	114	24.26%
本题有效填写人数	470	

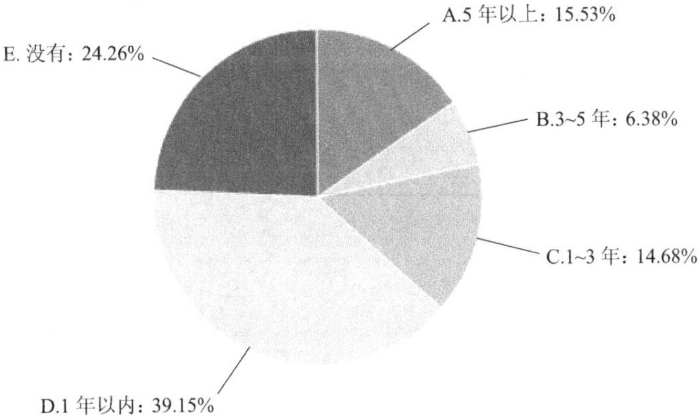

图 3-8

在问题6、7的调查结果中可以看出，在有效回答的问卷中，入职后没有参加过海外进修的受访者占42.98%，接近回答者的半数。没有参加过海外进修的原因中“校方的批准门槛太高”的选择率最高，占回答者的40.52%，加上“担心影响工作”的13.07%、“经济原因”的15.03%，可以看出要让教师走出国门进修，首先校方和相应管理部门需要加大政策和经费的支持力度。家庭问题（33.99%）、主观意愿（16.99%）、语言顾虑（7.84%）等教师个人原因是其次要解决的问题。

问题8的调查结果表明，75.74%的受访教师有过在海外停留的经验，其中停留1年以内的最多，为39.15%，其次是5年以上（15.53%）、1~3年（14.68%）、3~5年（6.38%）。

9. 您所在院系有多少外籍教师？（　　）

A.5人以上　　B.3~4人　　C.1~2人　　D.没有

E.不清楚

调查结果见表3-9、图3-9。

表3-9

选项	小计	比例
A.5人以上	34	7.23%
B.3~4人	75	15.96%
C.1~2人	187	39.79%
D.没有	146	31.06%
E.不清楚	28	5.96%
本题有效填写人数	470	

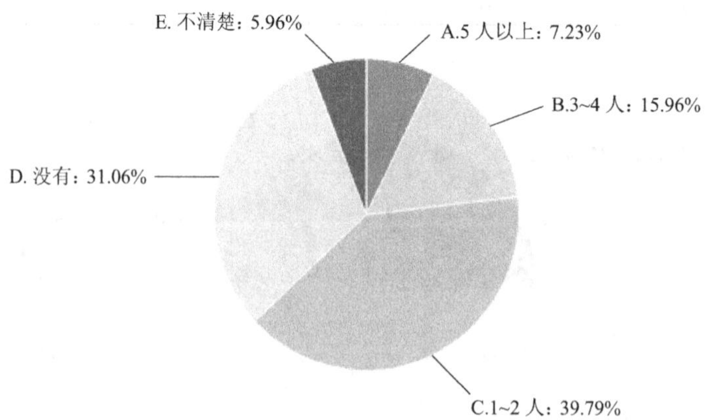

图3-9

10. 您所在院系有多少留学生？（　　）

A.10人以上　　B.5~9人　　C.1~4人　　D.没有

调查结果见表 3-10、图 3-10。

表 3-10

选项	小计	比例
A.10 人以上	53	11.28%
B.5~9 人	35	7.45%
C.1~4 人	54	11.49%
D. 没有	278	59.15%
E. 不清楚	50	10.64%
本题有效填写人数	470	

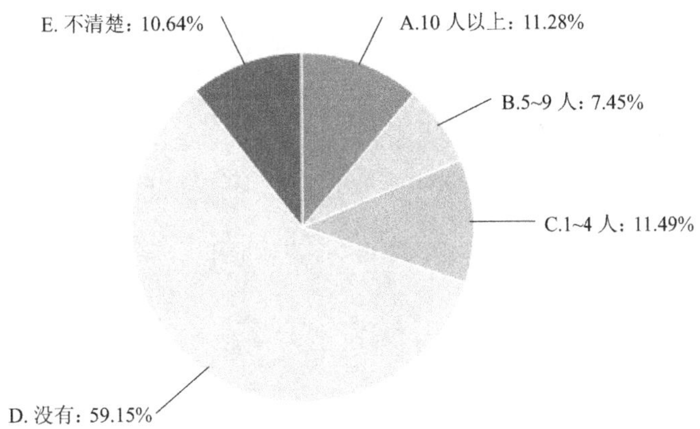

图 3-10

问题 9、10 是对受访教师所在高校中外籍教师、留学生人数的调查。虽然与外国人的直接交流不是跨文化交际能力的全部，但是作为外语教师，笔者认为外籍教师和留学生的人数应作为该院校师生跨文化交际能力发展的辅助硬件之一。

调查结果表明，60% 以上的受访者回答本院系有外籍教师，其中“1~2 人”的比例最大，占 39.79%，其次是“3~4 人”（15.96%）和“5 人以上”（7.23%）；回答有留学生的受访者则远远低于这一比例，“没有”占 59.19%、“不清楚”占 10.64%，总和接近 70%。可以看出受访者所在院系大多数聘用了外籍教师，而在校留学生则相对较少。

三、受访者对跨文化交际能力的认识

这部分问题主要对受访高校教师对“跨文化交际能力”这一概念的认识及对其重要性的定位进行了调查，涉及问卷中的第 11 题到第 14 题。

11. 您此前是否了解跨文化交际的概念和含义？（　　）

A. 非常了解　　B. 比较了解　　C. 不太了解　　D. 不了解

调查结果见表 3-11、图 3-11。

表 3-11

选项	小计	比例
A. 非常了解	52	11.06%
B. 比较了解	237	50.43%
C. 不太了解	171	36.38%
D. 不了解	10	2.13%
本题有效填写人数	470	

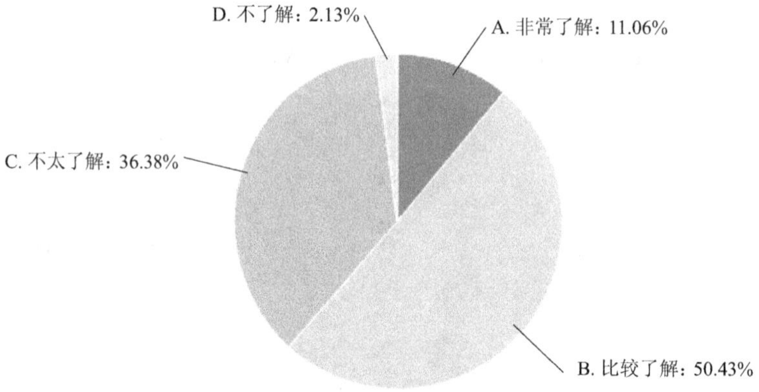

图 3-11

12. 以下哪些项目您认为是跨文化交际能力的要素？（ ）【多选题】

A. 外语语言能力
B. 对外国文化的丰富知识的深入理解
C. 对本国文化知识的理解
D. 积极获取最新信息的行动力
E. 对外国文化和文化差异的好奇心
F. 开放包容的心态
G. 观察与分析能力
H. 与他人沟通和交流的亲和力
I. 较强的语言组织能力
J. 其他（请注明： ）

调查结果见表 3-12、图 3-12。

表 3-12

选项	小计	比例
A. 外语语言能力	400	85.11%
B. 对外国文化知识的深入理解	411	87.45%

续表

选项	小计	比例
C. 对本国文化知识的理解	399	84.89%
D. 积极获取最新信息的行动力	245	52.13%
E. 对外国文化和文化差异的好奇心	337	71.70%
F. 开放包容的心态	355	75.53%
G. 观察与分析能力	268	57.02%
H. 与他人沟通和交流的亲和力	327	69.57%
I. 较强的语言组织能力	261	55.53%
J. 其他（请注明：　　）	5	1.06%
本题有效填写人数	470	

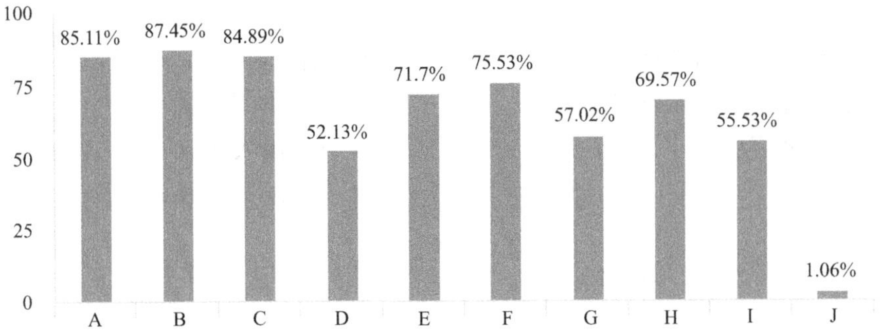

图 3-12

问题 11 的调查结果表明：60% 以上的受访高校教师都表示比较理解跨文化交际的内涵，其中更是有 11.06% 的受访高校教师表示“非常理解”。回答“非常理解”的 52 份答卷中，44 份来自讲授外语类课程的教师，可以看出跨文化交际能力的自我认知和个人外语水平具有直接的联系：如果外语的知识技能没有达到一定程度，就很容易对跨文化交际行为产生心理门槛；反过来也可能由于主观上缺乏对跨文化交际的兴趣，因而不会强烈感觉到外语学习的必要性。

同时要看到回答“不太理解”和“不理解”的问卷近 40%，虽然未过半数，但也是一个不可忽视的数字。这样的调查结果并不意外，跨文化交际能力的内涵十分丰富，从爱德华·霍尔在 1959 年出版了跨文化交际学的奠基著作《无声的语言》以来，国内外学者对跨文化交际能力这一概念就有着多种解释和模型构建。如 Chen（1989，2010）的四维跨文化交际能力模式、Byram（1997）的跨文化交际能力模式和 Deardorff（2006，2009）的金字塔式跨文化交际模式等①。对比这些模型，可以发现它们都不仅仅包括语言能力，而是将交际者的态度、知识、行为、技能等多个方面纳入了跨文化交际能力的内涵。

问题 12 以高永晨（2014）提出的知行合一模式为参考，对知识系统（如本国及外国文化相关知识、观察与分析能力、外语语言能力）及行为系统（如语言组织能力、获取信

① 高永晨．中国大学生跨文化交际能力测评体系的理论框架构建 [J]. 外语界，2014，(4)：85-87 页．

息的行动力、亲和力、好奇心、开放性和包容性）中的要素进行了调查。

对于哪些是跨文化交际能力的要素，受访教师的回答最多的前三位是“对外国文化的知识的理解”（87.45%）、“外语语言能力”（85.11%）和“对本国文化知识的理解”（84.89%）；其次是“开放包容的心态”（75.53%）和“对外国文化和文化差异的好奇心”（71.70%）、“与他人沟通和交流的亲和力”（69.72%）；再次之是“观察与分析能力”（57.14%）、“较强的语言组织能力”（55.65%）和“积极获取最新信息的行动力”（52.03%）。可以看出受访教师最重视的首先是知识层面的内容，其次为交流必备的态度，最后才是处理、传达信息的基本技能和行动力。

从问卷中表现出的这种倾向性，不难想象在课堂授课时必然会偏重知识的传授，而将提高学生的分析观察能力、语言组织能力、行动力放在次要位置甚至可有可无的位置。由于这几方面的能力很大程度上取决于学生本身的性格气质，并且不能直接被量化反映在培养目标中，教师很难在有限的教学时间内有效兼顾对这些能力的培养。

13. 您认为以下哪些途径对提高教师的跨文化交际能力最有效？【多选题（最多选择3项）】（　　）

A. 参加国内相关培训或研修　　B. 出国研修
C. 参加国际学术交流研讨会　　D. 购买相关书籍
E. 利用网络信息　　F. 与外国人交流
G. 出国旅游　　H. 其他（请注明：　　）

调查结果见表 3-13、图 3-13。

表 3-13

选项	小计	比例
A. 参加国内相关培训或研修	183	38.94%
B. 出国研修	403	85.74%
C. 参加国际学术交流研讨会	282	60%
D. 购买相关书籍	65	13.83%
E. 利用网络信息	115	24.47%
F. 与外国人交流	238	50.64%
G. 出国旅游	60	12.77%
H. 其他（请注明：　　）	3	0.64%
本题有效填写人数	470	

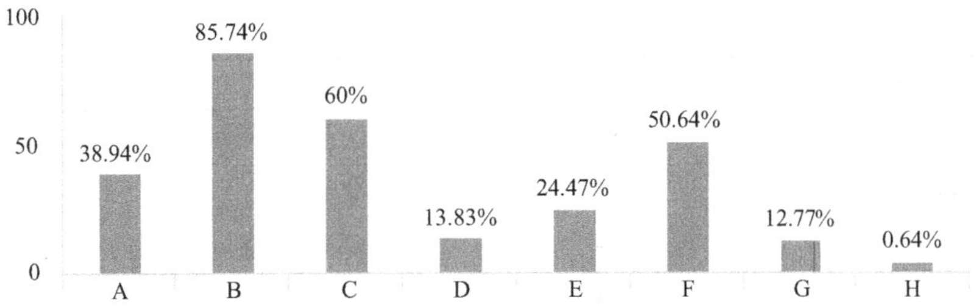

图 3-13

问题 13 的调查结果表明，受访教师认为能有效提高跨文化交际能力的途径中前 3 位分别是出国研修、参加国际学术交流研讨会及与外国人交流。

其中选择出国研修这一选项的受访教师高达 85% 以上，可以说这是被绝大多数教师公认的提高跨文化交际能力的最有效途径。中国人讲究“读万卷书，行万里路”，但从书本上学习知识终究不如实地考察效果显著，只有通过自己的感官实际体验过国外的吃穿住行、风土人情，才能真正对文化意识层面产生影响。而通过参加国际学术研讨会，高校教师能够高效直观地了解本领域的学术前沿，提高自身的业务水平，同时必然地会在交流过程中磨练和提高跨文化交际能力。

但同时也要看到，这 3 个途径的实现都具有一定的难度。第 6、7 问的回答已经表明由于各种内因和外因，超过 32% 的受访教师入职后没有出国研修的机会。国际学术研讨会虽然是跨文化交际行为的有效实践方式，但同时也是这 3 种途径中门槛最高的。第 9、10 问的回答也表明了相当一部分的院校没有或只有很少的外籍教师和留学生，只从工作环境来看的话，受访教师和外国人的交流很难达到提高跨文化交际能力的程度。

14. 您认为提高跨文化交际能力的重要意义有哪些？（　　）【多选题】

A. 提高外语水平　B. 开阔视野　C. 增强国际意识

D. 有利于就业及升迁　E. 思想观念更新　F. 提高社交能力

G. 提高文化素养　H. 提高综合能力　I. 提高知识水平

J. 学习外国先进技术　K. 其他（请注明：　　）

调查结果见表 3-14、图 3-14。

表 3-14

选项	小计	比例
A. 提高外语水平	300	63.83%
B. 开阔视野	422	89.79%

续表

选项	小计	比例
C. 增强国际意识	387	82.34%
D. 有利于就业及升迁	127	27.02%
E. 思想观念更新	349	74.26%
F. 提高社交能力	274	58.30%
G. 提高文化素养	349	74.26%
H. 提高综合能力	341	72.55%
I. 提高知识水平	241	51.28%
J. 学习外国先进技术	237	50.43%
K. 其他（请注明：　　）	7	1.49%
本题有效填写人数	470	

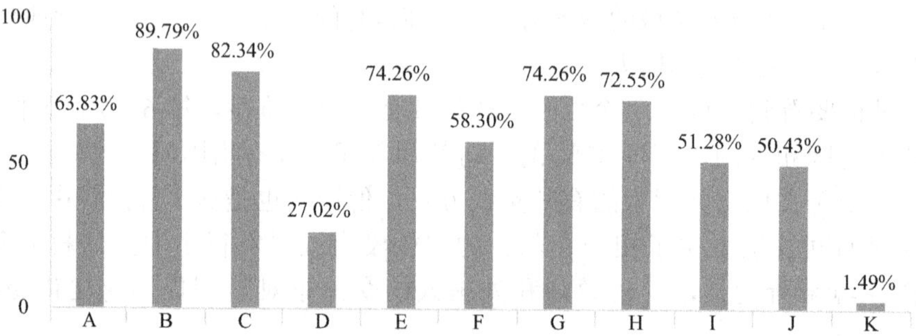

图 3-14

问题 14 的调查结果表明，受访教师对跨文化交际能力的重要性是认可的，除“有利于就业及升迁”之外，其他所列出的选项都有超过半数的教师选择。受访者的期许主要集中在“开阔视野”“增强国际意识”这两项与全球一体化有关的意识层面的改善，另外“提高文化素养”“思想观念更新”“提高综合能力”这些关于培养良好思维习惯的方面也得到了 70% 以上受访教师的认同。

培养学生跨文化交际能力的重要性已经在绪论中作了阐述，而具体到能增强哪方面的能力，对大部分高校教师来说，仍然很难直观地作出评测。在这些选项中，“提高外语水平”是公认的可以和跨文化交际能力直接挂钩的要素。我国的外语教学大纲也明确提出了培养具有跨文化交际能力的外语综合应用能力人才的要求。但 21 世纪的跨文化交际能力培养的目标绝不能仅仅停留在语言层面。

庄恩平在 2006 年举办于上海大学的跨文化交际国际学术研讨会上提出了跨文化交际能力中“交际策略”的重要性，同时与会的专家也言及了跨文化交际能力应该体现在跨国商务管理、国际赛事、国际博览活动等重要外事活动中。该研讨会得出了这样的结论：从长远来看，这既是社会发展的需要，也会使学生终身受益。跨文化交际学科应该在包括但不仅限于外语专业的教育实践中，成为一门进一步提高我国国民综合素质，提高我国对外形象的学科①。正确认识跨文化交际能力的作用，正是实现这个目标的第一步。

四、受访者对自身跨文化交际能力的评价

这部分调查主要针对受访高校教师对自身跨文化交际能力的自我评价，包括态度、知识、技能、行动力等要素的分别评价及总评，主要涉及问卷中的第 15 题到第 25 题。

15. 您是否对外国文化以及不同文化间差异具有强烈的好奇心？（　　）

A. 非常强烈　　B. 比较强烈　　C. 不太强烈　　D. 不强烈

调查结果见表 3-15、图 3-15。

表 3-15

选项	小计	比例
A. 非常强烈	136	28.94%
B. 比较强烈	272	57.87%
C. 不太强烈	53	11.28%
D. 不强烈	9	1.91%
本题有效填写人数	470	

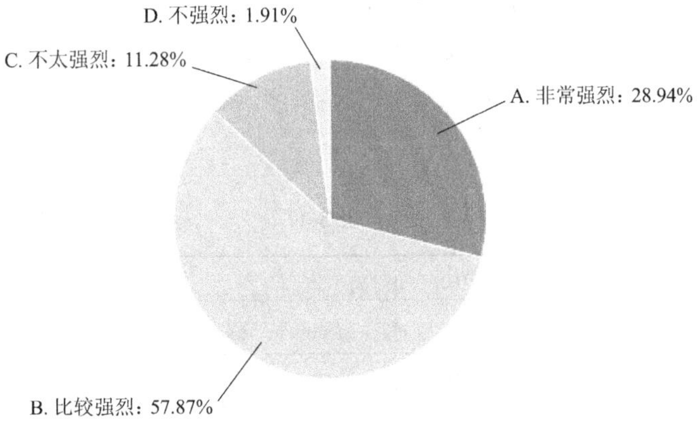

图 3-15

16. 您是否具有宽广、开放的国际视野？（　　）

A. 非常宽广　　B. 比较宽广　　C. 不太宽广　　D. 不宽广

调查结果见表 3-16、图 3-16。

① 庄恩平 . 跨文化能力：我国 21 世纪人才必备的能力——“2006 跨文化交际国际学术研讨会”综述 [J]. 外语界，2006（5）：80 页 .

表 3-16

选项	小计	比例
A. 非常宽广	65	13.83%
B. 比较宽广	292	62.13%
C. 不太宽广	105	22.34%
D. 不宽广	8	1.7%
本题有效填写人数	470	

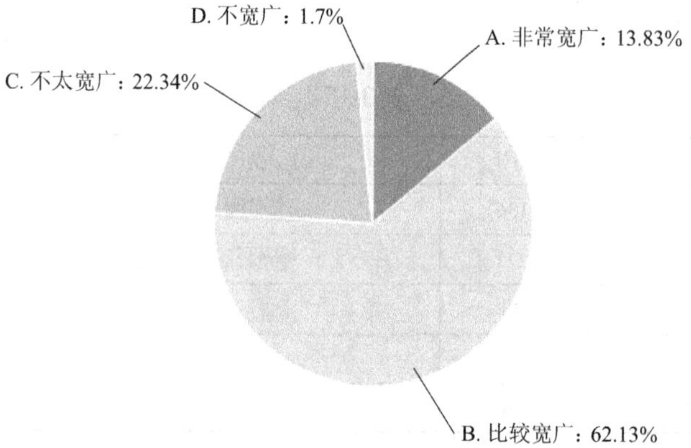

图 3-16

17. 您对本国文化是否有足够的了解？（　　）

A. 非常了解　　B. 比较了解　　C. 不太了解　　D. 不了解

调查结果见表 3-17、图 3-17。

表 3-17

选项	小计	比例
A. 非常了解	41	8.72%
B. 比较了解	370	78.72%
C. 不太了解	59	12.55%
D. 不了解	0	0%
本题有效填写人数	470	

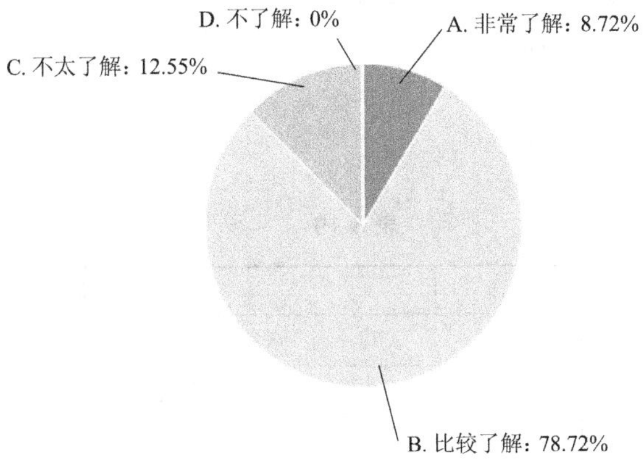

图 3-17

18. 您对外国（一国或以上）文化是否有足够的了解？（　　）

A. 非常了解　　B. 比较了解　　C. 不太了解　　D. 不了解

调查结果见表 3-18、图 3-18。

表 3-18

选项	小计	比例
A. 非常了解	23	4.89%
B. 比较了解	299	63.62%
C. 不太了解	136	28.94%
D. 不了解	12	2.55%
本题有效填写人数	470	

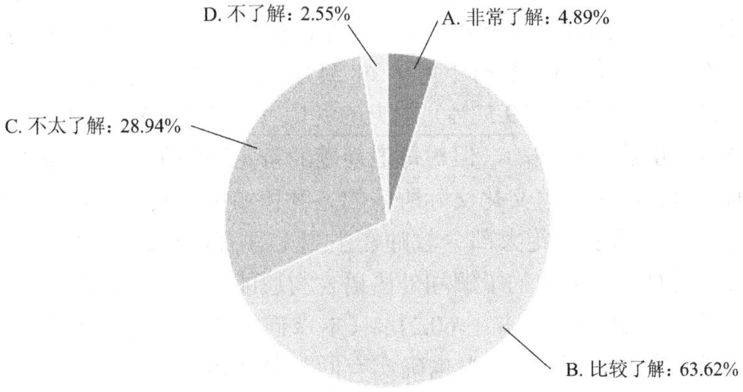

图 3-18

19. 您是否具有较强的外语语言沟通能力？（ ）

A. 非常强 B. 比较强 C. 不太强 D. 不强

调查结果见表 3-19、图 3-19。

表 3-19

选项	小计	比例
A. 非常强	45	9.57%
B. 比较强	265	56.38%
C. 不太强	125	26.6%
D. 不强	35	7.45%
本题有效填写人数	470	

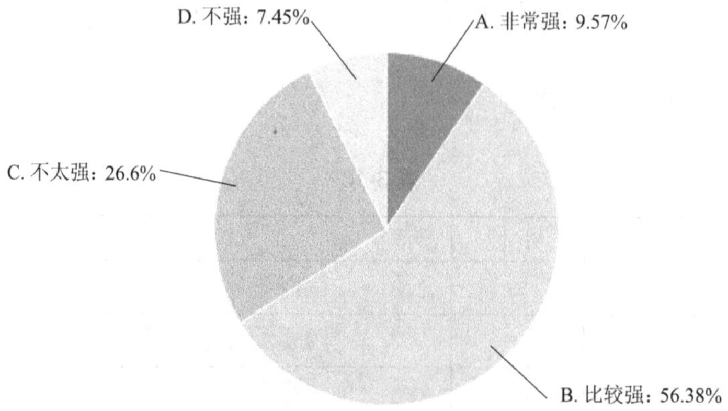

图 3-19

以上的 5 个问题是对态度和知识的调查。在对待不同文化间差异的态度上，绝大多数受访教师具有比较强烈（57.87%）甚至非常强烈的好奇心（28.94%）。在看待事物的角度上，认为自己具有比较宽广（62.13%）甚至非常宽广（13.83%）、开放的国际视野的受访教师比例超过 75%。在技能层面，87% 以上的受访教师表示对本国文化有足够的了解，而这一比例换成对外国文化的了解时下降为 68.51%。在外语语言沟通能力上，认为自己具有比较强（56.38%）、非常强（9.57%）能力的受访者总和在 65% 以上。

从数据上来看，虽然有所波动，但对每道问题的肯定回答都占了半数以上，可以看出大部分受访教师认为自己具备跨文化交际所需的态度和知识。其中肯定回答比例最高的是对文化差异的好奇心，这表明绝大部分教师在主观上具有进行跨文化交际行为的心理基础。而相对短板的是对外国文化的了解和外语语言沟通能力。需要注意的是，虽然本次受访对象中讲授外语类课程的教师占了 60.21%（本章问题 5），但是“外语语言沟通能力”不完全等同于“外语能力”，回答者中也确实有回答外语沟通能力不太强的外语类教师。不论在理工类、人文社科类专业还是在外语类专业，对他国语言和文化的不了解，仍是目前影响教师跨文化交际能力的主要问题。

20. 您对国内外的文化现象作出评价分析的能力是否很强？（　　）

A. 非常强　　B. 比较强　　C. 不太强　　D. 不强

调查结果见表 3-20、图 3-20。

表 3-20

选项	小计	比例
A. 非常强	18	3.83%
B. 比较强	244	51.91%
C. 不太强	191	40.64%
D. 不强	17	3.62%
本题有效填写人数	470	

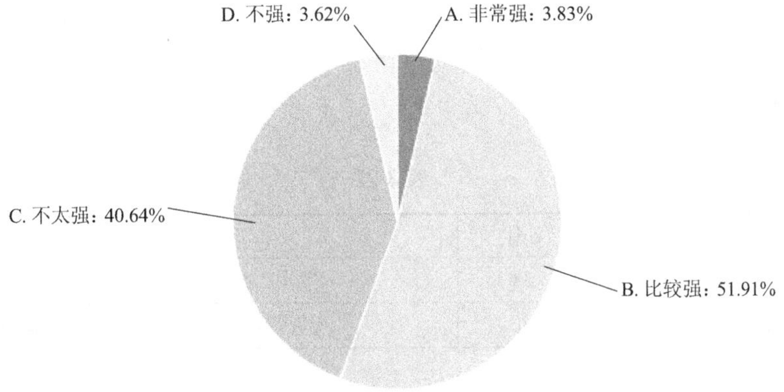

图 3-20

21. 您与他人沟通和交流的亲和力是否很强？（　　）

A. 非常强　　B. 比较强　　C. 不太强　　D. 不强

调查结果见表 3-21、图 3-21。

表 3-21

选项	小计	比例
A. 非常强	63	13.4%
B. 比较强	297	63.19%
C. 不太强	106	22.55%
D. 不强	4	0.85%
本题有效填写人数	470	

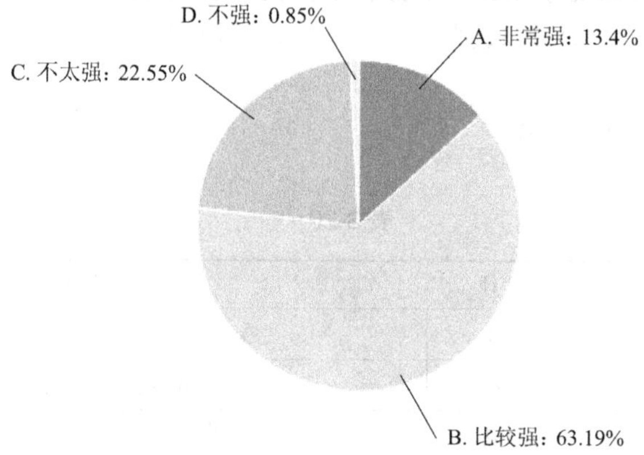

图 3-21

22. 您的语言组织能力是否很强？（　　）

A. 非常强　　B. 比较强　　C. 不太强　　D. 不强

调查结果见表 3-22、图 3-22。

表 3-22

选项	小计	比例
A. 非常强	38	8.09%
B. 比较强	305	64.89%
C. 不太强	121	25.74%
D. 不强	6	1.28%
本题有效填写人数	470	

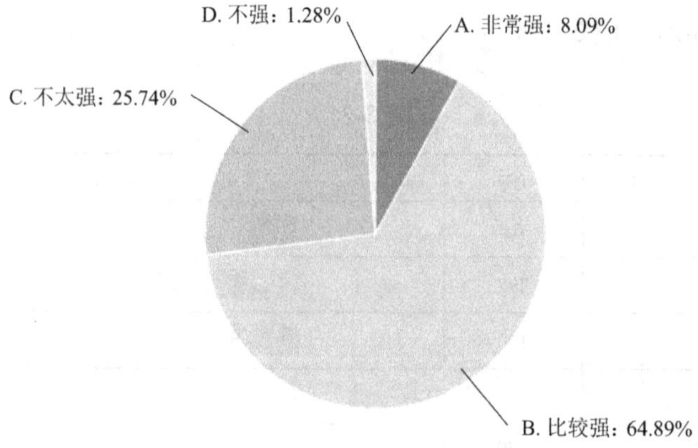

图 3-22

23. 您是否具有较强的获取国内外最新信息的行动力？（ ）

A. 非常强　　B. 比较强　　C. 不太强　　D. 不强

调查结果见表 3-23、图 3-23。

表 3-23

选项	小计	比例
A. 非常强	36	7.66%
B. 比较强	263	55.96%
C. 不太强	152	32.34%
D. 不强	19	4.04%
本题有效填写人数	470	

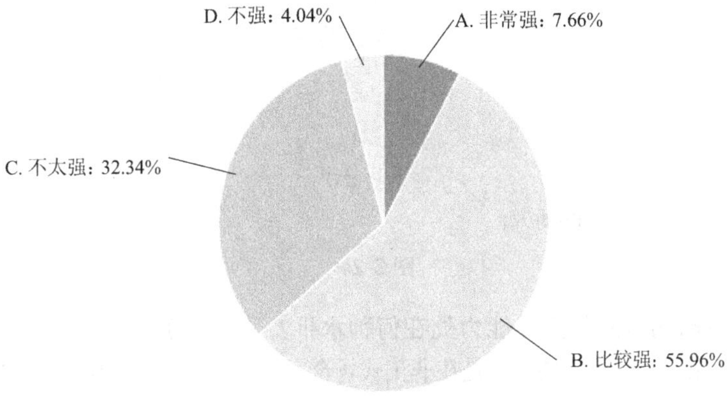

图 3-23

问题 20~23 是对技能和行动力的调查。从回答中可以看出，大部分受访教师给出了肯定回答（“非常强”或“比较强”），尤其是关于“与他人沟通和交流的亲和力”和“语言组织能力”两个问题，肯定回答分别占 76.59% 和 72.98%。作为职业需要的一部分，教师中的“不善交际者”应该是较少的，这可以算得上是教师在跨文化交际能力方面的一种职业优势。

但在“对文化现象作出评价分析的能力”及“获取国内外最新信息的行动力”这两项问题的回答中，肯定回答分别占了 55.74% 和 63.62%。虽然过了半数但并不是很高。具有文化敏感性，能够对不同文化现象进行观察、比较和反思才能保证跨文化交际顺利进行。由于文化与社会的意识形态紧密联系，因此文化并不是一成不变的，教师需要及时获取国内外最新信息，不断更新自己的认知，培养具有开放性、流动性的跨文化交际意识。可以看出，在各项要素中，文化敏感性和与时俱进的行动力是教师跨文化交际能力的欠缺之处。

24. 您是否会有意识地培养提高自己的跨文化交际能力？（ ）

A. 很有意识　　B. 较有意识　　C. 不太有意识　　D. 没有意识

调查结果见表 3-24、图 3-24。

表 3-24

选项	小计	比例
A. 很有意识	139	29.57%
B. 较有意识	266	56.6%
C. 不太有意识	64	13.62%
D. 没有意识	1	0.21%
本题有效填写人数	470	

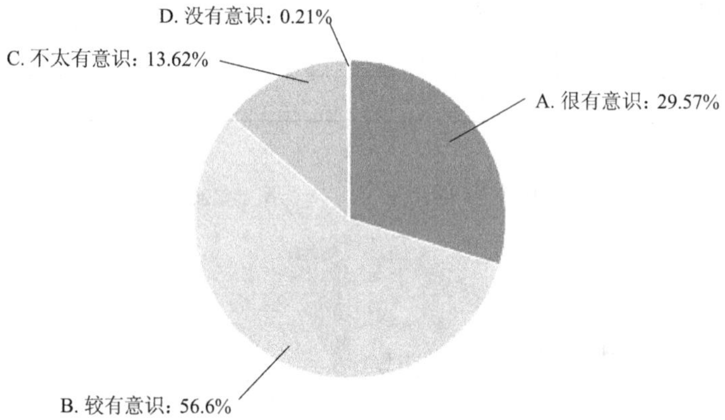

图 3-24

25. 您认为自己的跨文化交际能力处在何种水平？（　　）

A. 非常强。（无论是在正式场合还是在非正式场合，面对何种交流对象，均能实现有效交流）

B. 较强。（主要是在非正式场合和有相似教育背景的对象，可实现有效交流）

C. 不太强。（只能进行日常生活所需要的最低限度的交流）

D. 不强。（几乎不能实现有效交流）

调查结果见表 3-25、图 3-25。

表 3-25

选项	小计	比例
A. 非常强。（无论在正式场合或非正式场合，面对何种交流对象，均能实现有效交流）	45	9.57%
B. 较强。（主要是非正式场合和相似教育背景的对象，可实现有效交流）	249	52.98%
C. 不太强。（只能进行日常生活所需要的最低限度的交流）	145	30.85%
D. 不强。（几乎不能实现有效交流）	31	6.6%
本题有效填写人数	470	

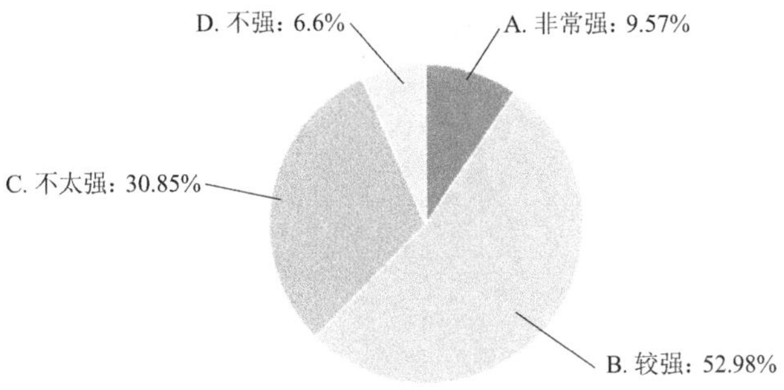

图 3-25

问题 24、25 是针对受访者对自身跨文化交际能力的总评进行的调查。受访教师普遍具有提升自己的跨文化交际能力的意识，回答较有意识（56.6%）及很有意识（29.57%）的肯定回答总和为 86.17%。另一方面，在对自身跨文化交际能力水平的评价的问题上，认为较强（52.98%）及非常强（9.57%）的肯定回答总和占 62.55%，虽然过了半数，但很难说是一个令人满意的比例。所幸不管对自身的跨文化交际能力是否有正面评价，大部分受访者能够认识到自身的不足，并迫切希望得到改善和提高。

该结果也和问题 15~23 对跨文化交际能力各项要素的调查结果基本吻合。具体来说，对外国语言及文化的了解，评价分析国内外文化现象的能力，及时获取外国最新信息的行动力是眼前亟待解决的问题。

五、受访者对所在院系学生跨文化交际能力的评价

这部分内容是受访高校教师对所在院系学生的跨文化交际能力作出的评价，以及针对受访教师是否有意识地培养学生的跨文化交际能力进行的调查，主要涉及问卷中的第 26 题到第 30 题。

26. 您对培养学生的跨文化交际能力是否关注？（　　）

A. 非常关注　　B. 较关注　　C. 不太关注　　D. 不关注

调查结果见表 3-26、图 3-26。

表 3-26

选项	小计	比例
A. 非常关注	139	29.57%
B. 较关注	259	55.11%
C. 不太关注	67	14.26%
D. 不关注	5	1.06%
本题有效填写人数	470	

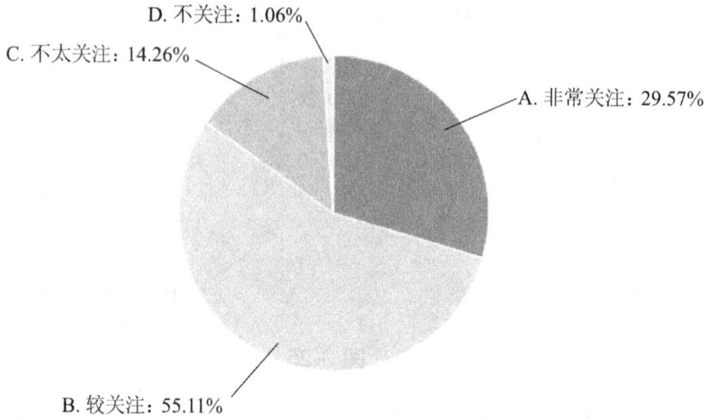

图 3-26

27. 您所教授的学生跨文化交际能力大致处在什么水平？（　　）

A. 很强　　B. 较强　　C. 不太强　　D. 不强

E 不清楚

调查结果见表 3-27、图 3-27。

表 3-27

选项	小计	比例
A. 很强	5	1.06%
B. 较强	76	16.17%
C. 不太强	272	57.87%
D. 不强	95	20.21%
E 不清楚	22	4.68%
本题有效填写人数	470	

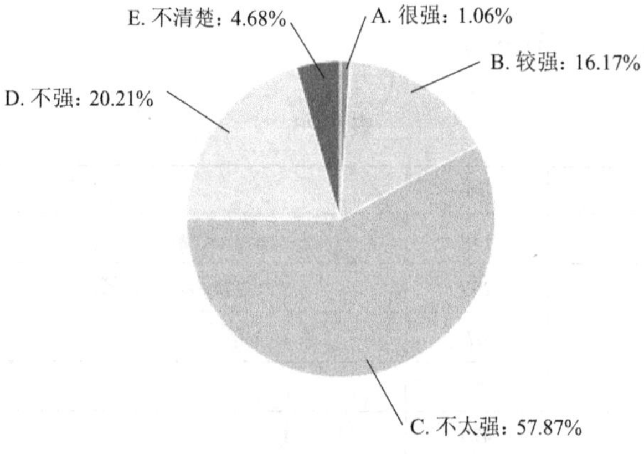

图 3-27

问题 26 的调查结果表明：84% 以上的受访教师对培养学生的跨文化交际能力表示关注。

近年来，我国社会飞速发展，在经济、文化、政治领域发挥的作用不断扩大，2013 年由习近平总书记提出的“一带一路”是国家领导人在复杂的国际政治经济环境下提出的宏观倡仪，是以互利共赢为基本目的的跨国合作设想。金桂桃（2017）指出，有效的跨文化交际是“一带一路”倡仪目前面临的首要任务。高校作为跨文化交际人才培养的主阵地，抓住“一带一路”倡仪带来的机遇，在培养学生扎实专业知识的同时，培养学生较高的跨文化交际能力成为当前面临的核心任务之一①，这也正是本研究诞生的初衷。从回答来看，认为培养学生的跨文化交际能力是高校教育人才培养的目标之一，已经逐渐成为大部分高校教师的共识。

尽管如此，学生的跨文化交际能力水平却不容乐观。在对学生的跨文化交际能力评价的问题 27 中，只有约 17% 的受访教师认为自己所教授的学生跨文化交际能力较强或很强，约 78% 的受访教师选择“不强”或“不太强”，除此之外甚至还有近 5% 的受访教师不清楚学生的跨文化交际能力处在何种水平。这 5% 的 22 份回答中，有 4 份来自外语课程的教师。可见不管讲授的科目是什么，要了解自己学生的跨文化交际能力都绝非易事。

28. 您认为所在院系学生是否有必要修读跨文化交际课程？（　　）

A. 非常有必要　　B. 比较有必要　　C. 不太必要　　D. 不必要

调查结果见表 3-28、图 3-28。

表 3-28

选项	小计	比例
A. 非常有必要	208	44.26%
B. 比较有必要	221	47.02%
C. 不太必要	33	7.02%
D. 不必要	3	0.64%
E. 不清楚	5	1.06%
本题有效填写人数	470	

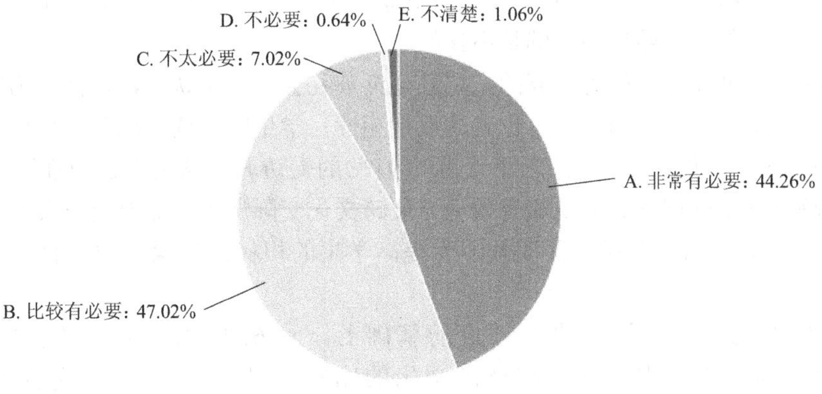

图 3-28

① 金桂桃，刘畅，程宗颖．“一带一路”倡仪下高校大学生跨文化交际能力现状与培养策略 [J]. 海军工程大学学报（综合版），2017，14，（01）：83-84 页

29. 您是否认为应在课程设置中加大本国或外国文化课程的比重？（　　）

A. 两种都应增加　　B. 应增加本国文化课程

C. 应增加外国文化课程　　D. 不用增加

E. 无所谓

调查结果见表 3-29、图 3-29。

表 3-29

选项	小计	比例
A. 两种都应增加	309	65.74%
B. 应增加本国文化课程	84	17.87%
C. 应增加外国文化课程	49	10.43%
D. 不用增加	20	4.26%
E. 无所谓	8	1.7%
本题有效填写人数	470	

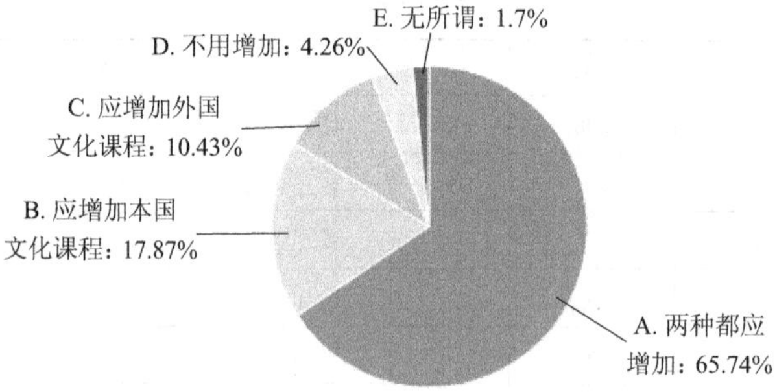

图 3-29

问题 28、29 调查结果表明：大部分受访教师认为所在院系的学生目前修读的跨文化交际课程、打下的知识结构的基础是不够的。

近年来，跨文化交际能力培养的重要性逐渐被社会各界所认同，也被认为应该是通识教育的重要组成部分。但与教育工作者的期待相悖，学生的修读情况并不理想，教师没有获得满意的教学效果。在调查结果中，占约 91% 的受访教师认为自己所在院系的学生有必要修读跨文化交际课程。为更加有效地开展跨文化交际课程，需要校方大力宣传和转变学生意识，还需要相关课程的任课教师为提高学生的积极性对课程的内容、教学法进行改进。

在对现有的文化类课程进行评价的基础上，有 65% 以上的受访教师认为课程设置中应当同时增加本国文化和外国文化的比重。另有约 18% 的受访者认为应当增加本国文化的比重，10% 的受访者认为应该增加外国文化的比重。这个结果反映了受访教师对学生文化知识储备特别是本国文化知识储备不足的现状的担忧。

30. 您认为教师的跨文化交际能力高低是否会影响教学效果？（　　）

A. 影响很大　　B. 影响较大　　C. 影响不大　　D. 没有影响

调查结果见表 3-30、图 3-30。

表 3-30

选项	小计	比例
A. 影响很大	155	32.98%
B. 影响较大	238	50.64%
C. 影响不大	63	13.4%
D. 没有影响	6	1.28%
E. 不清楚	8	1.7%
本题有效填写人数	470	

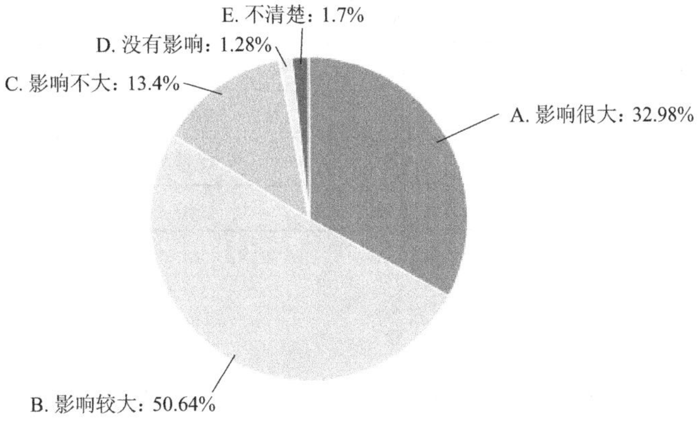

图 3-30

问题 30 的调查结果表明：83% 以上的受访教师认为教师的跨文化交际能力会影响教学效果。从该题及整个这一部分的调查结果可知，受访教师普遍认可跨文化交际能力对人才培养的重要性，而且对师生两方都有影响，直接关系到课堂的教学效果。但目前高校学生的跨文化交际能力普遍不太强或不强，也没有完善的课程体系以支撑跨文化交际能力的培养，教学的需求和供给存在明显矛盾。

造成这种现象的原因是多方面的。以外语专业的教师为例，教学任务重、科研压力大、晋升竞争压力大等因素导致大学英语教师的价值观发生变化，很多教师疲于面对各项压力，工作激情缺乏[①]，无暇思考如何组织更加有效、系统的文化课教学活动。而很多学生也简单地将跨文化交际能力认为是外语语言的应用能力，将精力都放在记忆语法和单词上，没有意识到交际策略、相应文化知识储备的缺失才是问题

① 文兰芳 . 人文精神与高校英语教师专业发展 [C]// 曾凡贵 . 大学英语教学改革多元视角探索 . 上海：上海交通大学出版社，2012，132-133 页

的关键所在。

六、受访者为提高学生跨文化交际能力所采取的措施

这部分调查主要针对受访高校教师在授课时为培养学生跨文化交际能力所采取的措施、辅助教学手段和课堂外有效措施的建议，主要涉及问卷中的第 31 题到第 38 题。

31. 您在授课过程中是否使用外语？（　　）

A. 全外语授课　　B. 部分使用外语授课

C. 不太使用外语授课　　D. 不使用外语授课

调查结果见表 3-31、图 3-31。

表 3-31

选项	小计	比例
A. 全外语授课	52	11.06%
B. 部分使用外语授课	259	55.11%
C. 不太使用外语授课	80	17.02%
D. 不使用外语授课	79	16.81%
本题有效填写人数	470	

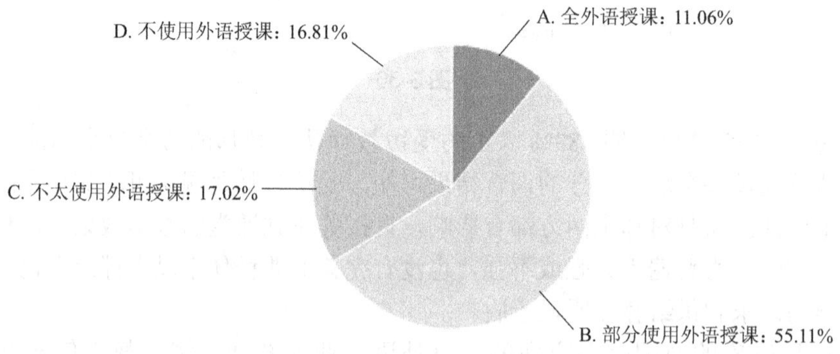

图 3-31

问题 31 对教师外语授课的情况进行了调查。55.11% 的受访教师表示部分使用外语授课，11.06% 的受访教师为全外语授课，总和超过 66%，而完全不使用外语授课的受访教师仅占 16.81%。

是否使用外语授课、使用到什么程度，受到师生双方的外语水平、教学目标、课程特点等多种因素的影响。总体来看，包括但不限于外语类的各种课程的受访教师普遍会在授

课时使用到外语。

32. 您的授课内容是否经常涉及外国文化或外国科技？（　　）（如选择 D 则跳过问题 33、34）

A. 经常涉及　B. 有时涉及　C. 很少涉及　D. 不涉及

调查结果见表 3-32、图 3-32。

表 3-32

选项	小计	比例
A. 经常涉及	196	41.7%
B. 有时涉及	201	42.77%
C. 很少涉及	53	11.28%
D. 不涉及	20	4.26%
本题有效填写人数	470	

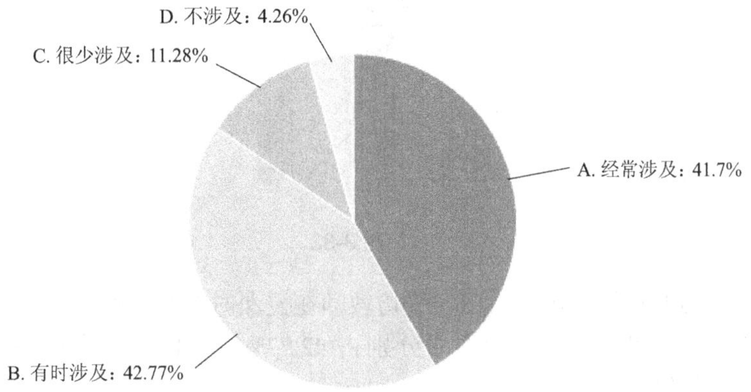

图 3-32

33. 您授课内容中涉及的外国文化知识主要是？（　　）【多选题】

A. 风土人情　B. 历史文化　C. 政治经济

D. 文学影视作品　E. 时事热点

F. 信仰和价值观（在涉及西方信仰和价值观内容授课时，应注意要批判，引导学生树立正确的社会主义价值观）

G. 专业领域的研究动态　H. 其他（请注明：　　　）

调查结果见表 3-33、图 3-33。

表 3-33

选项	小计	比例
A. 风土人情	285	63.33%
B. 历史文化	304	67.56%
C. 政治经济	171	38%
D. 文学影视作品	195	43.33%
E. 时事热点	189	42%
F. 信仰和价值观	139	30.89%
G. 专业领域的研究动态	194	43.11%
H. 其他（请注明：　　）	8	1.78%
本题有效填写人数	450	

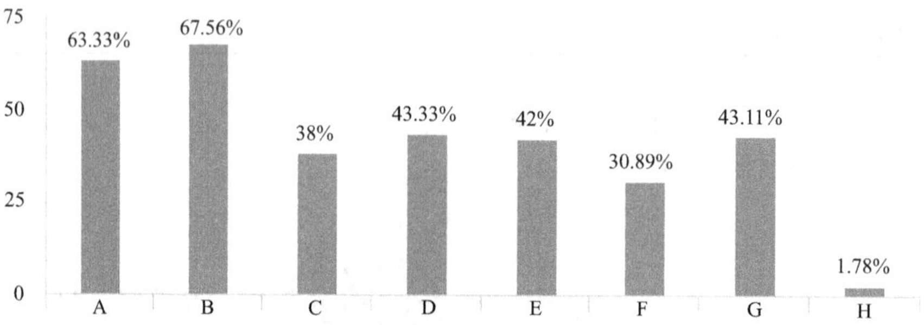

图 3-33

从问题 32 的调查结果可以看出，受访教师在授课时有很高概率涉及外国的文化知识。回答“有时涉及”和“经常涉及”的分别占 42.77% 和 41.7%，总和超过 84%，而回答“完全不涉及”的仅占 4.26%。

接下来的问题 33 是对涉及内容的具体调查，结果如下：受访教师课堂上涉及外国文化最多的是“历史文化”，占 67.56%；“风土人情”次之，占 63.33%；接下来是“文学影视作品”和“专业领域的研究动态”，分别占 43.33% 和 43.11%，几乎没有差别；排在第四位、第五位的“时事热点”（42%）和“政治经济”（38%），与前面的选项差距不大，也是受访教师较常讲授的内容；选择人数最少的是“信仰和价值观”（30.89%），还有受访者自己注明了“军事常识”“艺术类”“许多国际问题产生原因和对策”等其他答案（1.78%）。

通过以上结果可以看出，教师在授课时涉及外国文化知识，主要是对该国的基本文化背景的普及，目的在于促进学生对其国家或语言产生兴趣，起到辅助教学的作用，很少直接与考试知识点和教学任务挂钩。

34. 您在课堂上是否横向对比中外文化的异同？（　　）

A. 经常对比　　B. 有时对比　　C. 很少对比　　D. 从不对比

调查结果见表 3-34、图 3-34。

表 3-34

选项	小计	比例
A. 经常对比	117	26%
B. 有时对比	259	57.56%
C. 很少对比	66	14.67%
D. 从不对比	8	1.78%
本题有效填写人数	450	

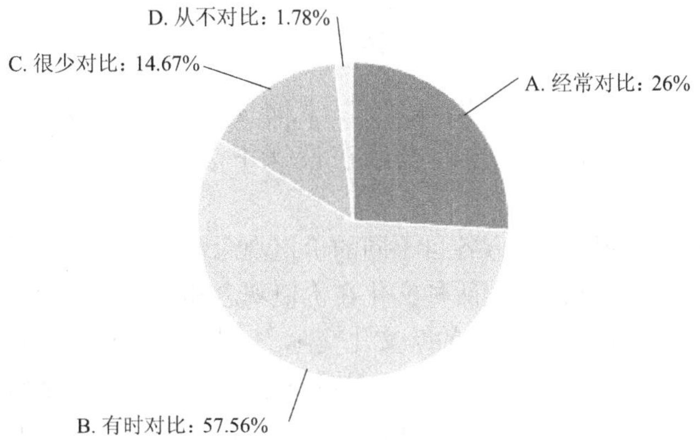

图 3-34

35. 您在授课中是否强调交际能力、表达能力的重要性？（　　）

A. 经常强调　　B. 有时强调　　C. 很少强调　　D. 从不强调

调查结果见表 3-35、图 3-35。

表 3-35

选项	小计	比例
A. 经常强调	226	48.09%
B. 有时强调	202	42.98%
C. 很少强调	40	8.51%
D. 从不强调	2	0.43%
本题有效填写人数	470	

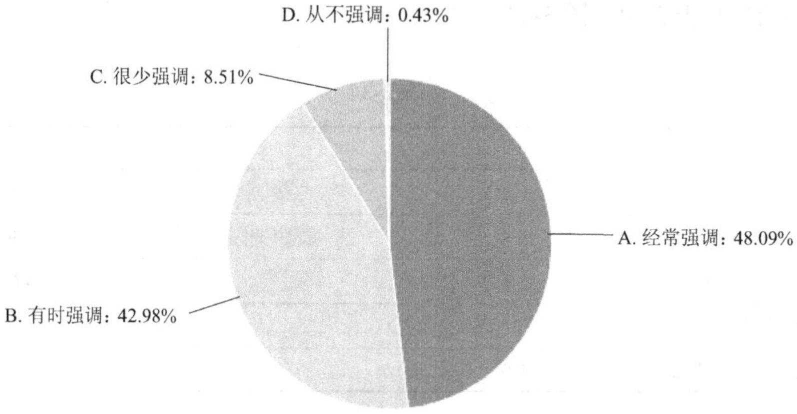

图 3-35

问题 34、35 的调查结果表明：83% 以上的受访教师在授课中会横向对比中外文化的异同，91% 以上的受访教师表示在授课中会强调交际能力、表达能力的重要性。

在跨文化交际中，交际者双方各自不同的价值观念和思维方式，是阻碍跨文化交际顺利进行的主要障碍之一。横向比较两种文化在价值观念和思维方式上的异同，可以使学生在交际中作出正确的预测，完成有效的跨文化交际①。另一方面，跨文化交际能力中的“交际”技能也是必不可少的。“交际能力是一种社交能力，而跨文化交际能力则是在拥有这种基本社交能力的基础上，在其他文化背景下的有效交际能力。”② 可以看出，仅有外语知识是不够的，发现差异或问题点的文化敏感性、有理有据地表达自己想法的语言组织能力也都是影响学生跨文化交际能力的重要因素。

而从调查结果来看，受访教师对这些能力与学生的综合素质的关联性是有体会的，有意识或无意识地对学生提出了相应的要求。不管外语还是人文社科或理工课程，教师都会在课上强调它们的重要性。虽然眼下还没有能够有效提高学生的逻辑思维、表达能力的行之有效的具体办法，但是受访的高校教师已经表现出了希望改善问题的想法。

36. 为提高跨文化交际能力，您会使用以下手段进行辅助教学吗？（　　）【多选题】

A. 播放影视剧或纪录片　　B. 利用互联网或 APP
C. 鼓励学生利用第二课堂　　D. 模拟跨文化交际的场景
E. 介绍相关的课外读物　　F. 展开课堂讨论
G. 其他（请注明：　　）　　H. 不使用

调查结果见表 3-36、图 3-36。

① 严明 . 跨文化交际理论研究 [M]. 哈尔滨：黑龙江大学出版社，2009，221-222 页 .
② 严明 . 跨文化交际理论研究 [M]. 哈尔滨：黑龙江大学出版社，2009，213 页 .

表 3-36

选项	小计	比例
A. 播放影视剧或纪录片	305	64.89%
B. 利用互联网或 APP	321	68.3%
C. 鼓励学生利用第二课堂	225	47.87%
D. 模拟跨文化交际的场景	197	41.91%
E. 介绍相关的课外读物	264	56.17%
F. 展开课堂讨论	246	52.34%
G. 其他（请注明：　）	7	1.49%
H. 不使用	5	1.06%
本题有效填写人	470	

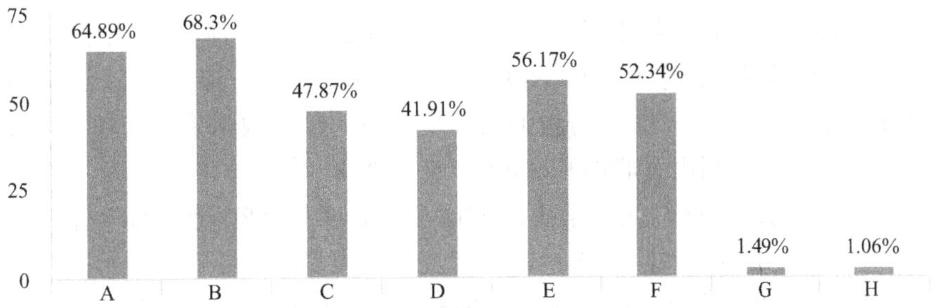

图 3-36

37. 您认为以上哪项辅助手段最有效？【多选题（最多选择 3 项）】（　　）

调查结果见表 3-37、图 3-37。

表 3-37

选项	小计	比例
A. 播放影视剧或纪录片	271	58.15%
B. 利用互联网或 APP	245	52.58%
C. 鼓励学生利用第二课堂	144	30.9%
D. 模拟跨文化交际的场景	204	43.78%
E. 介绍相关的课外读物	126	27.04%
F. 展开课堂讨论	132	28.33%
G. 其他：请注明	7	1.5%
本题有效填写人	466	

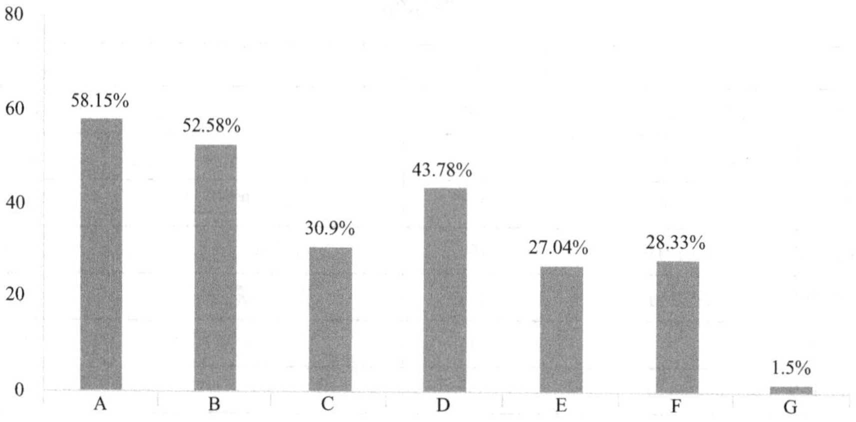

图 3-37

问题 36、37 的调查结果表明：为提高学生的跨文化交际能力，接近 99% 的受访教师表示在课上会使用一些辅助教学手段。其中被选择最多的分别是“利用互联网和 APP”（68.3%）和“播放影视剧纪录片”（64.89%）；而在教学效果的调查上，这两项仍处在前两位，只是排序颠倒了过来，被受访教师认为最有效的辅助教学手段变成了“播放影视剧纪录片”（58.15%）和“利用互联网和 APP”（52.58%）。

与纪录片和影视剧这种传统教学手段相比，互联网和 APP 是相对年轻的且仍在发展变化的新教学手段。虽然从现阶段来看，后者还具有很多不确定性和不可控性，但大部分教师对它寄予厚望。相信随着 5G 技术的发展和更多教学辅助软件的开发，互联网将会在跨文化交际能力的培养中发挥越来越重要的作用。

耐人寻味的是，使用率排在第三位的“介绍相关的课外读物”（56.17%），却在有效性调查中占比最低（27.04%）；而使用率相对不高的“模拟跨文化交际的场景”（41.91%），却在有效性调查中居第三位（43.78）。虽然很多教师会介绍课外读物以增加学生的知识积累，从而提高跨文化交际能力，然而收效甚微；而跨文化交际情景模拟能有效帮助学生思考他国文化，增强文化对比意识，但这种教学活动准备时间长，过程掌控和制定有效评价标准相对困难，并不能广泛地被受访教师采用。该如何协调教学时间、教学效果和教学目标，如何取舍教学辅助手段，是一个需要思考的问题。

38. 您认为提高学生跨文化交际能力的最有效途径是？【多选题（最多选择 5 项）】（　　）

A. 开设专门课程　　B. 授课教师引导　　C. 购买相关书籍
D. 利用网络信息　　E. 学生与留学生交流　　F. 外教主导的沙龙等活动
G. 出国旅游　　H. 留学　　I. 海外游学
J. 邀请校内或校外专家讲座　　K. 其他（请注明：　　）

调查结果见表 3-38、图 3-38。

表 3-38

选项	小计	比例
A. 开设专门课程	267	56.81%
B. 授课教师引导	254	54.04%
C. 购买相关书籍	81	17.23%
D. 利用网络信息	197	41.91%
E. 学生与留学生交流	271	57.66%
F. 外教主导的沙龙等活动	224	47.66%
G. 出国旅游	93	19.79%
H. 留学	228	48.51%
I. 海外游学	186	39.57%
J. 邀请校内或校外专家讲座	74	15.74%
K. 其他（请注明：　　）	1	0.21%
本题有效填写人	470	

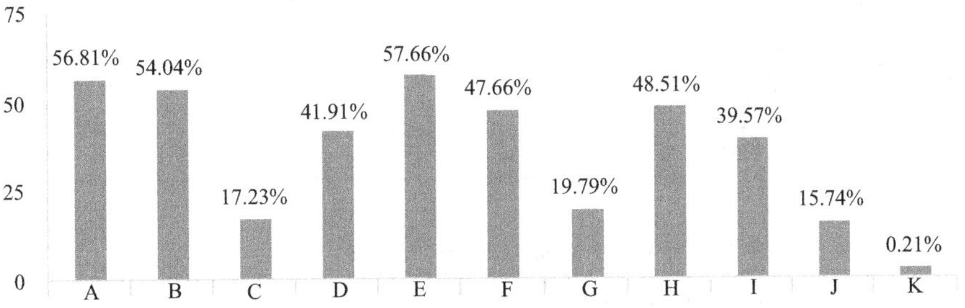

图 3-38

问题 38 调查了教师认为最能有效提高学生跨文化交际能力的途径，并且最多只能选 5 项。调查结果中排在前 5 位的依次是“学生与留学生交流”（57.66%）、“开设专门课程”（56.81%）、“授课教师引导”（54.04%）、“留学”（48.51%）、“外教主导的沙龙等活动”（47.66%）。

从调查结果来看，被认为最有效的途径中有 3 种都与和外国人的直接交流相关。分别是“学生与留学生交流”“外教主导的沙龙等活动”以及“留学”。但同样是到国外，“出国旅游”（17.79%）和“海外游学”（39.57%）的效果就相对有限。

最有效途径中的另外 2 项，“开设专门课程”和“授课中的引导”，加上已经提及的“外教主导的沙龙等活动”，都体现了教师的重要性。由于跨文化交际学是一门内涵和外延广泛的交叉学科，仅靠外语课程或外籍教师是远远不够的，需要各个专业课程的教师通力协作，才能从不同的方面综合提高学生的跨文化交际能力。

七、受访者对提高教师及学生跨文化交际能力的建议及感想

问卷中的第 39 题到第 40 题为自由叙述的主观题。在 470 名受访高校教师中，第 39 题有 141 人给出了回答，第 40 题有 194 人给出了回答。

39. 您认为应该如何提高教师的跨文化交际能力？（请自由叙述）

调查结果见表 3-39。

表 3-39

序号	答案文本
1	多读书，多看视频，多和外籍人士进行线上线下交流
2	访学
3	出国研修
4	多学习，多交流
5	从跨文化交际学科的视角去理解和思考，而不是从外语学科视角去理解和思考。同时，加强中外古典语言和文学的学习和思考很重要
6	出国研修
7	进行国内外学术交流
8	多沟通、多交流、多学习
9	相关部门提高教师工资待遇
10	出国培训
11	经历多年的留学生活，多跟外国人接触，多看各种书籍等
12	提高自身修养，增加留学经历，饱读书籍
13	出国留学
14	出国
15	赴国外研修，参加专门学术研讨会，开设相关课程
16	海外培训计划
17	教师主动阅读相关书籍。学校应多给教师机会出国交流和培训，让教师多参加国际会议与外国同行交流。教师自己也可多出国旅游，多增长见识
18	海外进修
19	通过多种渠道深入了解文化差异
20	多关注，多感受，多对比
21	出国研修
22	增强
23	出国进修
24	加强阅读，捕捉最新动态，走入对象国，积极开展文化探访和交流
25	国内外研修
26	多提供交流机会

续表

序号	答案文本
27	出国研修
28	学校加强相关培训，组织教师到国外进修，改善学校信息化教学设施
29	跟外教交流，看有关跨文化的书，参加活动
30	多看书，上网学习、参加国际会议
31	多参与跨文化交流活动
32	勤于思考实践
33	去国外交流和培训，阅读相关书籍
34	参加相关培训，出国研修
35	参加专业培训与进修，自身有意识地关注名家讲座
36	自觉有意识地提高自己，把握对外交流机会
37	阅读相关书籍，留学、进修或者旅游，多与外国人实践交流
38	应该提高，很有必要
39	参加培训
40	到目的地国家亲自体验
41	参加培训以及出国研修
42	出国培训
43	多关注本国和外国的时事动态，关注学界动态，拓宽视野，积极参与相关科研活动
44	学校政策支持，多方面协作
45	外语培训，出国研修
46	多参加相关培训，出国访学，出国旅游
47	理论学习，国外实践
48	多出国交流
49	政府投入
50	多接触外国人
51	到国外学习生活 3 个月以上
52	有更多的机会接触真实的异国文化
53	出国研修一年以上
54	出国进修
55	学校鼓励老师出国交流并提供经费资助
56	进行以文化为主题的国内外交流
57	出国做访问学者，多看美剧
58	国家或学校多提供交流和学习机会
59	国家或学校多提供交流的机会
60	留学
61	国际研修

续表

序号	答案文本
62	走出国门去访学
63	降低门槛，让学校更多的教师能够出国研修
64	跨文化交流
65	培训、访学
66	出国进修，参加国际会议
67	多进行一些交流合作活动，参加研讨会
68	教师自身具备多文化视角
69	出国研修
70	定期出访培训交流，多阅读相关书籍
71	语言关，改变意识关，交流是常态
72	本国与外国历史文化知识拓展
73	降低门槛，提高资助金额，支持一年以上访学交流
74	多感受异国文化
75	经常到对象国进修或交流
76	出国进修
77	境外培训，多与外籍教师交流
78	多交流
79	经常参加国际交流活动，多出去参会或进修
80	访学，出国进修
81	学校给教师提供了解外国文化的机会，比如留学、赴外进修等
82	国外进修
83	鼓励教师进行海外研修
84	看相关纪录片、书籍，与外国友人交流
85	多一些机会与国外人士交流
86	主动学习
87	出国研修
88	还是要多交流
89	学校组织活动，加强国外交流机会
90	国外进修
91	出国研修并选择外籍导师
92	讲座或进修实践
93	出国研修
94	教师个人能力教学方法改进
95	提升自身人文素养，不断了解异文化差异
96	出国留学

续表

序号	答案文本
97	出国访学，通过网络了解文化差异，看相关书籍
98	基于海外留学背景对对象国文化的深度体验和深层理解，同时提高本土文化素养，并有较强的语言能力作承载，将两国文化的异同准确地表述出来
99	加强外语口语能力的提升
100	交流
101	增强文化交流意识，参加海外进修
102	鼓励教师出国游学或在国内经常与从事各种职业的外国人交流
103	学校多提供培训和交流机会，教师参加国际会议
104	加强学习
105	加强国际交流
106	首先加强自身修养，提高自己的跨文化交流能力。其次掌握中国文化相关知识，培养爱国情怀！知己知彼，百战百胜
107	出国
108	出国研修，充分利用网络获取信息
109	出国研修
110	海外进修
111	加强与国外交流
112	加强异文化学习，跨文化交际
113	多开研讨会
114	提高业务水平，定期与外国专家交流
115	提供外国研修机会，开办各类讲座
116	加强培训，参与讲座，扩大阅读面
117	多进行海外研修和交流
118	学习
119	派遣教师去国外进行短期研修和交流
120	加强外语能力，经常出国交流、访问
121	国外访学，国内走访调研
122	走出去，融入异域文化风土人情
123	学好外语，实地了解外国文化
124	经常到国外考察
125	为教师提供出国进修机会
126	培养教师的兴趣与需求
127	提高认识，自觉学习
128	多培训
129	知己知彼
130	海外研修

续表

序号	答案文本
131	走出去
132	多给教师出国学习的机会
133	出国交流、自主学习
134	进行游学或参加相关的会议
135	出国深造
136	提高跨文化交际意识，出国学习
137	提供专业培训
138	研修、出国访问等理论和实践的有机结合，同时加强本国文化和母语素养
139	和外国人交流
140	出国研修
141	多与外教交流，参加国际交流
142	增加海外交流的机会
143	加强教师培训，提高留学资助金额
144	开阔国际视野
145	提供出国研修的机会
146	多参加培训班学习
147	培训交流，政策支持
148	政策导向
149	出国进修；中外互动教学
150	有环境，交流机会多
151	了解国外文化，提升自身国际化素质
152	专业培训
153	培训
154	访学、参加学术会议
155	一定时间外出学习
156	与国外院校交流合作
157	多交流，多学习
158	游学，访问学者，广泛阅读，理论与实践相结合
159	走出去
160	理论学习
161	出国研修
162	双向交流
163	出国研修或旅游
164	参加培训或海外游学
165	增加相关的学习

续表

序号	答案文本
166	去国外生活
167	对教师进行培训
168	为教师提供海外游学机会
169	出国
170	提升自身知识素养
171	出国交流
172	留学培训
173	游学
174	多参加国际交流研讨会，多与国内外专家交流学习，多看相关书籍
175	多进行国内外交流
176	参加海外进修访学
177	出国学习
178	国外交流
179	多给教师提供走出国门的培训和学习
180	留学
181	学好外语，了解中外文化
182	开设课程，教师指导展开讨论
183	与外界往来
184	出国进修
185	进修体验
186	自己主观上有提高象征
187	教师国际化
188	看书思考，和外国人交流
189	开展相关讲座，推荐相关读物期刊
190	参加相关培训和海外研学，自主阅读并接触相关材料
191	出国访学是有效的方法
192	出国研修
193	出国进修
194	了解研修，实地生活，多了解，多与他国人沟通
195	提供环境
196	培训自学
197	提高交流语言的掌握能力
198	多参加国外交流活动
199	多参加培训；学习本国和对象国的文化知识
200	增强主动学习意识，把握研修机会

续表

序号	答案文本
201	多读书，了解本国和外国的文化
202	培养相关兴趣
203	出国研修
204	研修
205	与国外高校联谊，与外国人接触交流
206	自主学习
207	出国研修
208	出国访学
209	参加专题培训及座谈，出国进修访学，网络课程学习都是好途径
210	出国
211	多出去看看

通过问题 39 的回答可知，对如何提高教师的跨文化交际能力这一问题，教师受访者主要有以下 3 个方面的建议。

（1）教师通过出国进修、访学、参加国际会议、与国际院校交流合作等形式捕捉最新动态，积极开展文化探访与交流，开阔视野。受访者当中的绝大部分都给出了这方面的建议，或表达了这方面的愿望。其中一部分受访者认为高校教师应具备在国外数月或一年以上的进修经历，一部分受访者认为高校教师应定期到国外交流学习。

（2）教师要通过多种方式加强自我学习，开阔视野，提高自身修养。多数受访者都提出了通过广泛阅读、利用互联网学习、多与国内外专业人士交流等方式提高自身的本土文化与母语修养。还有受访者提出加强中外历史文化与语言文学的学习和思考很重要。

（3）教师所在的高校应为教师的国内外进修学习交流等提供一定的环境与经费支持，鼓励教师走出去，通过多方面渠道进行自我提升。

40. 您对提高学生的跨文化交际能力有何建议？（请自由叙述）

调查结果见表 3–40。

表 3-40

序号	答案文本
1	多读书，多交流，多看视频，理性和感性结合分析，和外国人进行线上线下交流
2	成为“交换生”
3	学校重视外语，重视学生的跨文化交际能力
4	培养学生的兴趣
5	建议学生多与留学生交流，多参与相关课题的讨论
6	国家和学校加大投入

续表

序号	答案文本
7	提高学生积极性
8	努力学习，多看专业书籍
9	母语式的教学思维和思路，原版材料的注入，创造使用英语的需求
10	认识跨文化交流的重要性，付诸行动
11	出国
12	依靠交换留学生项目派学生出国学习，创建学生与留学生的相互交流平台，利用第二课堂实施模拟场景训练，开设专门课程，经常开展专题式讨论，或举办演讲赛、辩论赛等
13	首先，要提高学生的跨文化交际意识，高校可开设专门课程，老师在课堂也应适时引导学生。鼓励有条件的学生出国游学，参加有关夏令营活动；同时充分利用网络，结交外国网友，进行直接的交流。另外，鼓励学生到外企实习
14	模拟训练
15	需要在提高学生英语基础的前提下提高跨文化交际能力
16	培养学生对两国文化的兴趣
17	通过各种渠道参与国际交流活动
18	增加学生实现跨文化交际的机会，例如模拟场景的交流，进一步增强学生实现用外语向他人介绍中国文化的能力
19	增加与外国留学生交流的机会，专门学习跨文化交际的课程
20	加强学习引导，提高学生自主学习技巧和能力，养成良好学习习惯
21	开设专业课程
22	多提供交流机会
23	模拟跨文化交际场景
24	充分利用现代通信设备和教学软件，为学生提出学习建议，推荐学习资源，并设计多种教学形式，为学生提供多种交流沟通的机会，开阔视野，增强口头表达能力。例如，云课堂教学工具和班级微信群都可以给学生很大的帮助
25	和留学生交流，多看书、看视频
26	先让学生深入了解中国文化的内涵，再将中国文化与外国文化进行对比研究
27	多参与跨文化交流活动
28	开设专门课程，鼓励学生与留学生交流
29	培养多元文化的敏感性与关注度，就不同文化现象进行分析与对比
30	首先要学好外语，当具有一定的沟通交流能力后，再有效利用各种渠道多接触外国文化，并对本国文化有一定的了解才能提高跨文化交际能力
31	多阅读书籍，多与留学生交流，利用互联网
32	给学生提供更多的交流机会。通过自我文化和外在文化的对比，加强跨文化交际意识。信息开放，心态开放
33	阅读与实践
34	接受必要的讲解培训，重在亲身实地体验
35	教师引导以及与留学生交流或海外游学
36	不是所有学生都有需求，应以学生兴趣为先，开设选修课程

续表

序号	答案文本
37	引导学生利用网络、多媒体手段了解外国文化，课上展开讨论，第二课堂多与外教、留学生交流，带领学生参加跨文化交际的相关科研
38	加强和外国人的交流
39	与外国人交谈
40	教师多加引导，鼓励学生多看相关历史资料
41	打好语言基础，同时进行专业的跨文化交际训练
42	教师加强引导
43	加大投入
44	多接触外国人
45	以雅思和托福替代四六级，使更多的学生提升语言水平，具备赴国外学习的语言条件
46	学生能参与到跨文化交际的学习中
47	英文授课和交流
48	支持个人喜好
49	鼓励出国留学游学，大学生至少半年在国外游学
50	提高外语的听说读写译能力，全面契合多文化信息
51	多出国交流
52	多接触外国文化和人群
53	提升学生对跨文化交流能力提升所带来的好处的认识
54	国际交流
55	教师引导
56	留学
57	增加学生出国学习机会，校内多组织相关学习
58	校方多组织相关学习
59	联合培养、国际院校联合设计
60	建议学生进行互换平台学习
61	大量阅读与经历
62	需要相关政策支持
63	为学生创造与外国人交流的机会，开设相关课程及讲座
64	把好语言关，前沿意识要强
65	提高本国与外国语言文化能力与交流能力
66	中方与外方共同进行课程设计与活动，互认学分
67	鼓励学生多与留学生接触
68	加强授课引导
69	需要教师素质能力的提升
70	多接触
71	鼓励有条件的学生出国深造

续表

序号	答案文本
72	留学
73	进行中外文化比较的教学和研讨
74	开设专门的课程
75	多与外籍教师、留学生进行交流，出国留学
76	看相关纪录片、书籍，与外国友人交流
77	学校为学生创造更多的交流机会
78	通过课程培养学生的跨文化多际能力
79	多交流
80	升级相关课程
81	国际交换
82	鼓励学生参与国际夏令营和国际学术交流活动
83	环境影响，耳濡目染
84	多学，多交流
85	多学，多练，多模仿
86	出国留学
87	增加这方面的课程会比较好
88	设置专门的课程，并设法让学生亲身体验外国文化，强调本土文化习得和文化对比思维的重要性等。要达到提高的目的，在国内主要还是要探讨教学模式的科学性和有效性，教师相关能力的提升及引领作用很关键
89	国际会议的交流
90	引导
91	学校提供研修课程、提供跨文化交流机会
92	读万卷书，行万里路
93	多看外文文献
94	多看国外书籍
95	多看国外书籍，多与国外交流
96	留学，海外实习，或者利用网络直接和国际友人进行交流沟通
97	先学好外语
98	出国研修，充分利用网络获取信息
99	加强与外国人的面对面交流，多创造相关机会
100	海外实习或留学
101	在课程中加入相关文化内容
102	开展实训训练
103	课堂上引导
104	掌握好基本功，了解本国知识是其前提
105	开设相关课程，推荐相关书籍，制订读书计划，积极开展交流活动

续表

序号	答案文本
106	课后加大阅读量
107	鼓励学生利用互联网学习，与外教及留学生交流，海外游学
108	多学巧用
109	组织夏令营，使学生深度体会国外文化
110	加强语言能力，多出国游学，参加短期夏令营
111	多读书，多视听，多旅游，多交谈，多沟通
112	学好外语，加强对外国知识的积累，最好能有留学的机会
113	有条件尽量多地去海外游学
114	多为学生提供语言实践机会，包括课堂发言及课下与留学生交流等
115	开设课程，提高认识
116	举办讲座或开设相关课程
117	正心诚意，端正态度
118	开设相关课程及实践
119	多给平台
120	鼓励学生出国留学
121	开设课程会有助于学生的跨文化交际能力的提升
122	增设课程以增加国内外的交流
123	校方应加强重视，更多地开设相关课程
124	多交流，多练习
125	提供专门课程
126	提高对本国文化和母语的认知度，有意识地去发现其与所学外语的差异；寻找和克服差异，实现有效、友好交流的方式方法
127	海外实习、留学等
128	参加外国留学生交流会，交外国朋友。多看外国电视剧，多看外国新闻
129	多参加海外交流实习等活动
130	注重学生跨文化通识课的教学设计
131	推进留学，学习本国文化，对比两国文化
132	多与外国朋友交流
133	主动引导
134	开阔视野、引导
135	与外国学生多交流；参加外语沙龙；听外教授课
136	环境，交流
137	开阔视野，关注国外文化，了解中国传统文化艺术
138	介绍书籍，将跨文化知识融入教学中
139	专门开设课程
140	参加会议，访学

续表

序号	答案文本
141	加入微信交流群，到外国研修
142	多接触国外文化及相关专业领域
143	教师引导，学生主动了解
144	大量阅读，出国游学，积极参加相关活动
145	加强对国内外文化的学习
146	加强各类交流活动
147	组织学术沙龙
148	提高外语能力
149	有机会出国看看，留学是最好的途径
150	专门课程或交换生项目游学
151	加强对学生的培养
152	加大渗透与对比
153	和留学生交流或出国留学
154	海外游学
155	增多出国机会
156	加强正确引导
157	与外国人多交流，争取可做交换生
158	增加相应课程及培训
159	出国
160	开设相关课程，列入课程考核。多举办相关主题活动，增强学习气氛
161	广泛涉猎国内外书籍，游学
162	在国内不能看到一些国外的新闻报道和网站，不容易全面了解国外的文化
163	自主学习
164	国家多派遣
165	聘用外教
166	学校与多国学校建立合作交流，多给学生走出去的机会
167	跨国培养
168	具有跨文化视野，有文化交流的实践机会
169	学校开设相关课程，使学生能够多和外国人交流
170	提高教师水平
171	大幅提高留学生尤其是发达国家留学生比例，多派教师和学生出国留学
172	多了解两国文化，多和外国人沟通交流
173	建议增加课时，增加文化交际的分值比例
174	课堂教学中渗透和提升意识，多设置培养交际能力的活动
175	培养对本国文化的自信力以及对外国文化的求知欲和尊重

续表

序号	答案文本
176	指导学生查阅资料，了解相关知识
177	多接触国外文化
178	课堂介绍，互动答题。通过网络平台，与外国朋友进行沟通
179	授课，提供平台
180	讨论模拟
181	外教授课
182	加强实践，多组织交流活动
183	多关注国际活动和展览
184	多接触外国人；多学习本国和对象国的文化知识
185	知己知彼，不可偏废
186	多读书，先做到了解本国文化，否则连自己国家的东西都不明白，就无法向外国人介绍，更谈不上深入比较
187	多看些外国的视频和书籍
188	多和外国人交流
189	为学生创建留学机会和条件，多与外国人接触交流
190	多读相关书籍，多和外国人交流
191	创造交换留学的条件，鼓励学生与外国人交流
192	胆子大，主动与外国朋友交流
193	教师在课堂上适时穿插讲解，引发学生兴趣，鼓励学生课下利用网络或书籍学习相关知识，鼓励学生多参加课外活动，尽可能与外教等外籍人士多沟通交流
194	多看外国文化书籍、影视作品，出去走走看看

通过问题40的回答可以发现，对如何提高大学生的跨文化交际能力这一问题，教师受访者主要有以下几个方面的建议。

（1）对学生加强学习引导，鼓励学生通过多阅读外文书籍、外文影音材料接触外国文化，多通过线上线下等方式与留学生、外国人交流，提高外语水平，开阔国际视野。

（2）高校通过开展国际院校合作，为学生创造交换留学的条件，依靠交换留学生项目派学生出国学习，鼓励有条件的学生走出去亲身接触外国文化及相关专业领域。

（3）大幅提高留学生尤其是发达国家留学生比例，多派教师和学生出国留学，创建学生与留学生的相互交流平台，鼓励学生通过海外游学参与国际夏令营和国际学术交流活动等开阔视野，提高外语实际应用水平，提升跨文化交际能力。

（4）高校开设跨文化交际相关课程，教师在课堂上强调本土文化习得和文化对比思维的重要性等，多设置培养交际能力的活动，对学生进行学习引导。有受访者认为要达到提高的目的，在国内主要还是要探讨教学模式的科学性和有效性，教师相关能力的提升及引领作用很关键。有受访者建议增加相关课程的课时，增加跨文化交际课程的学分数。

（5）提高对本国文化和母语的认知度，有意识地去发现所学外语与母语的差异，培养对多元文化的敏感性与关注度，就不同文化现象进行分析与对比，寻找克服差异，实现有效、友好交流的方式方法，培养对本国文化的自信力，对外国文化的求知欲和尊重。有受访者认为应以母语式的教学思维和思路，通过原版材料的注入，创造使用外语的需求。

从以上高校教师受访者的具体作答内容来看，虽然对于教师和大学生如何提高跨文化交际能力这一问题分别提出了不同的建议，但其中有几个很明显的共性。第一就是受访者认为无论对于教师还是学生来说，要提高跨文化交际能力，需要走出国门，在国外亲身感受与体验当地社会文化，以此来提高外语水平，开阔国际视野。第二是无论教师还是学生，都不能忽视母语与本土文化素养的提升，要建立母语文化自信，在深入了解本国文化的基础之上，培养多元文化的敏感性与关注度，才能培养跨文化交际能力。第三是受访者认为教师和学生所在高校需要提供一定的平台与经费支持，为教师与学生走出去参加国内外进修与交流创造条件。

八、问卷调查的总结分析及未来展望

以上是对高校教师进行的问卷调查，主要询问了他们对跨文化交际能力的认识、对自身及所在院校学生跨文化交际能力的评价、为提升学生跨文化交际能力已经采取及认为应该采取的对策和建议。笔者得出了以下结论。

1. 高校教师的跨文化交际能力还有进一步提高的空间

相当一部分高校教师对跨文化交际能力认知模糊，把目光主要放在语用、文化知识方面，对行动和情感等难以直接用成绩衡量的能力，不确定其是否为跨文化能力的构成要素。同时也有相当部分的教师对自身的跨文化交际能力评价不高或不太高。具体来说，大部分教师认为自己的态度、视野和表达能力尚可，但是在文化敏感性、外语能力、获取信息的方面较缺乏自信。

2. 提高教师跨文化交际能力需要相应的政策支持

跨文化交际行为具有流动性和开放性强的特点，过去掌握的知识不能让人一劳永逸，教师要启发、引导学生对文化差异进行思考，得体地处理跨文化交际中的问题，需要了解最新的文化现象，走在信息的前沿。但目前的现状是，绝大部分高校教师都能够认识到跨文化交际能力的重要性，并且有提高自己跨文化交际能力的意识，然而却面临出国研修和学术会议门槛较高、外籍教师和留学生的数量有限、教师的工作环境相对闭塞、培养跨文化交际能力的鼓励机制不足等障碍。要解决这些问题，还需要更多政策上的支持。

3. 跨文化交际能力的相关课程建设很有必要

调查中，大部分受访教师对院系学生的跨文化交际能力表示了担忧，认为他们需要修读跨文化交际理论的课程并增加课程中本国文化和外国文化的比重。无论在外语专业还是非外语专业，设置科学有效的跨文化交际课程正成为时代和社会的需求。

但是跨文化交际能力涉及知识、技能、态度和行动等多方面内容，因此单一的理论授课不能满足培养跨文化交际能力的要求。“教什么”“怎么教”“谁来教”都是未来需要解决的课题。

4. 在培养跨文化交际能力的实践中，教学手段和教学目的之间仍存在矛盾

尽管超过半数的教师在课堂上曾采用外语授课、介绍国外文化知识，并进行过不同文化之间的对比，但从结果上来看教学效果并不尽如人意。教学大纲中明确了培养学生跨文化交际能力的目标，但并没有具体的量化标准，因此辅助手段和内容基本由教师个人决定，目的多是提高学生对外国文化的兴趣。

另外教师普遍认为能够有效帮助学生提高跨文化交际能力的途径和手段，在实践中却不能充分实施，如与外国人直接交流、编排文化情景剧和开设专门课程等。调查中还发现，很多教师对互联网资源在跨文化交际能力的培养上寄予厚望，但这项教学手段还尚未成熟，需要慎重摸索和正确引导。

在经济全球化和“一带一路”倡仪提出的大环境下，更多的教育工作者正在意识到跨文化交际能力的重要性。但是要让学生在积累知识之外获得思辨能力、养成思考的习惯，以期能够在不同文化之间进行高效的交流，这绝非易事。从调查结果来看，目前的课程建设、教学效果还都有待进一步改进和提高。

第四章 大学生跨文化交际能力的现状调查与分析

跨文化交际是指在不同国家、民族、种族和文化群体成员之间进行的多层次的交往活动①。而大学生跨文化交际能力主要包括外语表达能力、专业外语掌握情况、与不同文化者交流合作的能力等。本问卷在调查以上要素能力的同时，也涉及了大学生的跨文化交际能力现状、个人职业生涯规划与跨文化交际能力的关系以及大学生对跨文化交际教学的需求等方面的内容。

一、引言

在“一带一路”的形势、经济全球化的趋势和目前大学生就业形势严峻的背景下，作为高校教师，我们要帮助大学生扩大就业视角，获得更多的就业机会，就必须使大学生具备良好的跨文化交际能力。本调查以全国高校的大学生为调查对象，对大学生跨文化交际能力现状进行分析研究，旨在从大学生的角度找出目前高校存在的共性问题，并提出针对性的改进策略或方向，以期为“一带一路”背景下中国及相关国家的社会经济文化发展培养更多更具竞争力的复合型人才。

但是在培养大学生跨文化交际能力的过程中，我们发现不同特性的文化相互接触而产生误解和冲突往往在所难免。但我们的外语教学 往往只重视语言形式的正确性，忽视不同文化间的差异，忽视语言与文化的密切关系，忽视语言在实际场合的应用②。另外，绪论中提到，目前的跨文化交际相关研究主要集中在论述跨文化交际的重要性、外语专业课堂教学中跨文化交际能力的培养、跨文化交际与翻译、跨文化交际案例等方面。对于培养非外语专业学生跨文化交际能力的研究还有不足，因此本调查具有较好的研究价值和创新性，且对我国外语教育未来的改革方向具有现实的指导意义。

本次调查以包括普通大学、专门学院、高等职业学院、高等专科学校在内的高等学校的在校大学生为调查对象，最终回收有效答卷 2 604 份。本问卷共设 42 题，其中客观选择题 40 题（多选题 9 题、单选题 29 题、排序题 2 道），主观论述题 2 题。内容涵盖了受访高校学生的基本情况、对自身跨文化交际能力的评价、外语学习情况、所在院系师资及课程设置情况及受访者进行跨文化交际的意愿和方式 5 个部分。本节通过问卷的调查结果，对在校大学生跨文化交际能力的现状及他们对所在高校现有培养措施的看法和需求进行了分析。

---

① 胡伟群 . 外语教学应培养学生的跨文化交际能力 [J]. 新疆职业大学学报，2005（13）：63 页 .

② 胡伟群 . 外语教学应培养学生的跨文化交际能力 [J]. 新疆职业大学学报，2005（13）：64 页 .

二、受访者的基本情况

概括来说，近九成的大学生认为自己的跨文化交际能力不达标，并表示出强烈的提高愿望。具体问卷以及分析内容如下。

1. 您在大学所学专业是？（　　）

调查结果见表 4-1、图 4-1。

表 4-1

选项	小计	比例
A. 外语类	1 095	42.05%
B. 人文社科类	298	11.44%
C. 理工类	853	32.76%
D. 其他（请注明：　　）	333	12.79%
（空）	25	0.96%
本题有效填写人	2 604	

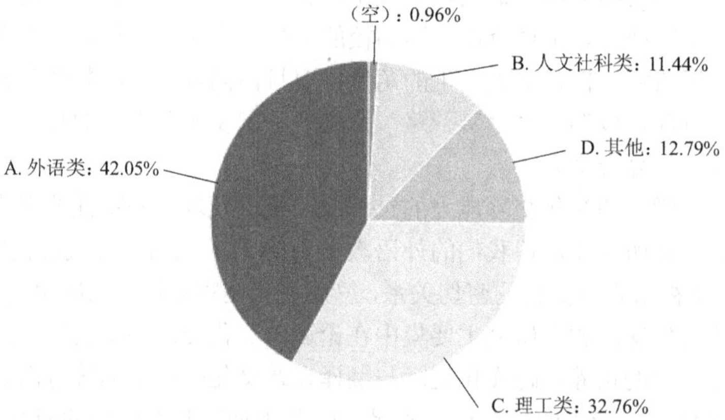

图 4-1

本题的有效填写人数是 2 604 人。其中超 4 成的参与者是外语类专业的学生，占总比例的 42.05%，具体为 1 095 人。得出以上参与率的原因有 3 点。

（1）本项目问卷调查的实施者皆是外语专业的教师，能接触到的学生大多数是本专业或相关专业的学生，人文、理工类等专业的学生大多数是通过外语专业同学介绍等方式参与到本问卷调查的。本问卷的实施者没有直接接触到这类同学，对其的宣传和要求缺乏一定的强制性。

（2）受专业性质的影响，外语类学生为了顺利就职以及融入跨文化的工作环境，必然会对跨文化交际能力的培养更感兴趣。而非外语专业方面，无论是教学大纲要求还是毕业后的就职条件，对跨文化交际能力的重视度都不如外语类专业，所以非外语专业的学生对本问卷的参与度不如外语类学生高。

（3）超过 3 成为理工类专业学生，占比 32.76%，具体有 853 参与人，参与度排在第二位。人文社科类专业学生占 1 成左右，占比 11.44%，具体有 298 人参与，参与度排在第三位。该结果显示，本问卷的实施者皆是来自工科院校的外语专业教师，教师们进行跨专业宣传和问卷传播大多数是在理工类专业，接触到该问卷的学生更多的是理工类专业学生。

2. 您所在年级是？（　　）

调查结果见表 4-2、图 4-2。

表 4-2

选项	小计	比例
A. 一年级	1 016	39.02%
B. 二年级	734	28.19%
C. 三年级	508	19.51%
D. 四年级及以上	331	12.71%
（空）	15	0.58%
本题有效填写人	2 604	

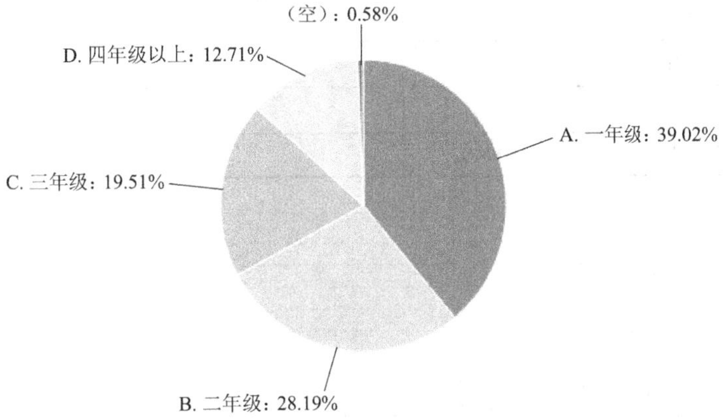

图 4-2

本题的有效填写人数是 2 604 人。近 4 成的参与者是大学一年级的学生，占比为 39.02%，具体有 1 016 人参与。参与者的比例随年级的升高递减，二年级的参与度次之，占比为 28.19%，具体有 734 人参与。三年级的参与度排第三位，占比为 19.51%，具体有 508 人参与。四年级及以上的学生参与度最低，占比为 12.71%，具体有 331 人参与。

从该数据中可以看出，越低的年级问卷调查参与度越高，高年级对跨文化交际能力培养的关注度反而不如低年级。对以上结果的分析有以下几点。

（1）刚刚结束高考进入大学的一年级学生对学习的热情是最高的，对学校的期待也是最高的，对今后自身能力的培养也是最关注的。因此，关于培养跨文化交际能力的课程或活动应该尽量在一年级时段开展，所谓“打铁要趁热”就是这个道理。

（2）进入二、三年级以后，社团活动逐渐加入学生的生活，学习所占时间慢慢减少，学生们对学习的热情也不如一年级高了。值得一提的是，大学的校园生活是远离家长督促的，学生对家长或老师也不再“唯命是从”。

（3）进入四年级之后，学生的关注点主要集中在就业或继续求学上。他们积极考取各类证书或奔波于招聘会之间，对学习的参与度和关注度是整个年级里最低的。因此，培养跨文化交际能力的课程或活动如果开设在本学年，其效果应该会是最差的。根据调查结果，建议跨文化交际类课程最好开设在三年级。

3. 您是哪里生源的学生？（　　）

调查结果见表 4-3、图 4-3。

表 4-3

选项	小计	比例
A. 北京地区	15	0.58%
B. 天津地区	284	10.91%
C. 河北地区	1 666	63.98%
D. 上海地区	8	0.31%
E. 广东地区	38	1.46%
F. 其他地区（请注明：　　）	578	22.2%
（空）	15	0.58%
本题有效填写人	2 604	

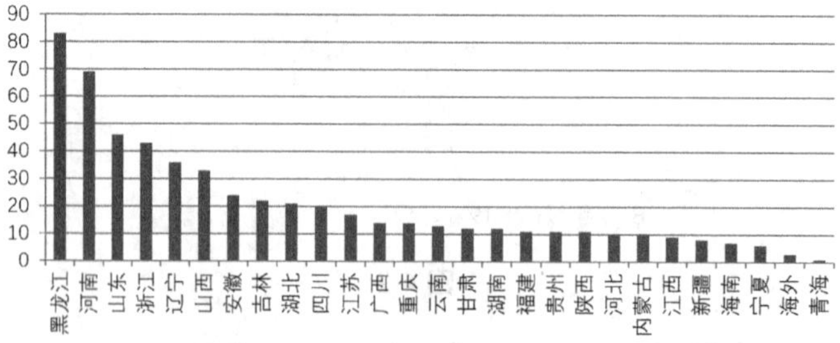

图 4-3

该题的有效填写人为 2 604 人。

生源为河北地区的学生占比最高，为 63.98%，具体有 1 666 人。生源为天津地区的学生占比排第三，为 10.91%，具体为 284 人。有 1.46% 的学生来自广东地区，具体为 38 人。有 0.58% 的学生来自北京地区，具体为 15 人。来自上海地区的学生占比为 0.31%，具体为 5 人。

对以上结果的分析有以下 4 点。

（1）生源为河北地区的学生占比最高是由于该问卷的实施教师皆是河北工业大学教师，教师之间的交际圈主要集中在以河北为中心的高校之间，而河北高校的生源也受招生政策影响主要集中在河北地区。

（2）生源为天津地区的考生占比排在第三。天津是京津冀区域结构中的一环，天津与河北彼此依靠，彼此支撑，部分天津考生考入了河北省属高校。所以较多回答者是在河北省高校就读的天津生源学生。

（3）北上广地区的学生对该问卷的回答也比较积极，说明经济越发达地区的学生越重视跨文化交际能力的培养。

（4）排位第二的“其他地区”中，黑龙江地区的学生参与度最高，具体为 83 人。河南地区次之，为 69 人。为山东地区和浙江地区生源的学生分别有 46 人和 43 人。

4. 您进入大学之前学习了几年外语？（　　）

调查结果见表 4-4、图 4-4。

表 4-4

选项	小计	比例
A.10 年及以上	1 166	44.78%
B.6~9 年	1 174	45.08%
C.3~5 年	97	3.73%
D.3 年以下	145	5.57%
（空）	22	0.84%
本题有效填写人次	2 604	

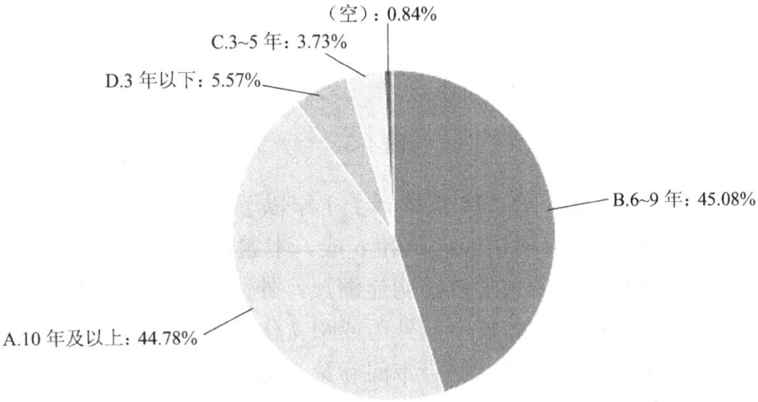

图 4-4

在 2 604 人的有效作答中，有 1 174 人选择了 6~9 年，占比为 45.08%。有 1 166 人选择了 10 年及以上，占比为 44.78%。

从本题答案中不难看出，绝大多数学生的外语学习时间都已经在 6 年以上，2 604 人中只有 97 人学习时长为 3~5 年，学习时长不到 3 年的只有 145 人。客观上可以说我国绝大多数学生接触外语、外国文化的时间比较充裕，理论上应该具备了与时长相应的外语水平或跨文化交际能力。

5. 您进入大学之后学了几年外语？（　　）

调查结果见表 4-5、图 4-5。

表 4-5

选项	小计	比例
A.3 年以上	366	14.06%
B. 2~3 年	450	17.28%
C.1~2 年	806	30.95%
D. 1 年以下	958	36.79%
（空）	24	0.92%
本题有效填写人	2 604	

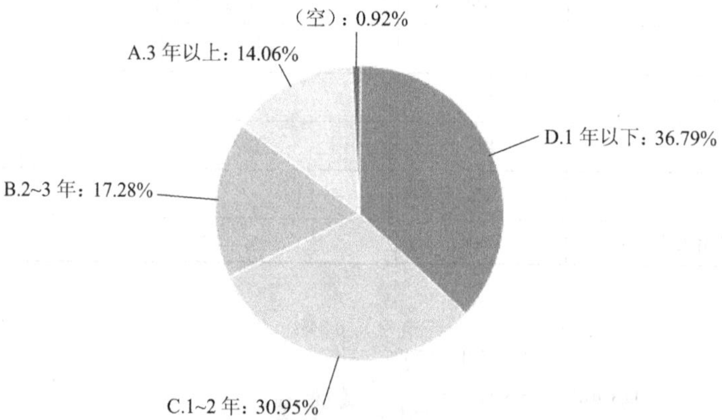

图 4-5

在 2 604 人的有效作答中，有 958 人选择了 1 年以下，占比为 36.79%。有 806 人选择了 1~2 年，占比为 30.95%，两项相加占比超 6 成。本题数字与上一题数字相比，说明我国大学生的外语学习时长比进入大学之前明显缩短，外语学习不占主要学习时间。从学习时长的变化中可以看出，在我国高校中，外语或跨文化交际能力的培养并不受重视。

另外，若从其他角度进行分析，结合本问卷第 2 题的数据，可以看出本题的参与者还是集中在大学一、二年级学生进行。

6. 您进入大学之后的外语水平是否有所提高？（　　）【多选题】

调查结果见表 4-6、图 4-6。

表 4-6

选项	小计	比例
A. 听力有提高	1 026	39.4%
B. 写作有提高	593	22.77%
C. 阅读有提高	1 028	39.48%
D. 会话有提高	1 006	38.63%
E．翻译有提高	836	32.1%
F. 没有提高	881	33.83%
（空）	21	0.81%
本题有效填写人	2 604	

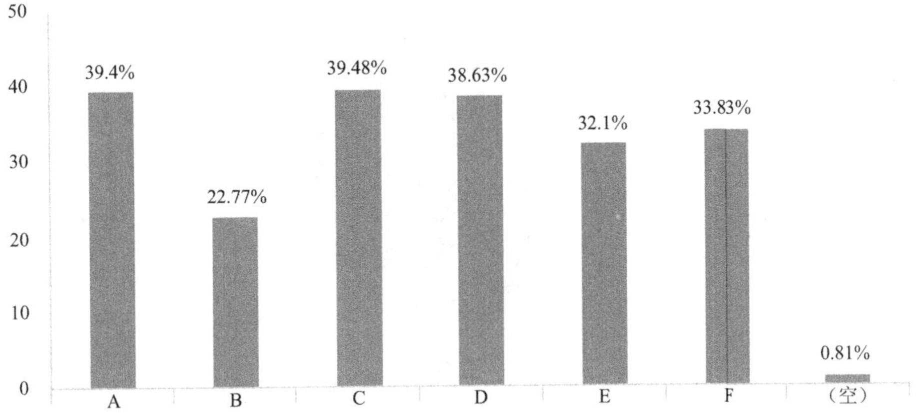

图 4-6

这是一道多选题。参与者可以根据自身实际情况选择多个答案。

39.48% 人选择了阅读有所提高，选择率最高。说明近 4 成的大学生认为自己在进入大学后，阅读能力有提高，进而也可推断，大学生对阅读能力是最有自信的。

另外，阅读能力、听力能力和会话能力在比例上区别甚微，相差不足 1%。说明大学生对自身的阅读、听力和会话比较认可。大学生对自身写作水平的认可度最低。

值得一提的是，有 33.83% 的大学生认为自己的外语水平没有提高，由此可推断出近 3 成的大学生认为高校的外语学习对其自身外语水平的提高没有帮助。本次调查认为该结果值得重视和深入研究。

7. 您此前是否了解“跨文化交际”的概念？（　　）

调查结果见表 4-7、图 4-7。

表 4-7

选项	小计	比例
A. 非常了解	43	1.65%
B. 比较了解	502	19.28%
C. 不太了解	1 538	59.06%
D. 不了解	503	19.32%
（空）	18	0.69%
本题有效填写人	2 604	

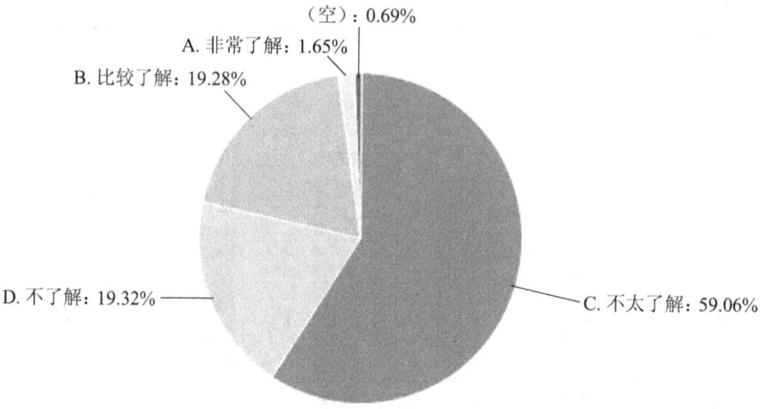

图 4-7

从图 4-7 中可以看出，认为自己“不了解”的大学生有 503 人，占比为 19.32%。这说明近 2 成的大学生完全不了解此概念。1 538 人认为自己“不太了解”，占比为 59.06%，也就是说近 6 成大学生多少知道一些跨文化交际能力具体包含哪些能力，但不清楚其具体定义。

认为自己“比较了解”的大学生占比 19.28%，具体为 502 人，与“不了解”的数值基本一样。认为自己“非常了解”跨文化交际能力概念的大学生只有 43 人，占比为 1.65%。

如果把“非常理解”和“比较理解”统合计算，两项数值加在一起，只有 545 人，占比只有 2 成，把“不太了解”和“不了解”的数值加在一起，则高达 2 041 人，占比近 8 成。由此可进一步说明，在大学期间尤其是大学一、二年级期间，对学生普及跨文化交际的概念和理解其重要性的任务是比较艰巨的。

8. 进入大学之后，您的跨文化交际能力是否有所提高？（　　）

调查结果见表 4-8、图 4-8。

表 4-8

选项	小计	比例
A. 有很大提高	107	4.11%
B. 有较大提高	634	24.35%
C. 没有太大提高	1 293	49.65%
D. 没有提高	546	20.97%
（空）	24	0.92%
本题有效填写人	2 604	

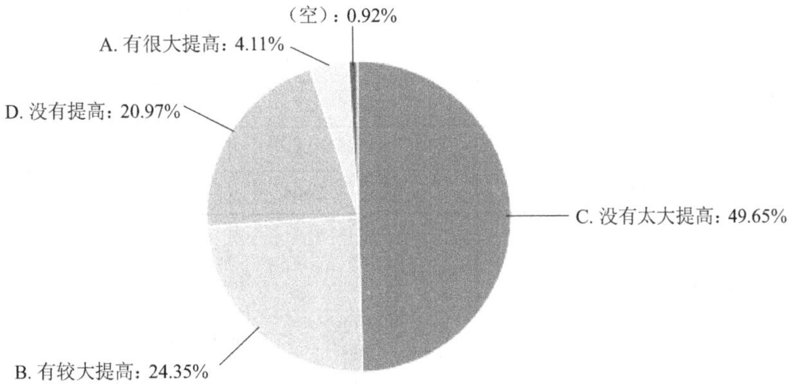

图 4-8

调查显示，认为自己跨文化交际能力“没有提高”的大学生有 546 人，占比为 20.97%。1 293 名大学生认为自己“没有太大提高”，这部分占比为 49.56%。认为自己“有较大提高”的大学生占比为 24.35%，具体为 634 人。认为自己“有很大提高”的大学生有 107 人，占比为 4.11%。

如果把“没有提高”和“没有太大提高”统合计算，两项数值加在一起，有 1 839 人，占比近 7 成。把“有较大提高”和“有很大提高”的数值加在一起，则只有 744 人，占比近 3 成。对比两大项数值，可得出认为自己“没有提高和没有太大提高”的大学生是认为自己“有较大提高和有很大提高”的 2 倍还多。可以说，近 7 成大学生认为自己在大学期间，没有很好地提高自己的跨文化交际能力。

而第 6 题的调查结果显示，有近 7 成的大学生认为自己的外语水平有提高。由此分析出，大多数大学生认为单单提高外语水平并不能直接提高自己的跨文化交际能力，要培养跨文化交际能力不单单要从外语教学着手，还有其他要素值得研究和挖掘。

9. 以下哪些项目您认为是跨文化交际能力的要素？（　　）【多选题】

调查结果见表 4-9、图 4-9。

表 4-9

选项	小计	比例
A. 外语语言能力	2 334	89.63%
B. 对外国文化知识的深入理解	2 161	82.99%
C. 对本国文化知识的深入理解	1 810	69.51%
D. 积极获取最新信息的行动力	1 419	54.49%
E. 对外国文化和不同文化间差异的好奇心	1 648	63.29%
F. 开放包容的心态	1 930	74.12%
G. 观察与分析问题的能力	1 436	55.15%
H. 与他人沟通和交流的亲和力	1 809	69.47%
I. 条理清晰地表达想法的语言组织能力	1 761	67.63%
J. 其他（请注明：　　　　　）	22	0.84%
（空）	15	0.58%
本题有效填写人	2 604	

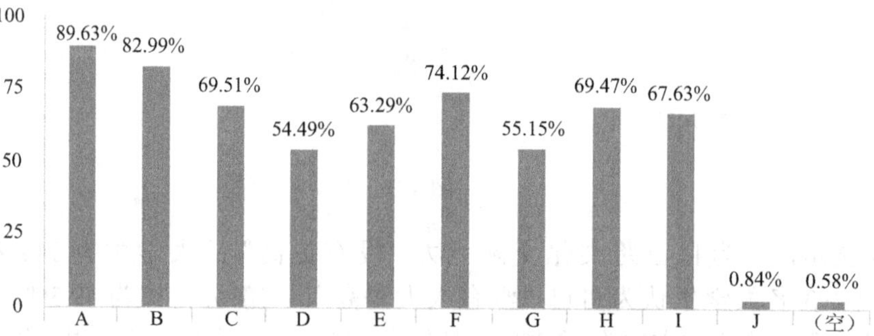

图 4-9

如表 4-9 所示，该题共有 9 个客观选项和 1 个主观选项。9 个客观选项中选择率最高的是“外语语言能力”，选择率为 89.63%，也就是说近 9 成的大学生都认为跨文化交际能力的第一要素就是外语语言能力。虽然在上一题中分析出大多数大学生认为单单提高外语水平并不能直接提高自己的跨文化交际能力，但是外语水平确实是提高该能力的最重要的条件或要素。

9 个客观选项的选择率都超过了 50%。也就是说超过一半的大学生认为跨文化交际能力包含了这 9 个要素，缺一不可。

除了外语语言能力以外，“对外国文化的见表 4-9 深入理解”的选择率排在第二，“开放包容的心态”次之，排在第三位。由此得出绝大多数大学生认为，外语水平、对外国文化的了解和开放包容的心态是培养跨文化交际能力首先要解决的三个关键。

“其他”是唯一的主观选项，有 22 人进行了填写，其中认为“性格”要素也很重要的有 2 人，其他主观答案内容都不尽相同，没有重复统一的答案。

三、受访者对自身跨文化交际能力的评价

10. 您是否有深入了解外国文化，进行跨文化交际的热情？(　　)

调查结果见表 4-10、图 4-10。

表 4-10

选项	小计	比例
A. 非常有热情	567	21.77%
B. 比较有热情	1 439	55.26%
C. 不太有热情	491	18.86%
D. 没有热情	87	3.34%
（空）	20	0.77%
本题有效填写人	2 604	

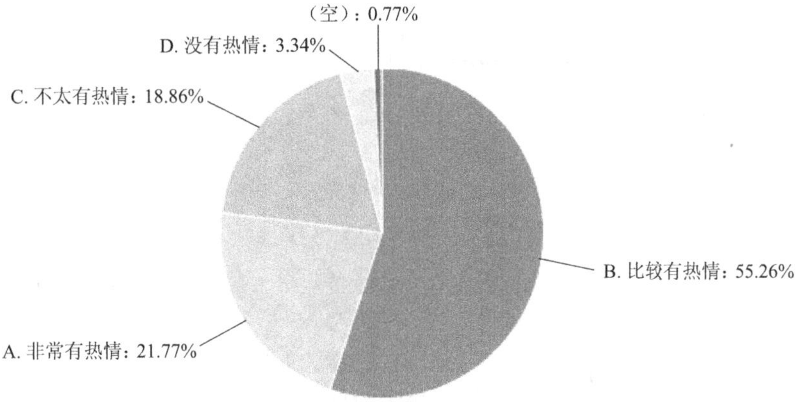

图 4-10

调查结果可以很明确表明：绝大多数大学生都“有深入了解外国文化、进行跨文化交际的热情”。

从表 4-10 可以看出，认为自己“没有热情”的大学生有 87 人，占比为 3.34%。491 名大学生认为自己“不太有热情”，这部分占比为 18.86%。认为自己“比较有热情”的大学生占比为 55.26%，具体为 1 439 人。认为自己“非常有热情”的大学生有 567 人，占比为 21.77%。

同理，如果把“没有热情”和“不太非常热情”统合计算，两项数值加在一起，有 578 人，占比近 2 成。把“比较为热情”和“非常有有热情”的数值加在一起，则有 2 006 人，占比近 8 成。比较两大项数值可以得出，认为自己“比较有热情和非常有热情”的大学生是认为自己“没有热情和不太有热情”的 4 倍。也就是说想要了解“外国文化并进行跨文化交际”的大学生是绝大多数的。这为提高整个大学生层次群体的跨文化交际能

力奠定了良好的基础。

那么如何提高剩下的 2 成“没有热情”和“不太有热情”的大学生的学习积极性值得进一步研究探讨。

11. 您是否对外国文化以及不同文化间的差异具有强烈的好奇心？（　　）

调查结果见表 4-11、图 4-11。

表 4-11

选项	小计	比例
A. 非常强烈	541	20.78%
B. 比较强烈	1 412	54.22%
C. 不太强	545	20.93%
D. 不强	91	3.49%
（空）	15	0.58%
本题有效填写人	2 604	

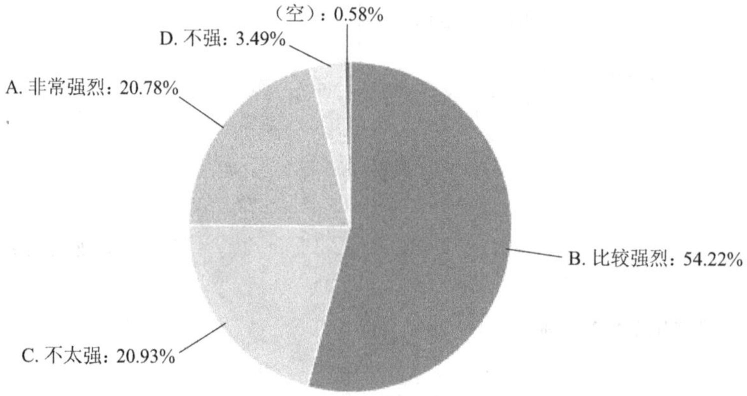

图 4-11

与第 10 题的结论相似，本题的结果也可以明确地说明：绝大多数大学生都对外国文化以及不同文化间的差异具有强烈的好奇心。

从饼形图中我们可以看出，认为自己对外国文化以及不同文化间的差异“好奇心不强”的大学生有 91 人，占比为 3.49%。545 名大学生认为“不太强”，占比为 20.93%。此外，超半数的大学生认为自己好奇心比较强烈，占比为 54.22%，具体为 1 412 人。认为自己好奇心非常强烈的大学生有 541 人，占比为 20.78%。

同理，如果把好奇心“不强”和“不太强”统合计算，两项数值加在一起，有 636 人。把好奇心“比较强烈”和“非常强烈”的数值加在一起，则有 1 653 人。对比两大项数值可以看出，对外国文化以及不同文化间的差异具有强烈的好奇心的大学生占绝大多数。

再结合第 10 题的结论，可以看出提高大学生整体的跨文化交际能力是有基础的。

12. 您对本国文化是否有足够的了解？（　　）

调查结果见表 4-3、图 4-3。

表 4-12

选项	小计	比例
A. 非常了解	178	6.84%
B. 比较了解	1 895	72.77%
C. 不太了解	482	18.51%
D. 不了解	34	1.31%
（空）	15	0.58%
本题有效填写人	2 604	

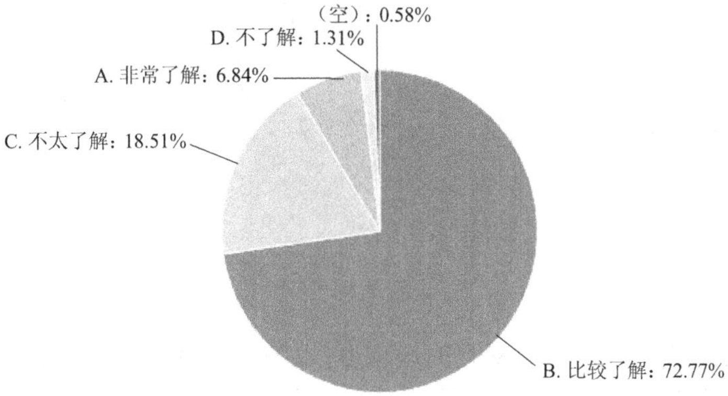

图 4-12

认为自己不了解本国文化的大学生只有 34 人，占比为 1.31%。482 名大学生认为自己不太了解本国文化，占比为 18.51%。此外，超 7 成的大学生认为自己比较了解本国文化，比为 72.77%，具体为 1 895 人。认为自己非常了解本国文化的大学生有 178 人，占比为 6.84%。

不了解和不太了解本国文化的学生总和为 516 人，比较了解和非常了解本国文化的学生总和为 2 073 人，后者是前者的近 4 倍。

也就是说对这个问题予以肯定回答的大学生占绝大多数。但笔者根据自身多年的教学经验认为应该进一步加强大学生对本国文化的理解和认识。

13. 您对外国文化（一国或一国以上）是否有足够的了解？（　　）

调查结果见表 4-13、图 4-13。

表 4-13

选项	小计	比例
A. 非常了解	65	2.5%
B. 比较了解	821	31.53%
C. 不太了解	1 417	54.42%
D. 不了解	282	10.83%
（空）	19	0.73%
本题有效填写人	2 604	

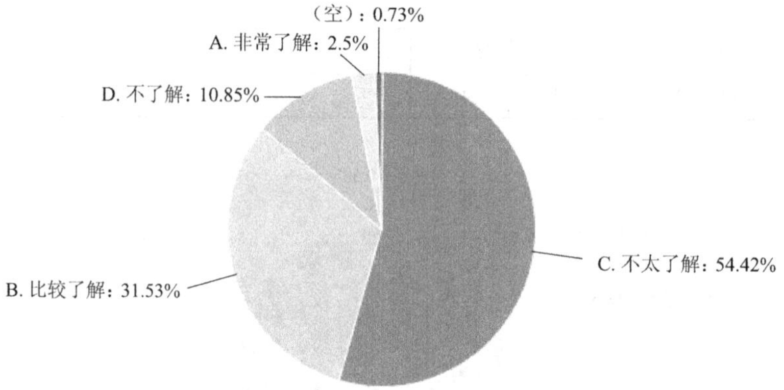

图 4-13

调查问卷设计者以本问卷第 9 题的选项 B“对外国文化知识的深入理解”为基础，即大多数大学生认为“对外国文化知识的深入理解”是跨文化交际能力的要素之一。那么本题旨在继续查明有多少学生认为自己对外国文化有足够的了解的问题。概括地说，该题的结果明确表明：绝大多数大学生都对外国文化不太了解或不了解。认为自己“不了解”的大学生有 282 人，占比为 10.83%。认为自己“不太了解”的大学生最多，有 1 417 人，占比为 54.42%。此外，近 3 成的大学生认为自己“比较了解”，占比为 31.53%，具体为 821 人。有 65 为大学生认为自己“非常了解”，占比为 2.5%。

把“不了解”和“不太了解”统合计算，有 1 699 人，把“比较了解”和“非常了解”统合则有 886 人，前者是后者的近 2 倍。

结合上一题可以看出，大多数大学生认为自己对本国文化有足够的了解，但是大多数大学生认为自己对对外国文化不太了解或不了解。

14. 您获取国内外最新信息的行动力是否很强？（　　）

调查结果见表 4-14、图 4-14。

表 4-14

选项	小计	比例
A. 非常强	149	5.72%
B. 比较强	947	36.37%
C. 不太强	1 278	49.08%
D. 不强	211	8.1%
（空）	19	0.73%
本题有效填写人	2 604	

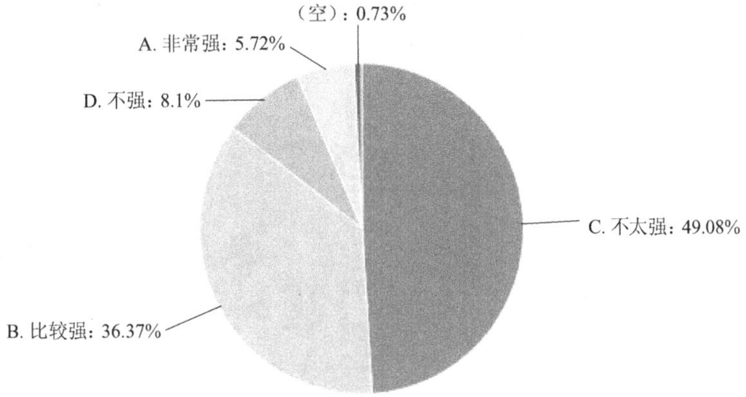

图 4-14

以图 4-14 的数据为基础，简单地说，大多数大学生认为自己对“获取国内外最新信息的行动力不强或不太强”。认为自己“不强”的大学生有 211 人，占比为 8.1%。认为自己“不太强”的大学生最多，有 1 278 人，占比为 49.08%。此外，有 36.37% 的大学生认为自己“比较强”，具体为 947 人。有 149 名大学生认为自己“非常强”，占比为 5.72%。那么把“不强”和“不太强”统合计算，有 1 489 人，把“比较强”和“非常强”统合计算，则有 1 096 人，前者是后者的近 1.4 倍。

值得一提的是，和前 4 道题的结果相比，本题最后的对比数值不是很大，但是需注意本问卷的调查对象有 1 095 人是外语专业的，占比近 4 成。与其他专业相比，外语专业无论是外国文化课程的设置，还是教师在课堂上向学生普及“国内外最新信息”的频率都是比其他专业要多、要高。所以如果涉及整个大学生层的话，“不强和不太强”的合计数与“比较强和非常强”的合计数的占比应该是更大的。

15. 您对国内外文化现象作出评价分析的能力是否很强？（　　）

调查结果见表 4-15、图 4-15。

表 4-15

选项	小计	比例
A. 非常强	93	3.57%
B. 比较强	905	34.75%
C. 不太强	1 365	52.42%
D. 不强	216	8.29%
（空）	25	0.96%
本题有效填写人	2 604	

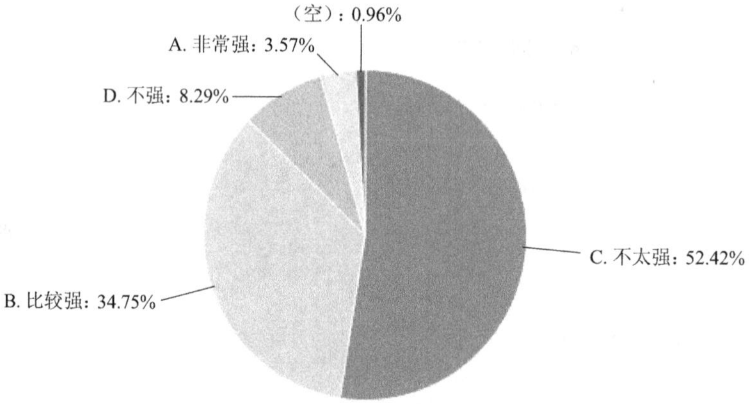

图 4-15

本题的统计结果说明，大多数大学生认为自己“对国内外文化现象作出评价分析的能力不强或不太强”。认为自己“不强”的大学生有 216 人，占比为 8.29%。认为自己“不太强”的大学生最多，有 1 365 人，占比为 52.42%。有 34.75% 的大学生认为自己“比较强”，具体为 905 人，有 93 名大学生认为自己“非常强”，占比为 3.57%。

把“不强”和“不太强”统合计算，有 1 581 人，把“比较强”和“非常强”统合计算，则有 998 人，前者是后者的近 1.6 倍。

16. 您与他人沟通和交流的亲和力是否很强？（　　）

调查结果见表 4-16、图 4-16。

表 4-16

选项	小计	比例
A. 非常强	251	9.64%
B. 比较强	1 427	54.8%
C. 不太强	783	30.07%
D. 不强	117	4.49%
（空）	26	1%
本题有效填写人	2 604	

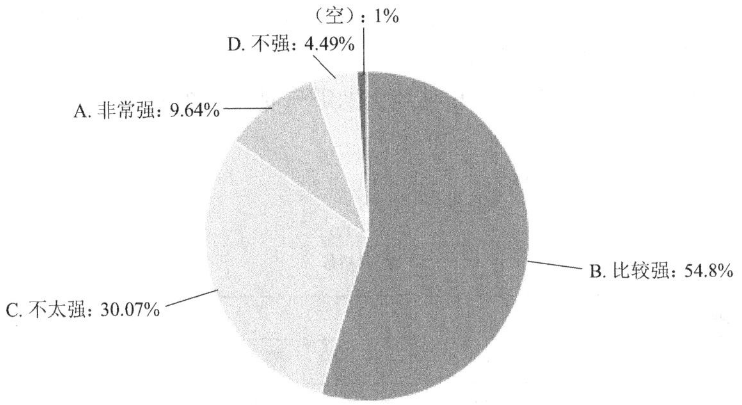

图 4-16

从调查结果中得出，近 7 成的大学生认为自己“与他人沟通和交流的亲和力比较强或非常强”。选择“不强”的大学生有 117 人，占比为 4.49%。选择“不太强”的大学生最多，有 783 人，占比为 30.07%。此外，54.8% 的大学生选择“比较强”，具体为 1 427 人，有 251 人的大学生选择“非常强”，占比为 9.64%。选择“比较强”和“非常强”的大学生大约是选择“不强”和“不太强”的大学生的近 1.9 倍。

17. 您的语言组织能力是否很强？（　　）

调查结果见表 4-17、图 4-17。

表 4-17

选项	小计	比例
A. 非常强	147	5.65%
B. 比较强	1 142	43.86%
C. 不太强	1 149	44.12%
D. 不强	139	5.34%
（空）	27	1.04%
本题有效填写人	2 604	

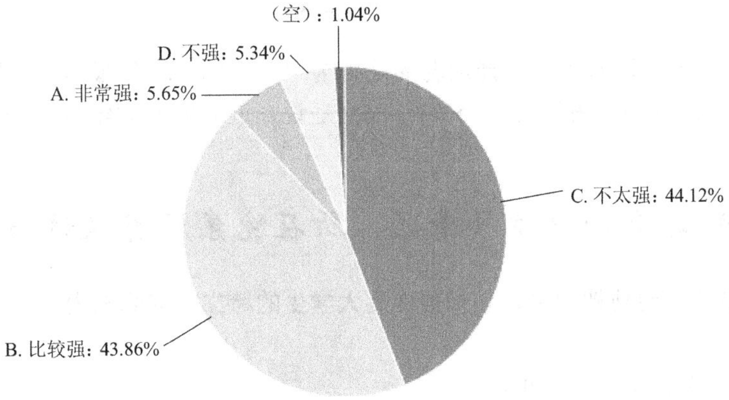

图 4-17

调查结果显示，语言组织能力比较强或非常强的受访者和语言组织能力不强或不太强的受访者的数量相等，都是 1 288 人。

18.“听、说、读、写、译”这 5 种能力您哪一种最弱？（　　）

调查结果见表 4-18、图 4-18。

表 4-18

选项	小计	比例
A. 听	795	30.53%
B. 说	861	33.06%
C. 读	111	4.26%
D. 写	375	14.4%
E. 译	381	14.63%
F. 其他	64	2.46%
（空）	17	0.65%
本题有效填写人	2 604	

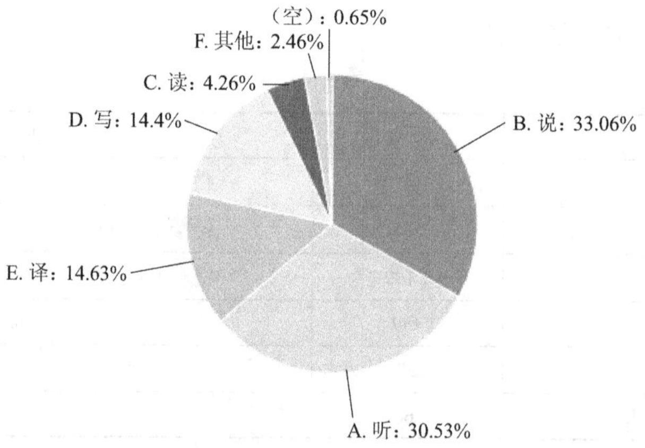

图 4-18

从图 4-18 中可以看出，选择最弱的能力为“说”的大学生最多，占比为 33.06%，选择“听”的紧随其后，占比为 30.53%。也就是说，近 6 成的大学生认为自己说或听的能力是最差的。

四、受访者外语学习情况、所在院系师资及课程设置情况

19. 您认为在专业课堂中，该如何提高大学生的跨文化交际能力？（　　）【多选题】

调查结果见表 4-19、图 4-19。

表 4-19

选项	小计	比例
A. 继续打好学生的外语语言基础，提高其口语能力	2 246	86.25%
B. 在课堂中利用新闻或影视等各类资料增加学生对外国文化的了解	1 961	75.31%
C. 在课堂中引导学生对本国文化和外国文化进行比较，总结相同点和不同点	1 697	65.17%
D. 开设本国文化和外国文化的比较研究等相关课程，帮助大学生进一步了解不同文化的价值观、民族风格和生活方式	1 865	71.62%
E. 请有丰富跨文化合作经验的专家来讲课或开设讲座	1 278	49.08%
F. 开设更多在跨文化公司的实习课程或增加相应学分，加强大学生与跨文化企业和机构的合作	1 506	57.83%
G. 其他（请注明：　　）	19	0.73%
（空）	19	0.73%
本题有效填写人	2 604	

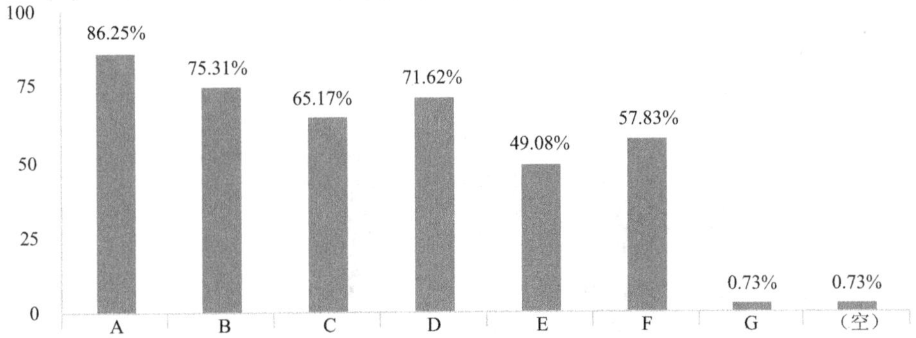

图 4-19

本题的调查结果与第 8、9 题调查结果相互呼应，第 9 题中选择率最高的是“A. 外语语言能力”，选择率为 89.63%，也就是说近 9 成的大学生都认为跨文化交际能力的第一要素就是外语语言能力。虽然在第 8 题中分析出大多数大学生认为单单提高外语水平并不能直接提高自己的跨文化交际能力，但是本题的调查结果显示，近 9 成的大学生认为外语水平是提高跨文化交际能力的第一要素。

除了外语语言能力以外，“B. 在课堂中利用新闻或影视等各类资料增加学生对外国文化的了解”的选择率排在第二位，“D. 开设本国文化和外国文化的比较研究等相关课程，帮助大学生进一步了解不同文化的价值观、民族风格和生活方式”次之，排在第三位。由此可知，绝大多数大学生认为，外语水平、对外国文化的了解和教师对文化差异的进一步指导是培养跨文化交际能力的首要解决的 3 个关键点。本题的调查结果和第 9 题中，学生认为所需要的要素排序也是一致的。

在受访者自行填写的答案中，还提到了“多和外国人交流”“开设外国留学生与中国学生的共同课堂”“以分组讨论的形式进行活动”等措施，为问卷调查者开辟了新思路。

20. 您认为在开设选 / 辅修课层面上，如何提高大学生的跨文化交际能力？（　　）【多选题】

调查结果见表 4-20、图 4-20。

表 4-20

选项	小计	比例
A. 开设外国文化相关课程	2 157	82.83%
B. 开设本国文化相关课程	1 493	57.33%
C. 放宽外语选 / 辅修的条件	1 503	57.72%
D. 设立更多种类外语选 / 辅修的模式，增加修习途径	1 696	65.13%
其他（请注明：　　）	14	0.54%
（空）	24	0.92%
本题有效填写人	2 604	

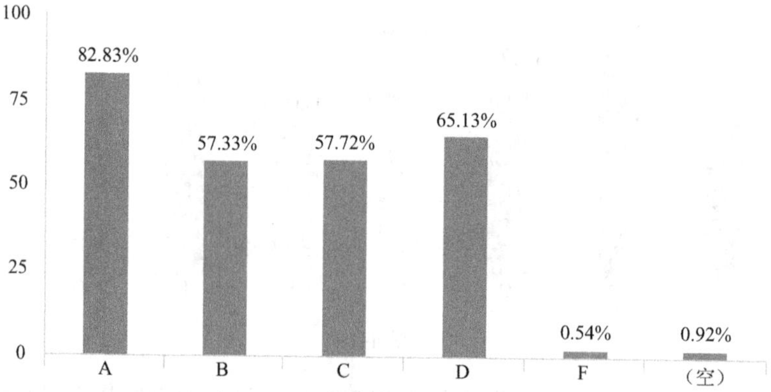

图 4-20

本题旨在探讨如何从开设选 / 辅修课层面上提高大学生的跨文化交际能力。

超过 8 成的大学生认为开设外国文化相关课程最有帮助。超过 5 成的大学生认为现阶段选 / 辅修课的门槛过高。另外，超过 6 成的大学生认为外语选 / 辅修课的模式单一，应该增加修习途径。

21.您认为在高校国际交流层面上，如何提高大学生的跨文化交际能力？（　　）【多选题】

调查结果见表 4-21、图 4-21。

表 4-21

选项	小计	比例
A. 增加本校留学生的数量	1 313	50.42%
B. 让更多外国留学生来本校进修留学	1 408	54.07%
C. 增加留学项目的宣传力度	1 348	51.77%
D. 放宽本校学生出国留学的条件，为有意愿出国进修的大学生提供更多支持	1 935	74.31%
E. 举办更多形式的“外语角”活动	1 584	60.83%
F. 其他（请注明：　　）	20	0.77%
（空）	31	1.19%
本题有效填写人	2 604	

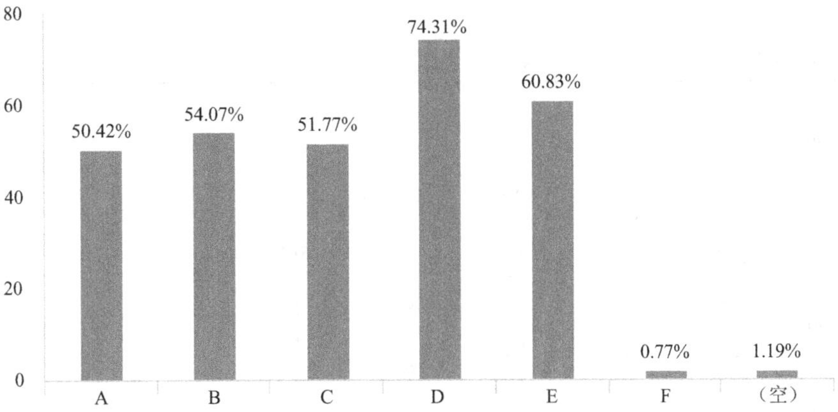

图 4-21

本题旨在探讨如何从高校国际交流层面上提高大学生的跨文化交际能力。

本题的客观选项的选择率从高到低的排序是：“D. 放宽本校学生出国留学的条件，为有意愿出国进修的大学生提供更多支持”“E. 举行更多形式的‘外语角’活动”“B. 让更多外国留学生来本校进修留学”“C. 增强留学项目的宣传力度”“A. 增加本校留学生的数量”。

超过 7 成的大学生认为，放宽本校学生出国留学的条件在提高跨文化交际能力方面最有效。也就是说，74.31% 的大学生都认为目前的留学条件过于苛刻，关于留学条件的问题将在第 32、33 题中继续调查。

另外，超过 6 成的大学生认为可以举办更多形式的“外语角”活动，结合第 19、20 题的调查结果，说明大学生希望和在校留学生有更多交流机会或有更多交流模式。

在受访者自行填写的答案中，表现出希望与留学生有更多交流的意向。大多数大学生认为和留学生有更多的交流机会或更多样的交流模式是提高跨文化交际能力最可行的方法。

22. 您在大学期间主要学习的是哪部分外语知识？（　　）【多选题】

调查结果见表 4-22、图 4-22。

表 4-22

选项	小计	比例
A. 听	1 767	67.86%
B. 说	1 468	56.37%
C. 读	1 704	65.44%
D. 写	1 680	64.52%
E. 译	1 353	51.96%
F. 其他	50	1.92%
（空）	32	1.23%
本题有效填写人	2 604	

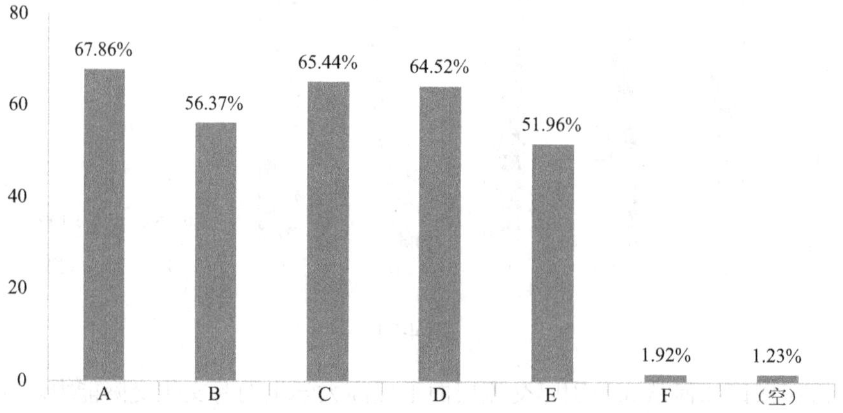

图 4-22

本题的选项中，选择率较低的是“说”的能力。结合第 18 题的调查结果来看，在大学期间，大学生的“说”的部分学的最少，能力也最差。近 8 成的大学生认为继续打好外语语言基础，提高口语能力是跨文化交际能力的关键。

23. 您所在的专业，中国文化相关课程是选修课还是必修课？（选择 C 或 D 时跳过下一题）（　　）

调查结果见表 4-23、图 4-23。

表 4-23

选项	小计	比例
A. 选修课	563	21.62%
B. 必修课	794	30.49%
C. 没有开设	652	25.04%
D. 不太清楚	530	20.35%
（空）	65	2.5%
本题有效填写人	2604	

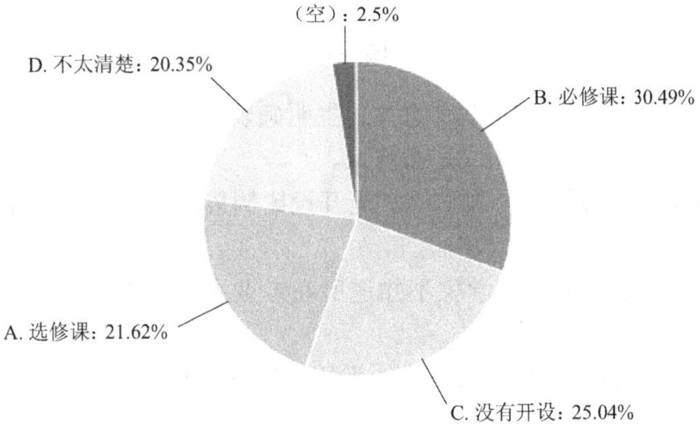

图 4-23

24. 您所在专业开设了哪些中国文化相关课程？（ ）【多选题】

调查结果见表 4-24、图 4-24。

表 4-24

选项	小计	比例
A. 大学语文	696	48.95%
B. 中国传统文化	449	31.58%
C. 中国古典文学	324	22.78%
D. 中国现代文学	333	23.42%
E. 不清楚	240	16.88%
F. 其他	60	4.22%
（空）	37	2.6%
本题有效填写人	1 422	

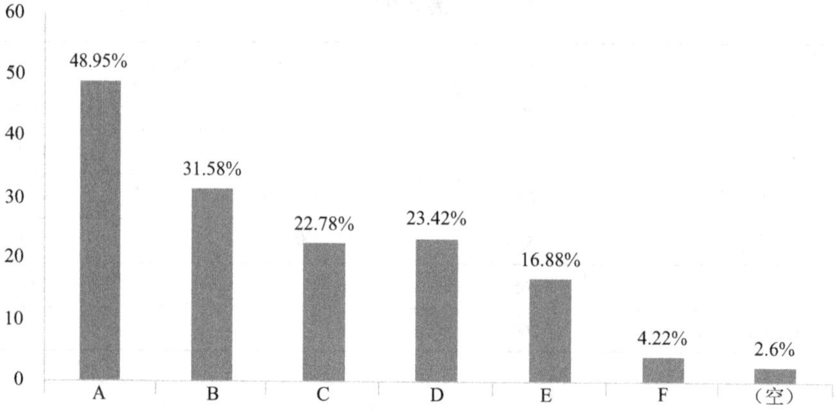

图 4-24

从第 23 题的调查中得知，近 5 成的大学生明确表示在他们的专业包含了中国文化相关课程，其中近 2 成是选修课，3 成是必修课。

从第 24 题的调查结果得知，大学语文是开设比例最高的课程，占比为 48.95%。中国传统文化排在第二位，占比为 31.58%。

值得一提的是，16.88% 的大学生不知道所在专业中有没有中国文化相关课程，大学层面应该加强在这方面的说明或宣传。

对“F. 其他”中的有效信息进行筛选，发现中国文化相关课程中历史类课程最多，占比为 46.8%。

25. 您所在院系是否有外籍教师？（　　）

调查结果见表 4-25、图 4-25。

表 4-25

选项	小计	比例
A. 有 5 名及以上	224	8.6%
B. 有 3~4 名	256	9.83%
C. 有 1~2 名	657	25.23%
D. 没有	512	19.66%
E . 不清楚	806	30.95%
（空）	149	5.72%
本题有效填写人	2 604	

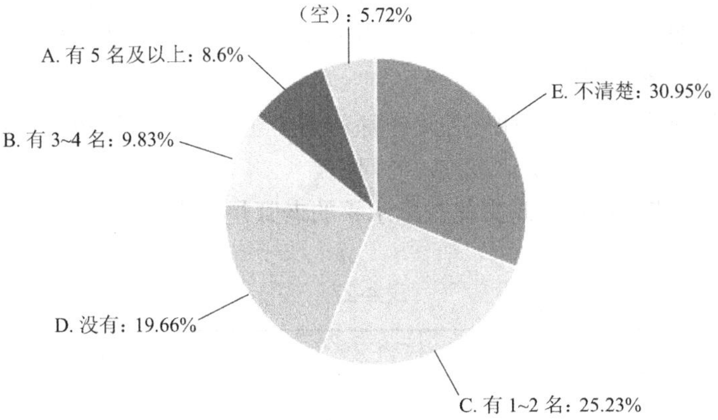

图 4-25

26. 您所在院系是否有留学生？（　　）

调查结果见表 4-26、图 4-26。

表 4-26

选项	小计	比例
A. 有 10 名及以上	330	12.67%
B. 有 5~9 名	176	6.76%
C. 1~4 名	357	13.71%
D. 没有	1 676	64.36%
（空）	65	2.5%
本题有效填写人	2 604	

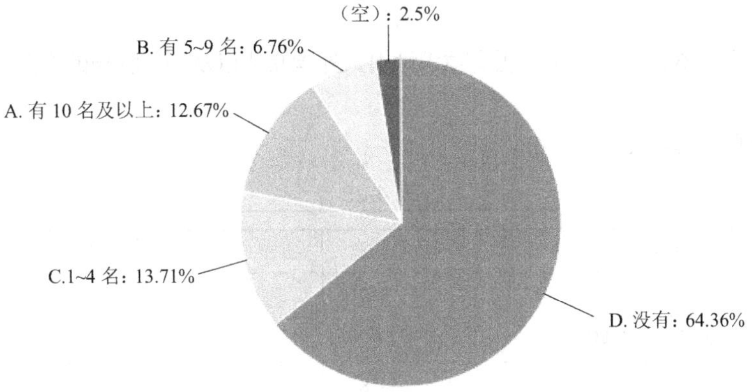

图 4-26

第 25、26 题的调查结果表明，第 25 题中选择率最高的是“E. 不清楚”，占比为 30.95%，其次才是“C. 有 1~2 名”，占比为 25.23%。

超过 6 成的大学生回答所在院系没有留学生，有外籍教师的比例总和是 43.66%，结合第 1 题的结果，即参与本次调查的大学生中近 4 成是外语专业的学生这一现实的话，如果扩大调查的范围，该数值应该是更低的。

简单地说，目前我国高校中拥有外籍教师和留学生的院系比例较低，对于提高大学生的跨文化交际能力来说这是难以立即改善的问题。

27. 您认为所在院系有较高跨文化交际水平的老师是否很多？（　　）

表 4-27

选项	小计	比例
A. 非常多	293	11.25%
B. 比较多	991	38.06%
C. 不太多	869	33.37%
D. 不多	396	15.21%
（空）	55	2.11%
本题有效填写人	2 604	

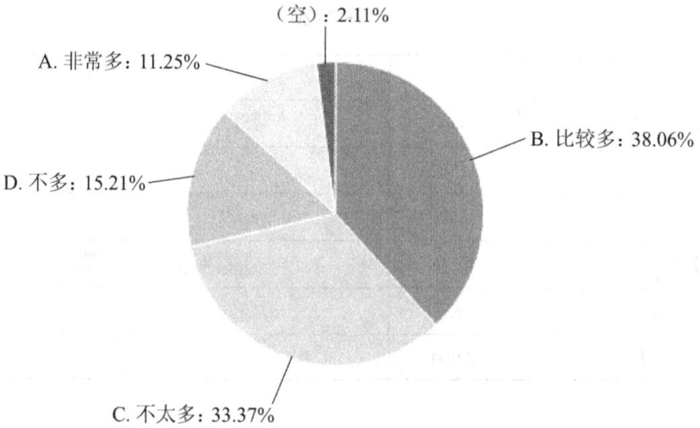

图 4-27

28. 您的专业课教师在课堂上是否有意识地引入外国文化以及国外科技的相关知识？（　　）

调查结果见表 4-28、图 4-28。

表 4-28

选项	小计	比例
A. 有意识去引入的老师非常多	510	19.59%
B. 有意识去引入的老师比较多	1 008	38.71%
C. 有意识去引入的老师比较少	888	34.1%
D. 没有老师去有意识引入	148	5.68%
（空）	50	1.92%
本题有效填写人	2 604	

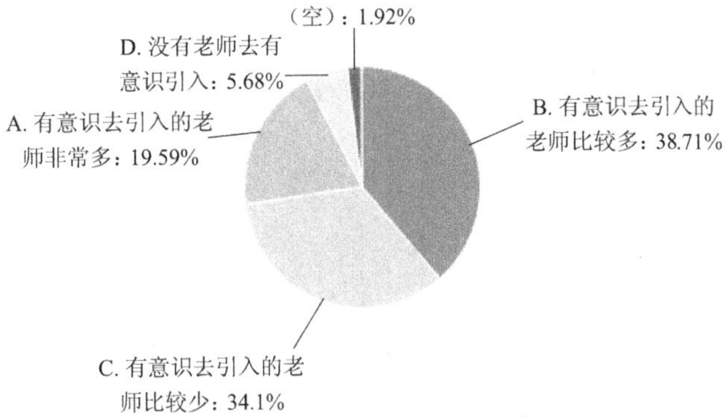

图 4-28

第 27 题的调查结果显示，认为自己所在院系有较高跨文化交际水平的老师非常多和比较多的大学生占比为 49.31%，认为不太多和不多的大学生占比为 48.58%，两组数据差别不大。

而第 28 题的调查结果显示，认为自己专业课教师在课堂上有意识地引入外国文化以及国外科技的相关知识的，“非常多”和“比较多”两项加起来占比 58.3%，“比较少”和“没有”两项加起来占比 39.78%。

也就是说，在近一半大学生眼中所在院系中教师的跨文化交际水平不高，且近 4 成的专业教师没有在课堂中积极地引入外国文化以及国外科技的相关知识。鉴于本调查的大学生近 4 成是外语专业学生，如果扩至全专业范围，肯定性的回答应该更低。

五、受访者进行跨文化交际的意愿和方式

29. 您认为自己的跨文化交际能力处在何种水平？（　　）

调查结果见表 4-29、图 4-29。

表 4-29

选项	小计	比例
A. 非常强。（无论是在正式场合，还是在非正式场合，面对何种交流对象，都能实现有效交流）	146	5.61%
B. 较强。（主要是在非正式场合同有相似教育背景的对象，可实现有效交流）	571	21.93%
C. 不太强。（只能进行日常生活所需要的最低限度的交流）	1 474	56.61%
D. 不强。（几乎不能实现有效交流）	361	13.86%
（空）	52	2%
本题有效填写人	2 604	

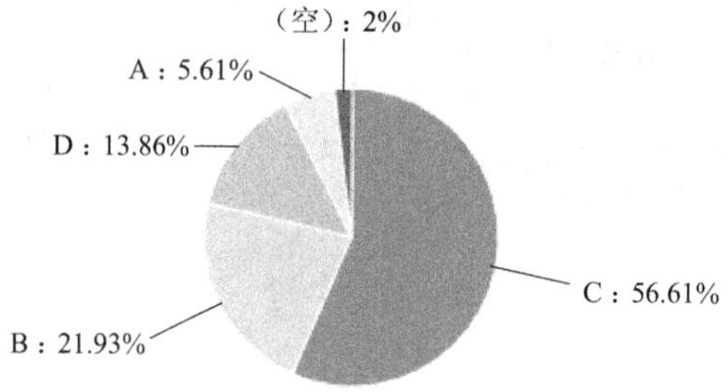

图 4-29

30. 您是否愿意和外国人沟通？（　　）

调查结果见表 4-30、图 4-30。

表 4-30

选项	小计	比例
A. 特别愿意	581	22.31%
B. 比较愿意	1 525	58.56%
C. 不太愿意	378	14.52%
D. 不愿意	70	2.69%
（空）	50	1.92%
本题有效填写人	2 604	

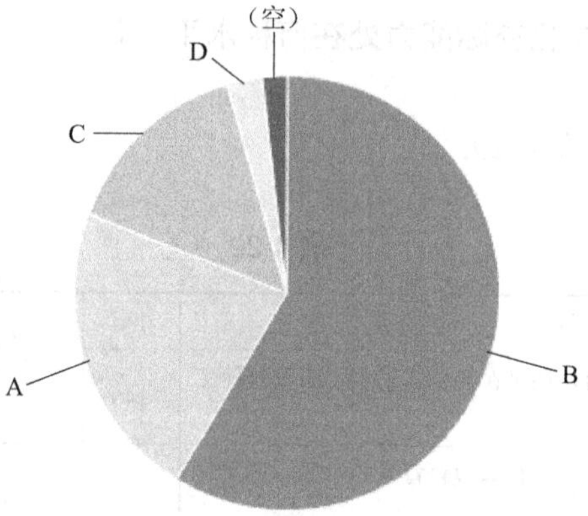

图 4-30

通过第 29 题旨在调查大学生对自己的跨文化交际能力的满意度。

从图 4-29 中可知，选择“不太强”的大学生最多，占比为 56.61%，选择“不强”的大学生占比为 13.86%。这两项数值统合得到的结果是近 8 成的大学生对自己的跨文化交际能力不满意。

通过第 30 题旨在调查大学生对跨文化交际行为的认可性和渴求性。

从表 4-30 的数据可以看出比较愿意和外国人沟通的大学生最多，占比为 58.56%，特别愿意和外国人沟通的大学生占比为 22.31%。这两项数值统合的结果也是近 8 成。也就是绝大多数大学生都是愿意和外国人沟通的，但是自身的跨文化交际能力水平却让沟通不能顺利进行。

这两项调查结果充分地说明，提高大学生的跨文化交际能力确实是满足大学生心中所愿的，也是惠及整个大学生层面的。

31. 您有过出国经历吗？（　　）

调查结果见表 4-31、图 4-31。

表 4-31

选项	小计	比例
A.3 次及以上	104	3.99%
B.2 次	102	3.92%
C.1 次	206	7.91%
D. 没有	2 142	82.26%
（空）	50	1.92%
本题有效填写人	2 604	

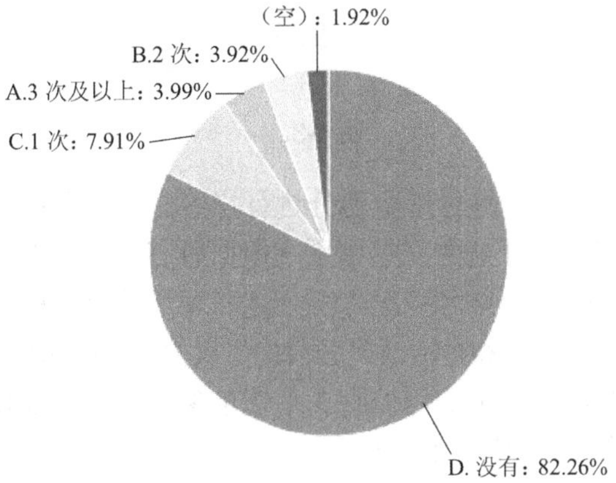

图 4-31

本题的调查结果表明，没有出国经历的大学生占比最多，为 2 142 人，占总人数的 82.26%。

其次是“1 次”，占比为 7.91%。“2 次”和“3 次以上”的占比差别不大。关于出国的理由和不想出国的理由将以第 32、33 题的调查结果为基础进行分析。

32. 在学期间您想出国留学的理由是什么？（请排序）（　　）【多选题】

调查结果见表 4-32、图 4-32。

表 4-32

选项	平均综合得分
A. 开阔视野	5.35
B. 提高外语能力	4.63
E. 可以提高综合能力	3.29
D. 有利于就业	3.02
C. 获得更理想的学位证书	2.87
G. 不想出国	0.36
F. 其他原因（请注明：　　）	0.04

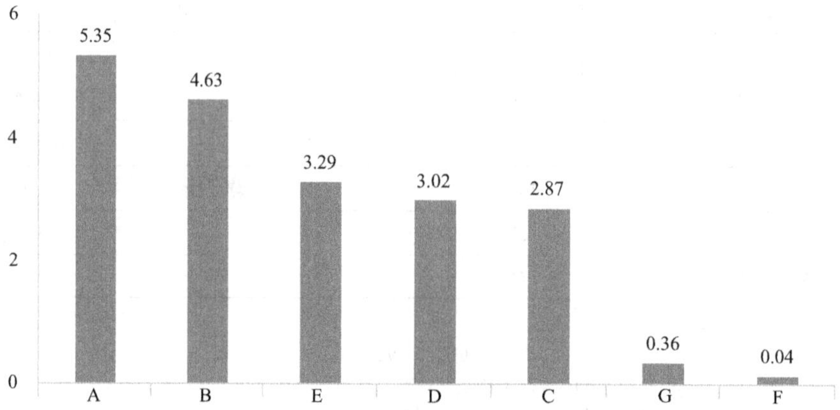

图 4-32

本题是多选排序题，所以最终以综合得分进行排序。选项顺序如 4-32 图所示。

排序题的选项平均综合得分是由问卷星系统根据所有填写者对选项的排序情况自动计算得出的，它反映了选项的综合排名情况，得分越高表示综合排序越靠前。

计算方法为：选项平均综合得分 =（Σ 频数 × 权值）/ 本题填写人。

权值由选项被排列的位置决定。例如有 3 个选项参与排序，那排在第一位置的权值为 3，第二位置权值为 2，第三位置权值为 1。

例如一个题目共被填写 12 次，选项 A 被选中并排在第一位置 2 次，第二位置 4 次，第三位置 6 次，那么选项 A 的平均综合得分 =（2×3 ＋ 4×2 ＋ 6×1）/12=1.67 分。

在所有选项中，“A. 开阔视野”得分最高，为 5.35 分。也就是说该选项是大多数大学生首选的理由。从调查具体数值中发现选择了该选项的大学生有 1 612 人。“B. 提高外语能力”的得分排在第二位，为 4.63 分，调查显示有 1 268 名大学生选择了该项。从各项的具体人数上看，大多数大学生都认可除了 G、F 之外的其他选项，肯定了出国所带来的好处。

从提高跨文化交际能力的要素来看，大多数大学生认为出国是提高外语能力的有效途径，也就是提高跨文化交际能力的有效途径。

不想出国的得分最低只有 0.36 分，具体人数是 46 人。可以看出绝大多数的大学生都是想出国的。

33. 在学期间您不想出国留学的原因是什么？（请排序）(　　)【多选题】

调查结果见表 4-33、图 4-33。

表 4-33

选项	平均综合得分
B. 费用太高	6.61
G. 外语能力不足	4
A. 不安全	3.43
E. 不能适应外国环境	3.27
H. 家庭原因	2.39
C. 求学时间过长	1.79
F. 不能自立	1.3
D. 不能顺利毕业	1.12
I. 其他原因	0.1

本题调查结果表明“B. 费用太高”的得分最高，远高于其他选项。可以说费用是阻挡大学生出国的最大障碍。其次分别是“G. 外语能力不足”“A. 不安全”“E. 不能适应外国环境”这类多局限于自身能力的选项。

笔者认为出国是提高外语能力、提高跨文化交际能力的有效途径之一，而从调查结果来看出国的最大障碍就是费用问题。如果从学校层面能找到降低出国费用的方法，或许是提高大学生出国比例的最有效措施。

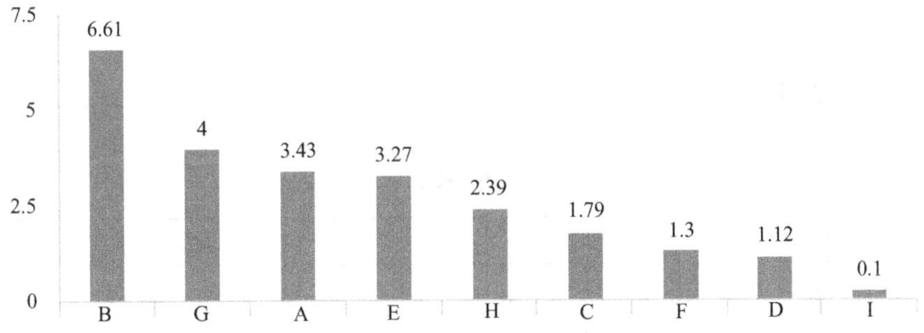

图 4-33

34. 您的学校是否举办文化周或文化专题讲座等活动？（包括我国文化和外国文化）(　　)

调查结果见表 4-34、图 4-34。

表 4-34

选项	小计	比例
A. 经常举办	232	8.91%
B. 有时举办	970	37.25%
C. 不太举办	432	16.59%
D. 不举办	186	7.14%
E . 不清楚	725	27.84%
（空）	59	2.27%
本题有效填写人	2 604	

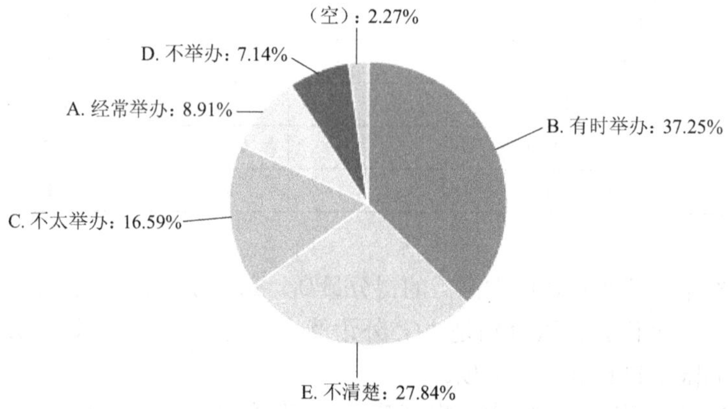

图 4-34

35. 您是否参加学校举办的文化周或文化专题讲座等活动？（包括本国文化和外国文化)(　　)

调查结果见表 4-35、图 4-35。

表 4-35

选项	小计	比例
A. 经常参加	179	6.87%
B. 有时参加	981	37.67%
C. 不太参加	820	31.49%
D. 不参加	552	21.2%
（空）	72	2.76%
本题有效填写人	2 604	

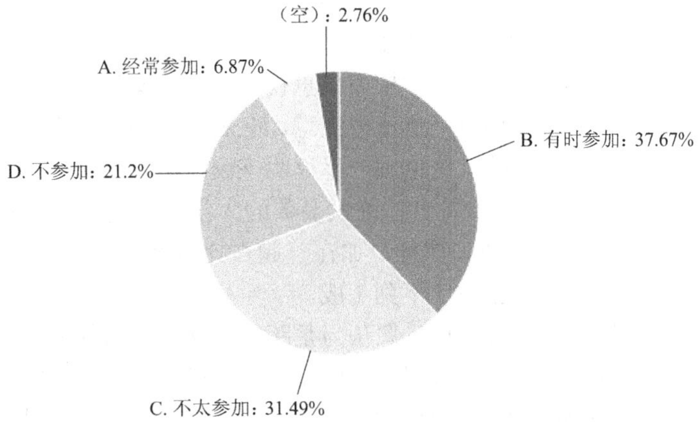

图 4-35

36. 您是否修读过外国文化知识的通识课程？（　　）

调查结果见表 4-36、图 4-366。

表 4-36

选项	小计	比例
A. 修读很多	102	3.92%
B. 修读较多	372	14.29%
C. 修读很少	1 115	42.82%
D. 没有修读	945	36.29%
（空）	70	2.69%
本题有效填写人	2 604	

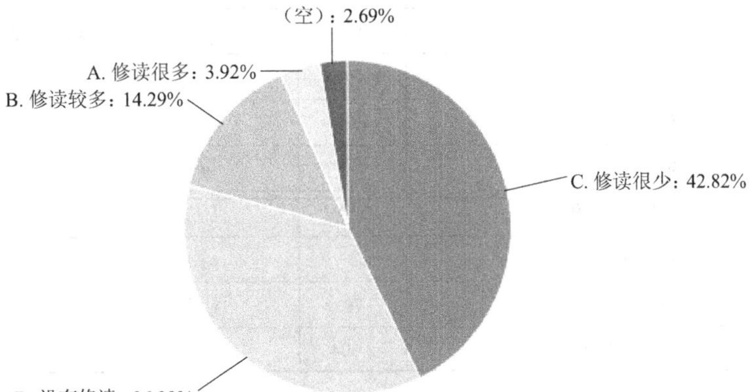

图 4-36

从第 34、35 两道题的调查结果中可以看出，37.25% 的大学生所在学校有时会举办文化周或文化专题讲座，37.67% 的大学生有时会去参加此类活动。经常举办活动的学校占比为 8.91%，经常参加活动的大学生占比为 6.87%。

由调查结果可以得出以下结论，学校如果重视文化周或文化专题讲座，那么该校的学生也会相应地重视参加活动。还有一点值得注意，有近 3 成的大学生对本校的文化周或文化专题讲座是否举办是不清楚的，这也进一步说明该校在这方面的宣传工作做得不够。

从第 36 题的调查结果中可以看出，绝大多数的大学生没有修读（36.29%）和很少修读（42.82%）外国文化知识的通识课程，加在一起占比近 8 成。“修读很多”（3.92%）和“修读较多”（14.29%）的大学生占比不到 2 成。

结合本问卷第 9 题“以下哪些项目您认为是跨文化交际能力的要素？”的调查结果来看，该题选项 B“单对丰富的外国文化知识并深入理解”的选择率为 82.99%，即 8 成以上的大学生认为学习外国文化知识是提高跨文化交际能力的必要条件，但是结合第 34、35 题的调查结果来说，目前只有不到 2 成的大学生修读了较多或很多的外国文化知识的通识课程，由此可以得出以下结论，进一步增加外国文化知识的通识教育课程的开设将是提高跨文化交际能力的有效途径之一。

37. 您认为提高自身跨文化交际能力的最有效途径是？（　　）【多选题（请选 3 项）】

调查结果见表 4-37、图 4-37。

表 4-37

选项	小计	比例
A. 修读专门课程	1 199	46.04%
B. 通过授课教师引导	948	36.41%
C. 购买相关书籍	639	24.54%
D. 利用网络信息	677	26%
E. 结交外国友人	1 325	50.88%
F. 参与外教主导的沙龙等活动	425	16.32%
G. 出国旅游	410	15.75%
H. 留学	860	33.03%
I. 海外游学	401	15.4%
J. 邀请校内或校外专家讲座	110	4.22%
K. 其他	4	0.15%
（空）	70	2.69%
本题有效填写人	2 604	

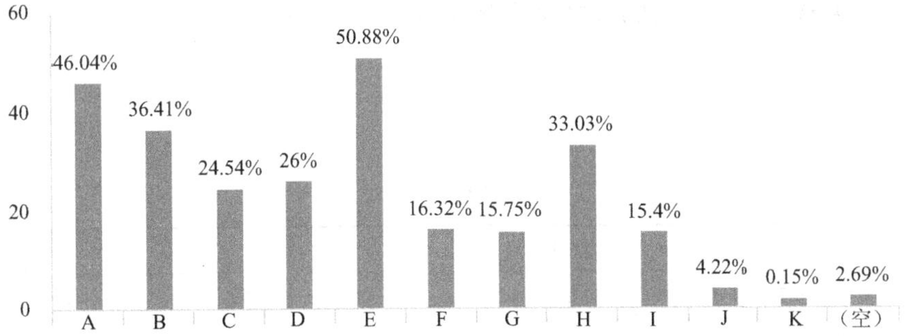

图 4-37

本题旨在从大学生角度出发，调查有哪些途径可以提高跨文化交际能力，以及哪些途径是大学生最认可的。

本题的 10 个客观选项的选择率有很大差别。这说明大学生对部分途径比较认可，对部分途径不认可，因此值得着重分析和研究。

所有选项中，“E. 结交外国友人”的选择率最高，有 1 325 人，占比为 50.88%。也就是说，近一半的大学生认为结交外国友人是提高跨文化交际能力最有效的途径，他们认为结交外国友人可以直接接触外国文化、关于国外的最新信息，且在接触过程中能够通过更多的互动来提高外语能力，可谓一举多得。“A. 修读专门课程”的选择率排在第二位，有 1 199 人，占比为 46.04%，“B. 通过授课教师引导”的选择率排在第 3，有 948 人，占比为 36.41%。这部分大学生认为通过修读相关课程也可以快速、高效地了解外国文化，并且他们还认为通过教师的讲解，能更深刻地了解外国与本国文化的差异。最重要的是大学生们认为和其他选项相比，可能修读专门课程是最经济实惠的途径。

“H. 留学”的选择率排在第四位，有 860 人，占比为 33.03%。这部分大学生认为在经济和能力允许的情况下，出国留学能够更好地提高跨文化交际能力，因为出国可以直接体会外国生活，从生活中的各个方面深刻了解外国文化，并且通过语言环境也会提高外语水平，甚至进一步提高自己的沟通能力，这些对于提高跨文化交际能力来说都是必要的，也都是直接有效的。

“D. 利用网络信息”和“C. 购买相关书籍”分别排第五位和第六位，近 3 成的大学生认为现在已经进入网络大数据时代，所有信息几乎都可以在网络上查到，而且和其他选项相比，没有时间的限制，非常灵活。但是也有更多大学生认为网络信息有真有假难以辨别真伪，还是通过正规出版的书籍去提高自身的跨文化交际能力更可靠一些。

“J. 邀请校内或校外专家讲座”的选择率最低，只有 4.22%。不被认可的原因是部分大学生认为讲座缺乏互动性，且时间不灵活，内容不如上课充实，互动不如结交外国友人或出国等有效。

通过以上结果和分析得出的结论是，结交外国友人、修读专门课程、通过授课教师引导、留学是大学生较为认可的途径。

38. 您是否希望提高自己的跨文化交际能力？（　　）

调查结果见表 4-38、图 4-38。

表 4-38

选项	小计	比例
A. 非常希望	1 233	47.35%
B. 比较希望	1 143	43.89%
C. 不太希望	95	3.65%
D. 不希望	54	2.07%
（空）	79	3.03%
本题有效填写人	2 604	

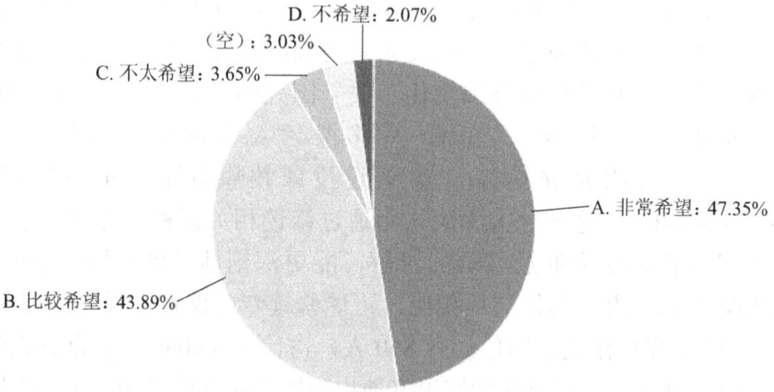

图 4-38

图 4-38 的数据说明，大多数大学生希望提高自己的跨文化交际能力。选择“不希望”的大学生只有 54 人，占比为 2.07%。选择“不太希望”的大学生有 95 人，占比为 3.65%。此外，选择“比较希望”的大学生有 1 143 人，占比为 43.89%。选择“非常希望”的大学生最多，有 1 233 人，占比为 47.35%。那么把“非常希望”和“比较希望”统合计算的话，有 2 376 人，把“不希望”和“不太希望”统合计算，则只有 149 人，前者是后者的近 16 倍。

而且必须注意的是，本问卷的调查对象有 1 095 人是外语专业的，占比近 4 成。与其他专业相比，外语专业的大学生更需要提高自己的跨文化交际能力，所以本题的调查如果进一步涉及整个大学生层面的话，“非常希望和比较希望”的合计数与“不太希望”和“不希望”的合计数的比值应该会有所减小。

但是从目前调查结果来看，绝大多数的大学生都是“非常希望”或“比较希望”提高自己的跨文化交际能力的，因此高校层面应该进一步思考如何解决或改善该问题。

39. 您认为提高跨文化交际能力对将来个人发展有影响吗？（　　）

调查结果见表 4-39、图 4-39。

表 4-39

选项	小计	比例
A. 影响很大	1 204	46.24%
B. 比较影响	1 120	43.01%
C. 不太影响	148	5.68%
D. 不影响	53	2.04%
（空）	79	3.03%
本题有效填写人	2 604	

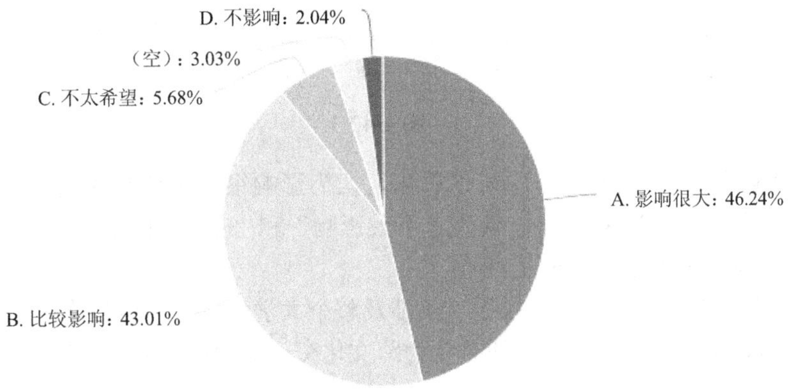

图 4-39

40. 您认为提高跨文化交际能力对个人发展影响体现在哪些方面？（　　）【多选题】

调查结果见表 4-40、图 4-40。

表 4-40

选项	小计	比例
A. 有利于就业	1 766	67.82%
B. 外语能力的提高	1 989	76.38%
C. 开阔视野	1 985	76.23%
D. 国际意识增强	1 719	66.01%
E. 思想观念更新	1 645	63.17%
F. 学习外语意识增强	1 324	50.84%
G. 社交能力提高	1 705	65.48%

续表

选项	小计	比例
H. 综合能力提高	1 648	63.29%
I. 没什么影响	169	6.49%
J. 其他（请注明：　　）	8	0.31%
（空）	60	2.3%
本题有效填写人	2 604	

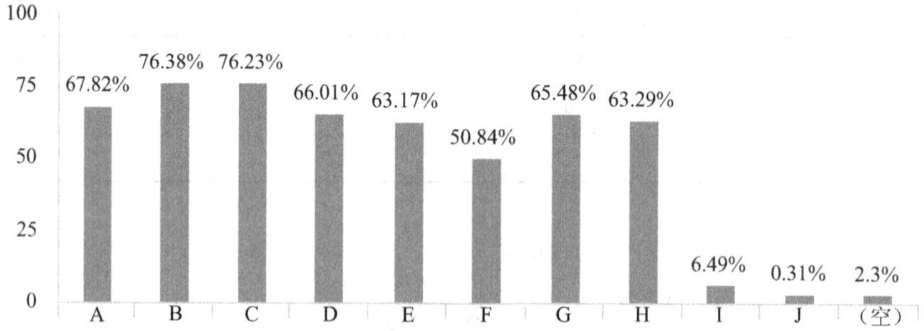

图 4-40

从第 39 题和第 40 题的数据中可以看出，认为影响很大和比较大的大学生占绝大多数，有 2 324 人，占比为 89.25%。认为“不太影响”和“不影响”的大学生只有 201 人，占比只有 7.72%。前者是后者的近 11 倍。

当然和第 38 题同理，调查如果进一步涉及整个大学生层面，该数值应该会有所减小。但是目前来看，绝大多数的大学生还是认为跨文化交际能力将来对个人发展是有很大或较大影响的。

第 40 题是在第 39 题的基础上进一步探究跨文化交际能力究竟在哪些方面对大学生的个人发展有影响。该题设置了 9 个客观选项（A 到 I）和 1 个主观选项（J）。主观选项中没有有效答案。9 个客观选项中 8 个（A 到 H）列举了跨文化交际能力可能影响的个人发展方面，还有 1 个选项（I）指完全不影响。

调查结果 A 到 H 这 8 个选项的选择率都超过了一半。其中选择率最高的是 B，高达 76.38%，具体说来就是 1 989 名大学生认为提高跨文化交际能力可以提高外语能力。C 的选择率和 B 的选择率非常相近，即有 1 985 名大学生认为该能力可以开阔视野。A 的选择率排在第三位，有 1 766 名大学生认为提高该能力有利于就业。选择率最低的是 F，为 50.84%，即有 1 324 名大学生认为该能力可以增强学习外语的意识。无论是从选择人数还是从数值比例上来说，这 8 个选项普遍为大学生认可，也就是说大学生们认为跨文化交际能力可以影响以上 8 个方面。

六、对受访者主观题回答的分析

41. 您认为学校为了提高学生的跨文化交际能力应该采取哪些措施或进行哪些改

革？（　　）

本题的调查共回收有效问卷 952 份，主要包括以下几点内容。

（1）多发展一些留学等国际交流项目，引入更多的对外交流学习平台。

（2）学校能够给予学生一定的留学补贴，能让更多学生有机会留学。

（3）放宽外国留学生的入学条件，让更多留学生来中国学习，使得中国学生有更多机会不出国门就能与外国人交流。

（4）多聘请外国优秀教师。

（5）开设一些相关文化课程，举办讲座，邀请外国友人，多开设有趣活动。

（6）提供更多的实习机会。

42. 您今后打算如何提高自己的跨文化交际能力？（　　）

本题的调查共回收有效问卷 1 003 份，主要包括以下几点内容。

（1）更加努力学习。超过 700 人的大学生认为这是最有效的途径。他们认为自己首先要做的就是好好学习，其他途径都是以此为基础的。

（2）结交外国友人。

（3）出国留学。

七、调查结果分析与教学改进方向

本问卷调查从 2019 年 6 月开始着手设计，至 2020 年 6 月完成收集和分析任务，历时近一年。调查对象覆盖包括普通大学、专门学院、高等职业学院、高等专科学校在内的高等学校的在校大学生，最终有效参与人数为 2 604 人。问卷问题灵活细致，涉及内容层面广泛，对制定培养大学生跨文化交际能力的方针政策有借鉴和参考意义。

问卷共 42 题，客观题 40 道，主观题 2 道，其中包括单选题 29 道，多选题 9 道，排序题 2 道，简答题 2 道。关于调查结果的分析和教学改进方向具体如下。

（一）调查对象以及所在院校的基本情况

这部分调查集中在问卷的第 1~6、22~26、31~36 题。

1. 第 1~6 题关于调查对象的专业、年级、生源等

1）关于专业统计结果的分析

从统计结果中可以看出，外语专业的大学生占主流，有 1 095 人，占比为 42.05%。理工类专业的大学生占比为 32.76%，排名第二，有 853 人。产生以上参与率的原因如下。

（1）本项目问卷调查的实施者皆是外语专业的教师，能接触到的学生大多数是本专业或相关专业的学生。

（2）受其专业性质的影响，外语类专业的学生为了能够顺利就职以及快速融入跨文化的工作环境，必然会比其他专业的学生对跨文化交际能力的培养更感兴趣。

（3）本问卷的实施者皆是来自工科院校的外语专业教师，教师们问卷发放的对象大多数为理工类专业，因此该问卷的受访者更多是理工类的学生。

2）关于所在年级与生源统计结果的分析

调查显示高年级对跨文化交际能力的培养的关注度反而不如低年级。对产生该结果的分析如下。大学一年级学生对学习的热情最高，对学校最为期待，对自身能力的培养最为关注。进入二、三年级以后，社团活动逐渐加入学生的生活，大学生对学习的热情也不如一年级高。进入四年级之后，学生的关注点主要集中在就业或继续求学上。他们积极考取各类证书或奔波于招聘会之间，对学习的参与度和关注度是整个年级里最低的。因此，关于培养跨文化交际能力的课程或活动应该尽量在一年级时段开展。

生源为河北地区的学生占比最高。调查团队所属高校地处天津，与天津的高校联系较为密切，因此天津生源的学生人数也较多，占比排在第三位。另外，经济越发达地区的学生越重视跨文化交际能力的培养。

2. 第 22~26 题关于调查对象的外语学习情况、所在院系的相关课程设置等

1）关于调查对象的外语学习情况的分析

从各项比例来看，在大学期间，大学生口语学得最少，能力也最差。

2）关于调查对象所在院系的相关课程设置的分析

关于所在院系的中国文化相关课程，近 5 成的大学生其所在的专业包含了中国文化相关课程，其中近 2 成是选修课，3 成是必修课。但是近 2 成的大学生不知道所在专业中有没有中国文化相关课程，这说明高校应该加强在这方面的宣传。

3）关于调查对象所在院系是否有外籍教师或留学生的分析

关于所在院系是否有外籍教师的问题，有外籍教师的院系比例总和占比只有 4 成，还不到一半。近 3 成的大学生对该问题不清楚，对院系师资结构不了解。四分之一的大学生的院系只有 1~2 名外籍教师，超 6 成的大学生所在院系没有留学生。

经分析认为，由于本次调查对象近 4 成是外语专业的学生，如果扩大调查范围，该数值应该是更低的。目前我国高校中拥有外籍教师和留学生的院系比例较低，对于提高大学生的跨文化交际能力来说这是难以立即改善的问题。

3. 第 31~36 题关于调查对象是否有出国经历、对出国的看法、所在学校是否举办文化周或文化专题讲座等的问题

1）关于调查对象是否有过出国经历和对出国的看法的分析

调查结果显示近 8 成的大学生没有出国经历，但不想出国的大学生占比很低。绝大多数的大学生对出国持肯定态度，他们认为出国可以开阔视野、提高外语能力和综合能力以及利于就业。他们还认为出国也是提高跨文化交际能力的有效途径之一。对于不想出国的大学生而言，费用太高是他们顾忌的最大因素。其次是担心外语能力不足，无法适应外国生活。

2）关于所在学校是否举办文化周或文化专题讲座以及调查对象是否参与的分析

调查结果显示，37.25% 的大学生所在高校会有时举办文化周或文化专题讲座，37.67% 的大学生有时会去参加此类活动。经常举办活动的学校占比为 8.91%，经常参加活动的大学占比为 6.87%。不太举办的高校和不太参加的大学生，不举办的高校和不参加的大学生的比例也是相似的。

由此可见，高校如果重视文化周或文化专题讲座，那么该校的学生也会相应的重视。该结论在彭春丽的《大学英语教学中跨文化交际能力培养研究》中也有类似阐述："在英语教学中积极开展课外交际活动，以此给学生一个交流的平台。纵观当下大学英语教学会发现，英语交流只局限于在课堂上，并不能让跨文化交际能力得到有效的培养。因此，如在课外积极地开展活动，如通过举办英语角、外籍老师作报告、举办英语晚会等活动来增加学生对所学语言的文化背景以及存在的差异的了解”①。

关于是否修读过外国文化知识的通识课程，“没有修读”和“很少修读”的大学生是“修读较多”和“修读很多”的大学生的4倍。结合本问卷第9题的调查结果来看，近8成的大学生认为学习外国文化知识是提高跨文化交际能力的必要条件，但是结合第34、35题的调查结果来说，目前只有不到2成的大学生修读了较多或很多的外国文化知识的通识课程。

由此可见，进一步增加关于外国文化知识的通识教育课程的开设将是提高跨文化交际能力的有效途径之一。

（二）调查对象对“跨文化交际”概念的认识

这部分调查集中在第7、9、39、40题。

1. 第7、9题关于调查对象是否了解“跨文化交际”的概念和跨文化交际应该包含的要素的分析

概括地说，在大学期间尤其是大学一、二年级期间，全面普及跨文化交际概念、提高对其重要性认识的任务是比较艰巨的。

本调查设置了9个要素，分别为外语语言能力、对外国文化知识的深入理解、开放包容的心态、对本国文化知识的深入理解、与他人沟通和交流的亲和力、条理清晰地表达想法的语言组织能力、对外国文化和不同文化间差异的好奇心、观察与分析问题能力和积极获取最新信息的行动力。

9个要素的选择率都超过了50%。也就是说超过一半的大学生认为跨文化交际能力包含了这9个要素，缺一不可。选择率最高的要素是“外语语言能力”，近9成的大学生都认为跨文化交际能力的第一要素就是外语语言能力。“对外国文化的丰富知识和深入理解”和“开放包容的心态”排在第二、第三位，且和“外语语言能力”的选择率极为相近。

可以说，“外语语言能力”“对外国文化知识的深入理解”和“开放包容的心态”是培养跨文化交际能力的首要三要素，也是提高大学生跨文化交际能力的3个关键。

2. 第39、40题关于调查对象对提高跨文化交际能力对个人发展是否有影响的分析

数据显示，认为“影响很大“和”比较大”的大学生是认为“不太影响”和“不影响”的大学生近11倍。

为了进一步探究跨文化交际能力究竟在哪些方面对大学生的个人发展有影响，本调查假设了8个可能影响方面，以选择率由高到低排列分别为：外语能力的提高、开阔视野、有利于就业、国际意识增强、社交能力提高、综合能力提高、思想观念更新和学习外语意识增强。调查结果显示。8个影响方面的选择率都超过了一半。也就是说大学生们认为跨文化交际能力可以影响以上8个方面。由此可见，提高大学生的跨文化交际能力的意义是比较重大的。

---

① 彭春菊，黄宝燕，林娜，等．大学英语教学中跨文化交际能力培养研究 [J]. 海外英语，2015（2）：51.

（三）调查对象对自身跨文化交际能力的评价

这部分调查集中在第 8、10~18、29、30 和 38 题。

1. 第 8 题关于调查对象在进入大学之后其跨文化交际能力是否有提高的分析

近 7 成的大学生认为自己“没有提高”或“没有太大提高”。而本问卷第 6 题的调查结果显示，有近 7 成的大学生认为自己的外语水平有提高。由此分析出，提高外语能力并不能直接提高跨文化交际能力，要培养大学生的跨文化交际能力不单单要从外语教学着手，还有其他要素需要研究。

2. 第 10~16 题关于调查对象是否具有跨文化交际能力各项要素

1）关于对外国文化的热情和好奇心

调查结果显示，对外国文化有热情和好奇心，想要了解外国文化并进行跨文化交际的大学生占绝大多数。这为提高整个大学生层次的跨文化交际能力奠定了良好的基础。

2）关于对本国和外国文化是否了解

调查设计者旨在掌握有多少学生认为自己对本国文化及外国文化理解或比较理解的问题。概括地说，对本国文化“比较了解”和“非常了解”的大学生约占 80%，对外国文化“比较了解”和“非常了解”的大学生人约占 35%。由此可得出结论：绝大多数大学生认为自己都对本国文化比较或非常了解，但对外国文化不太了解或不了解。

3）在获取国内外最新信息的行动力、分析能力、与他人交流的亲和力方面。

以数据为基础可概括出以下 2 点。

（1）大多数大学生认为自己获取国内外最新信息的行动力、分析能力不强或不太强。

（2）近 7 成大学生认为自己与他人沟通和交流的亲和力比较强或非常强。

另外，本问卷的调查对象有 1 095 人是外语专业的，占比近 4 成。与其他专业相比，外语专业无论是外国文化课程的设置，还是教师在课堂上向学生普及国内外最新信息的频率都比其他专业要多。所以如果涉及整个大学生层面的话，“不强”和“不太强”的合计比例应该是更高的。

鉴于以上的结果，说明大学生即使在课堂之外通过某些渠道了解或获得了关于国内外的文化现象或新闻时事，也并不一定能够客观或正确地去分析、理解。如要让大学生们从客观公正的视角去看待外国和本国的文化差异、以正确的心态去对待外国对本国文化的评价，则需要教师的引导。

3. 第 17、18 题关于调查对象的语言组织能力等问题的分析。

统计的结果表明，认为自己语言组织能力“比较强”或“非常强”的大学生和语言组织能力“不强”或“不太强”的大学生的数值相同。但是在进一步探究听、说、读、写、译这 5 种能力哪种最弱时，近 6 成的大学生认为自己“说”或“听”的能力是最差的。由此可见“说”和“听”是制约大学生外语能力、影响跨文化交际效果的最重要因素。

4. 第 29、30 和 38 题关于调查对象的跨文化交际能力在何种水平、是否愿意和外国人沟通等问题的分析。

第 29 题和 30 题的数据充分证明了大学生对跨文化交际行为的认可性和渴求性。

第 30 题的数据显示出有近 8 成的大学生比较愿意或特别愿意和外国人沟通。但是第 29 题的数据却显示沟通不能顺利进行，因为有近 8 成的大学生不认可自己的跨文化交际能力。这两项数据充分地说明，提高大学生的跨文化交际能力确实能够满足大学生心中所愿，也是惠及整个大学生层面的。

关于是否希望提高自己的跨文化交际能力这个问题的调查中，第38题的数据证明，“非常希望”和“比较希望”的大学生约占91%。而且必须注意的是，调查对象有4成是外语专业的。与其他专业相比，外语专业的大学生更需要提高自己的跨文化交际能力，所以本题的调查如果进一步涉及整个大学生层面的话，“非常希望”和“比较希望”的合计数比例应该会有所减小。

但是从目前调查数值来看，绝大多数的大学生都是希望提高自己的跨文化交际能力的，因此高校层面应该进一步思考如何解决或改善该问题。

（四）调查对象对所在院系教师的跨文化交际能力的评价

这部分调查集中在第27、28题。

有近一半受访大学生认为，其所在院系教师的跨文化交际水平不高，且近4成的专业教师没有在课堂中积极地引入外国文化以及科技情况。鉴于本调查的受访大学生近4成来自外语专业，如果扩大至全国范围，肯定性的回答所占比例应该更低。

（五）今后教学改进的方向

这部分调查集中在第19~21、37、41和42题。

本调查在如下层面上探讨高校可采取的措施。

1. 第19~21和41题在专业课堂、开设选/辅修课、国际交流层面上

1）在专业课堂层面上，调查者设置了一些措施

其认可率由高到低分别为：①继续打好学生的外语语言基础，提高其口语能力；②在课堂中利用新闻或影视等各类资料增加学生对外国文化的了解；③开设本国文化和外国文化的比较研究等相关课程，帮助大学生进一步了解不同文化的价值观、民族风格和生活方式；④在课堂中引导学生对本国文化和外国文化进行比较，总结相同点和不同点；⑤开设更多在跨文化公司的实习课程或增加相应学分，加强大学生与跨文化企业和机构的合作；⑥请有丰富跨文化合作经验的专家来讲课或开设讲座。

结果显示，近9成的大学生认为“继续打好学生的外语语言基础，提高其口语能力”，即应该进一步在课堂层面加强外语能力的培养。且除了“请有丰富跨文化合作经验的专家来讲课或开设讲座”这一条的认可率在49.08%以外，其余措施的认可率都在55%以上。

由此可见，外语水平、对外国文化的了解和通过教师来指导学生了解不同文化间的差异是培养跨文化交际能力的首要解决的3个关键问题。

另外，“开设外国留学生与中国学生的共同课堂”“以分组讨论的形式进行活动”等其他选项，为措施的制定开辟了新思路。

2）在开设选/辅修课层面上

超过8成的大学生认为“开设外国文化相关课程”最有帮助。超过5成的大学生认为现阶段选/辅修课的门槛过高。超过6成的大学生认为外语选/辅修课的模式单一，应该增加修习途径。以河北工业大学报名辅修课的要求为例，只有所有科目都通过的大学生才有资格报名辅修课，且即便重修通过也不得报名，这使得大批对外语辅修感兴趣的大学生

不得不“望而却步”。

调查者认为，在报名条件上应该适当放宽；在课程内容设置上应该多样化、趣味化；在课堂授课方式上应该更加灵活、为了避免和其他课程发生冲突，应该允许网络课堂的存在。总之不是“竖起高墙”而是要创造一切便利条件让有兴趣的大学生能够进一步接触外国语言和文化。

3）在国际交流层面上，调查者设置了一些措施

其认可率由高到低分别为：①放宽本校学生出国留学的条件，对有意愿出国进修的大学生提供更多支持；②举办更多形式的“外语角”活动；③让更多外国留学生来本校进修留学；增强留学项目的宣传力度。

调查显示，7 成以上的大学生认为目前的留学条件过于苛刻。关于阻碍留学的因素已经在上文中详细分析了，主要因素还是费用过高的问题。另外，超过 6 成的大学生认为可以举办更多形式的“外语角”活动，这说明大学生希望有更多的和在校留学生交流的机会或有更多和交流模式。

例如上述的开设外国留学生与中国学生的共同课堂，以分组讨论的形式进行活动，对于大多数受访大学生来说，在提高跨文化交际能力方面，和出国留学相比，该模式也是性价比相对较高的，也是最可行的。

第 41 题是主观简答题，经过梳理和筛选，共收到有效信息 952 条。调查者将回答内容分成以下几项，分别为：开设更多相关文化课程、举办相关文化交流活动、引进更多外籍教师和留学生、降低出国条件进一步提高出国交流可能、专业教师更主动地在课堂上引入外国文化、更加努力学习外语。认可率的高低如图 4-41 所示。

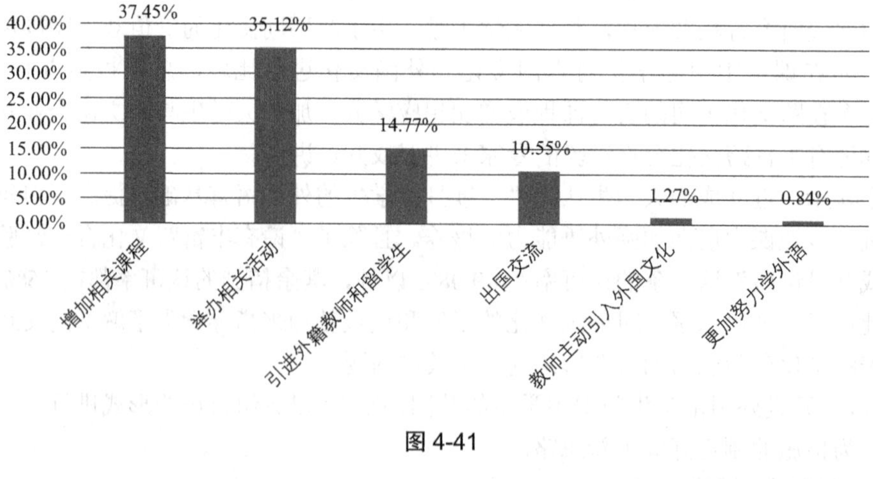

图 4-41

大学生认为在学校层面上，提高跨文化交际能力的有效途径集中在开设更多相关文化课程和举办相关文化交流活动上。开设课程可以包括开设外国留学生与中国学生的共同课堂，文化交流活动可以包含外国留学生参与的外语角活动等。调查者认为与其他途径相比，开设课程和举办活动是可以在短期内实现的，是互动性更强的，是性价比最高的。

2. 第 37、42 题 在自身层面上提高跨文化交际能力的最有效途径

调查者先从大学生角度出发，调查有哪些途径可以提高跨文化交际能力，以及哪些途径是大学生最认可的。调查者设置有 10 个途径和 1 个主观选项。

调查显示 10 个途径的认可率有很大差别。大学生比较认可结交外国友人、修读专门课程、通过授课教师引导、留学。

近一半的大学生认为结交外国友人是最有效的。他们认为结交外国友人可以直接接触外国文化和国外的最新消息，且在接触过程中能够有更多的互动来提高外语能力。近 4 成的大学生认为通过授课教师引导能更深刻地了解外国与本国文化的差异。超过 4 成的大学生认为修读专门课程可以快速、高效地了解外国文化，最重要一点是大学生们认为和其他选项相比，修读专门课程是最经济实惠的途径。近 3 成的大学生看好留学，他们认为在经济和能力允许的情况下，出国留学能够更好地提高跨文化交际能力，因为出国可以直接体会外国生活，从生活中的各个方面深刻了解外国文化，并且语言环境也会提高外语水平，甚至进一步提高自己的沟通能力，这些对于提高跨文化交际能力来说都是必要的，也都是直接有效的。

只有少数大学生认可专家讲座。其原因是部分大学生认为讲座缺乏互动性，且时间不如网络授课灵活，内容不如上课充实。

第 42 题也是主观简答题，共收到 1 003 条有效信息。经过整理，有效信息中关于自身层面上提高跨文化交际能力的最有效途径主要分为更加努力学习、结交外国友人、出国留学这 3 点。3 种途径的认可率如图 4-42 所示。

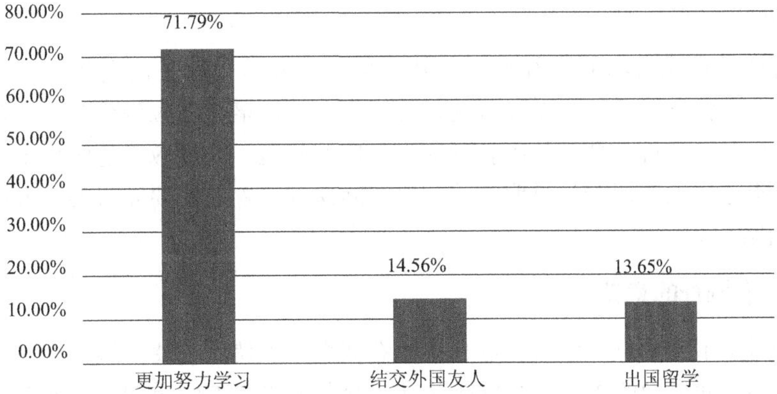

图 4-42

超过 7 成的大学生认为在自身层面上，“更加努力学习”是最有效的途径。他们认为自己首先要做的就是要好好学习，其他途径都是以此为基础的。只有提高自身能力才有可能和外国友人更好地交流，才可以在出国留学时更好地适应新环境。

第五章　企事业单位对员工跨文化交际能力的需求调查及现状分析

一、引言

（一）问题提出的背景

在当今经济全球化的背景下，世界各国之间的联系日益紧密，中国需要世界，世界也需要中国。中国提出了“一带一路”的倡仪，河北省也在积极转型，发展外向型经济，中国和世界的沟通需要越来越多的具备跨文化交际能力的人才。因此，在大学教育期间，我们要努力使学生具备良好的跨文化交际能力，不仅要让学生掌握外语的听说读写译能力，还要让学生充分理解外国文化，以适应现代社会对国际化人才的要求。高校外语教学是培养跨文化交际能力非常重要的一条途径，而跨文化交际能力也是外语教学培养的重中之重，如何设置跨文化交际能力培养课程，如何培养外语能力过硬且具有国际视野的跨文化交际人才，都是值得探讨的问题。

（二）研究目的

本问卷调查是配合河北省社会科学基金项目“大学生跨文化交际能力的培养策略研究”进行的。在我省发展外向型经济的过程当中，如何培养适应当代社会的跨文化交际人才，助力社会发展是目前高校外语教学应当考虑的问题。高校应当适时作出变革以适应时代需要。希望通过此次调查可以明确跨文化交际课程设置上需要完善的地方以及如何做到“产学研”相结合。

（三）问卷调查的意义

项目组对企事业单位工作人员进行了问卷调查，该调查主要了解他们对跨文化交际能力强的员工各方面能力的评价、与同等跨文化交际能力较差职员的各方面能力及对公司发展所做贡献的差异、对高校外语专业的外语教育的评价及改革建议。以期项目成果为我国高校今后如何培养大学生跨文化交际能力、如何进行相关的教学改革提供有效的依据。此次问卷调查共收到受访的企事业单位工作人员有效问卷回答共计 875 份。通过调查，得出一个结论——对于毕业后就面对“一带一路”新发展形势的大学生来说，良好的跨文化交际能力会成为他们日后择业、就业以及职业发展的一大助力和优势。

二、受访者及企事业单位基本情况调查

1. 您在大学时期所学专业是什么？（　　）

A. 外语类　　B. 人文社科类

C. 理工类　　D. 其他（请注明：　　）

调查结果见表 5-1、图 5-1。

表 5-1

选项	小计	比例
A. 外语类	372	42.51%
B. 人文社科类	81	9.26%
C. 理工类	323	36.91%
D. 其他（请注明：　　）	99	11.86%
本题有效填写人次	875	

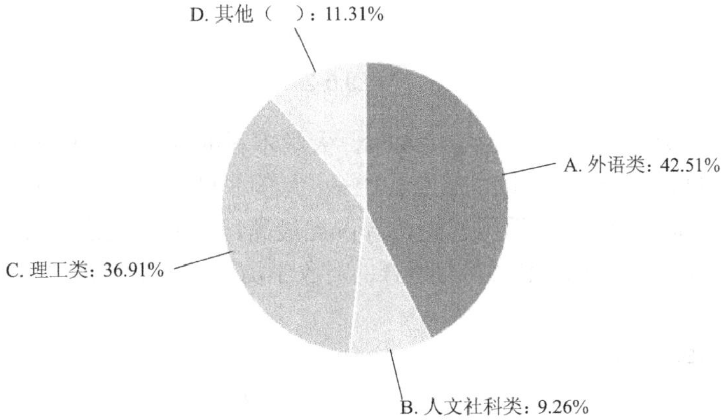

图 5-1

参与本次问卷调查的人员外语类占据了 42.51%，理工类占据 36.91%，人文社科类占比为 9.26%，其他专业占比为 11.31%。在本次调查中，理工类和外语类专业的受访者较多。既能够参考外语类专业受访者的意见也能参考非外语专业受访者的意见，便于本书从多方面审视跨文化交际能力培养这个问题。

2. 您的学历是？（　　）

A. 大学专科　　B. 大学本科

C. 硕士研究生　　D. 博士研究生

调查结果见表 5-2、图 5-2。

表 5-2

选项	小计	比例
A. 大学专科	93	10.63%
B. 大学本科	584	66.74%
C. 硕士研究生	183	20.91%
D. 博士研究生及以上	15	1.71%
本题有效填写人次	875	

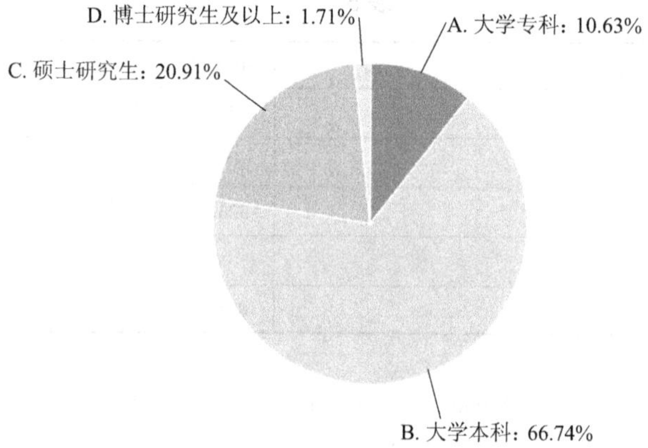

图 5-2

大学专科学历的受访者占比为 10.63%，大学本科的受访者占比为 66.74%，硕士研究生占比为 20.91%，博士研究生占比为 1.71%。大学本科及以上学历的受访者占据本次调查对象的 90.37%，大学本科学历的受访者占比最高，研究生其次，大学专科和博士研究生学历的受访者占比较少。本次参与调查的对象学历较高，对于高校学科设置会有更深的理解。

3. 您的工作年限是：(　　)

A.5 年以下　　B.6~10 年

C.11~15 年　　D.15 年以上（请注明：____年）

调查结果见表 5-3、图 5-3。

表 5-3

选项	小计	比例
A.5 年以下	445	50.86%
B.6~10 年	185	21.14%
C.11~15 年	92	10.51%
D.15 年以上（请注明：　　）	153	17.49%
本题有效填写人次	875	

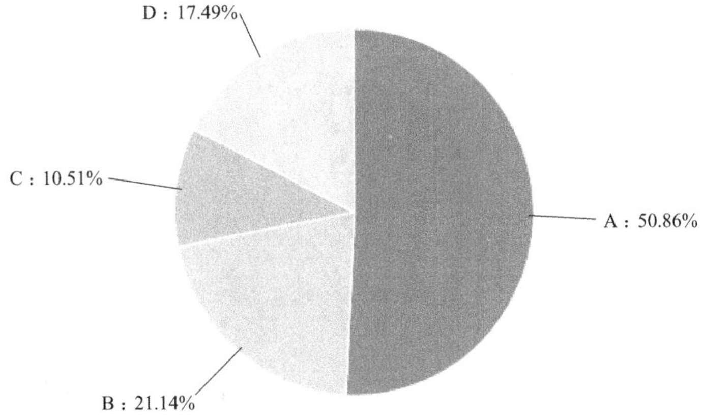

图 5-3

本次调查对象当中，50.86% 的受访者工龄在 5 年以下，21.14% 的受访者工龄为 6~10 年，15 年以上工龄的受访者占比为 17.49%，11~15 年工龄的受访者占比为 10.51%。半数的受访者工龄在 5 年以下，占比最高。6~10 年工龄的受访者占比次高，为 21.14%，之后是工龄 15 年以上的受访者，占比为 17.49%。绝大多数受访者工作年限较长，自身职场经验更为丰富，对于跨文化交际能力的应用以及前景会有更为深刻的理解，对在校大学生跨文化交际能力的培养也会有独特的见解。

4. 您现在的职位是：(　　　)

A. 操作工　　　　B. 一般文职人员

C. 技术人员　　　　D. 管理人员

E. 其他（请注明：　　　）

调查结果见表 5-4、图 5-4。

表 5-4

选项	小计	比例
A. 操作工	28	3.2%
B. 一般文职人员	232	26.51%
C. 技术人员	184	21.03%
D. 管理人员	234	26.74%
E. 其他（请注明：　）	197	22.51%
本题有效填写人次	875	

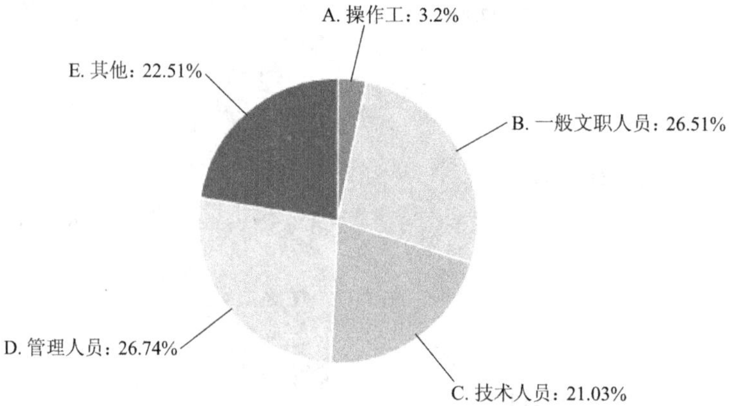

图 5-4

此次参与调查问卷的对象当中，操作工占比为 3.2%，一般文职人员占比为 26.51%，技术人员占比为 21.03%，管理人员占比为 26.74%，其他职位的人员占比为 22.51%。操作工占比非常小，文职人员、技术人员和管理人员三大群体占比较为均衡。

5. 您目前供职的企业的所在地区是：(　　)

A. 北京地区　　B. 天津地区

C. 河北地区　　D. 其他地区（请注明：　　）

调查结果见表 5-5、图 5-5。

表 5-5

选项	小计	比例
A. 北京地区	146	16.69%
B. 天津地区	341	38.97%
C. 河北地区	204	23.31%
D. 上海地区	32	3.66%
E. 广东地区	29	3.31%
F. 其他地区（请注明：　　）	123	14.06%
本题有效填写人次	875	

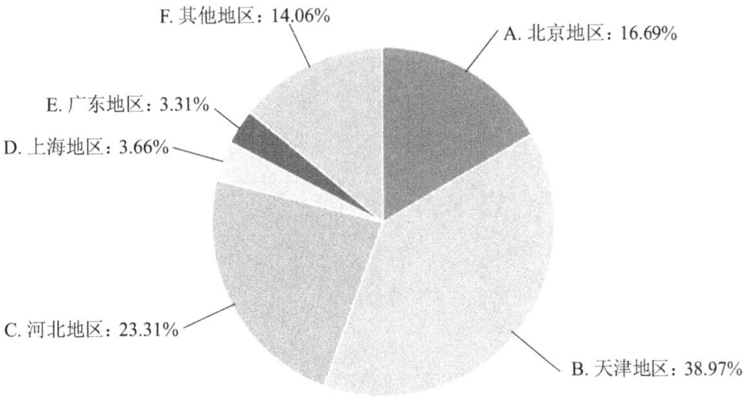

图 5-5

参与调查的受访者有 38.97% 来自天津地区，比例最高，其次为河北地区，比例为 23.31%，北京地区位列第三，占比为 16.69%，上海地区占比为 3.66%，广东地区占比为 3.31%。天津、北京、上海和广东地区对外开放程度较高，能够提供更多的对外交流机会，这些地区的受访者占比为 62.63%。参考对外开放程度较高省份的受访者的意见对于河北省发展外向型经济是十分必要的。

6. 贵公司的公司性质是：(　　　)

A. 中外合资企业　　B. 外国独资企业

C. 私营企业　　D. 国营企业

E. 其他（请注明：　　）

调查结果见表 5-6、图 5-6。

表 5-6

选项	小计	比例
A. 中外合资企业	114	13.03%
B. 外国融资企业	127	14.51%
C. 私营企业	261	29.83%
D. 国营企业	199	22.74%
E. 其他（请注明：　）	174	19.89%
本题有效填写人次	875	

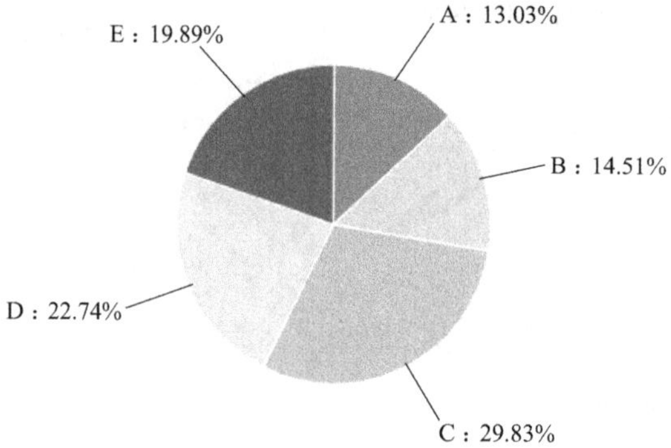

图 5-6

有 29.83% 的受访者来自私营企业，22.74% 的受访者来自国营企业，就职于外国独资企业的受访者占 14.51%，13.03% 的受访者来自中外合资企业。就职于中外合资以及外国独资企业的人员较少，两项相加占比不到 30%，大多数受访者来自私营企业和国营企业。

7. 贵公司将员工派往国外工作的机会多不多？（　　）

A. 很多　　B. 较多　　C. 不太多　　D. 没有

调查结果见表 5-7、图 5-7。

表 5-7

选项	小计	比例
A. 很多	66	7.54%
B. 较多	141	16.11%
C. 不太多	382	43.66%
D. 没有	286	32.69%
本题有效填写人次	875	

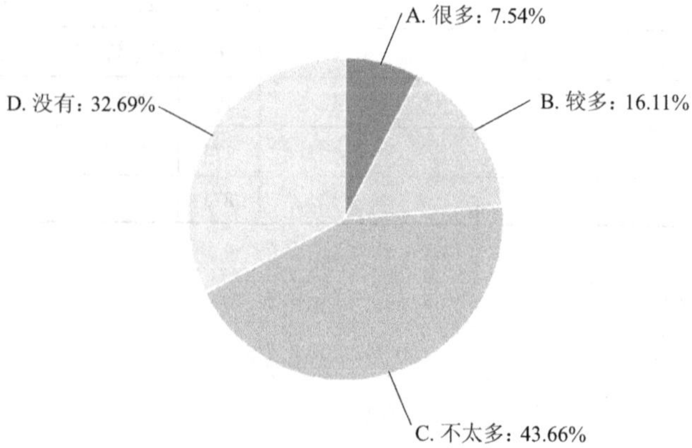

图 5-7

通过表 5-7 可以看出，43.66% 的受访者外派工作机会不太多，32.69% 的受访者没有外派工作机会，16.11% 的受访者有较多的外派工作机会，只有 7.54% 的受访者有很多外派工作机会。约有 75% 的受访者外派工作机会比较少，23.65% 的受访者有外派工作的机会，有外派工作机会的受访者占比较小。这说明受访的很多公司在员工就职后为员工提供的外派工作机会较少，员工除了在就职后谋求各种提高自身跨文化交际能力方式的同时，更应充分利用大学在校时间进行学习。

8. 您是否了解跨文化交际的概念和含义？（　　）

A. 非常了解　　B. 比较了解　　C. 不太了解　　D. 不了解

调查结果见表 5-8、图 5-8。

表 5-8

选项	小计	比例
A. 非常了解	65	7.43%
B. 比较了解	278	31.77%
C. 不太了解	396	45.26%
D. 不了解	136	15.54%
本题有效填写人次	875	

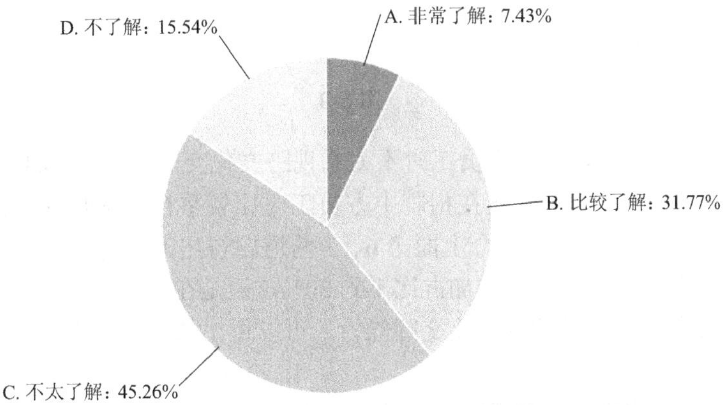

图 5-8

通过表 5-9 可以看出，非常了解跨文化交际概念以及含义的受访者占比为 7.43%，比较了解的占比为 31.77%，不太了解的占比为 45.26%，不了解的占比为 15.54%。对跨文化交际概念了解不是很清楚的受访者占比较多，约为六成。可以发现，大多数受访者对跨文化交际概念含义理解不是很清楚，再加上企业后续缺乏相关培训，高校应当充分开展相关活动，以便于学生在校期间进行学习，提高其自身的跨文化交际能力。

9. 贵公司在招聘中方员工时，是否重视其跨文化交际能力？（　　）

A. 非常重视　　B. 比较重视　　C. 不太重视　　D. 不考虑

调查结果见表 5-9、图 5-9。

表 5-9

选项	小计	比例
A. 非常重视	105	12%
B. 比较重视	313	35.77%
C. 不太重视	313	35.77%
D. 不考虑	144	16.46%
本题有效填写人次	875	

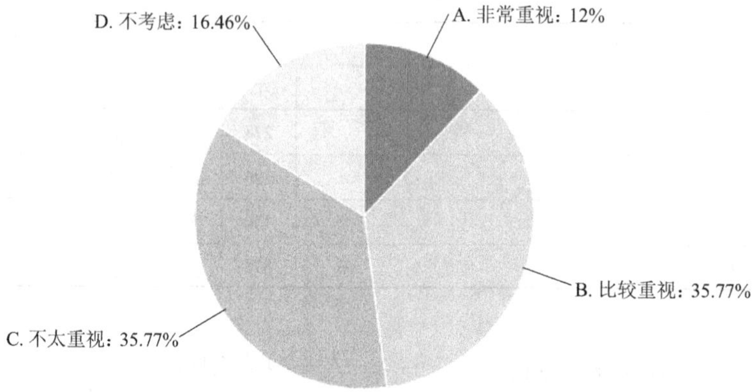

图 5-9

有 35.77% 的公司在招聘中方员工时不太重视跨文化交际能力，16.46% 的公司不考虑这一员工素质，有 35.77% 的公司在招聘中方员工时比较重视跨文化交际能力，12% 的公司非常重视跨文化交际能力。结合上面第 6、7 两道题得出的结论，就职于中外合资以及外国独资企业的人员较少，两项相加占比不到 30%，但是在公司招聘中方人员时，有将近半数的公司会考虑应聘人员的跨文化交际能力，可以得出的结论是有必要培养学生的跨文化交际能力。

10. 您认为跨文化交际的主要障碍是什么？（　　）

A. 外语语言能力　　B. 对本国文化的了解程度

C. 对他国文化的了解程度和求知欲　　D. 积极学习新知识的行动力

E. 观察与分析能力　　F. 与他人沟通和交流的亲和力

G 其他（请注明：　　）

调查结果见表 5-10、图 5-10。

表 5-10

选项	小计	比例
A. 外语语言能力	663	75.77%
B. 对本国文化的了解程度	427	48.8%
C. 对他国文化的了解程度和求知欲	595	68%
D. 积极学习新知识的行动力	349	39.89%
E. 观察与分析能力	322	36.8%
F. 与他人沟通和交流的亲和力	410	46.86%
G. 其他（请注明：）	31	3.54%
本题有效填写人次	875	

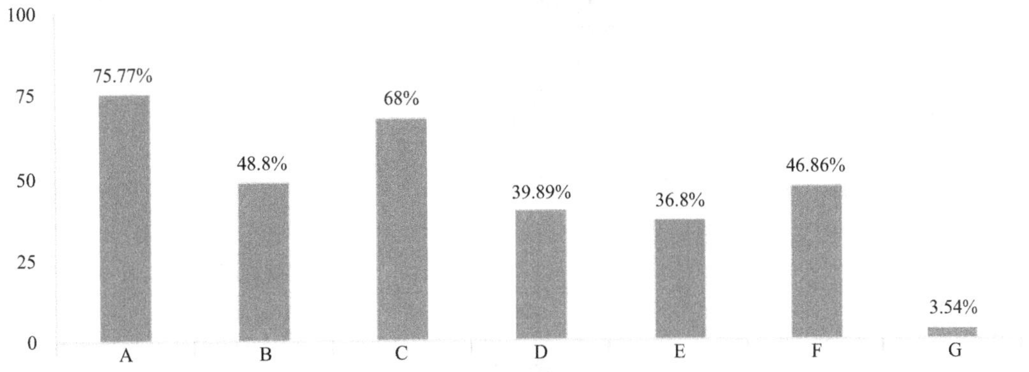

图 5-10

受访者认为最大的困难是外语语言能力（占比为 75.77%），其次是对他国文化的了解程度和求知欲（占比为 68%），再次是对本国文化的了解程度（占比为 48.8%），以上 3 点可以归结为个人知识储备。受访者认为与他人沟通和交流的亲和力也是很重要的（占比为 46.86%），受访者也将票投给了积极学习新知识的行动力（占比为 39.89%）和观察与分析能力（占比为 36.8%）。笔者认为后面 3 点可以归于个人交际能力。这对于笔者的启示是外语语言能力固然重要，外语能力是跨文化交际的硬性条件，但是要想培养好学生的跨文化交际能力，并不能仅仅侧重于语言能力，这是一个多维度全方位的培养过程，不仅要侧重知识方面的教授，还要培养学生的交际能力，在课程设置上应该多元化。

三、较强跨文化交际能力人员与其他人员各方面能力的比较

11. 您公司的员工对其本国文化是否了解？（　　）

A. 非常了解　　B. 比较了解　　C. 不太了解　　D. 不了解

E 不清楚

调查结果见表 5-11、图 5-11。

表 5-11

选项	小计	比例
A. 全体员工都了解	75	8.57%
B. 大部分员工都了解	438	50.06%
C. 少数员工了解	241	27.54%
D. 都不了解	32	3.66%
E. 不清楚	89	10.17%
本题有效填写人次	875	

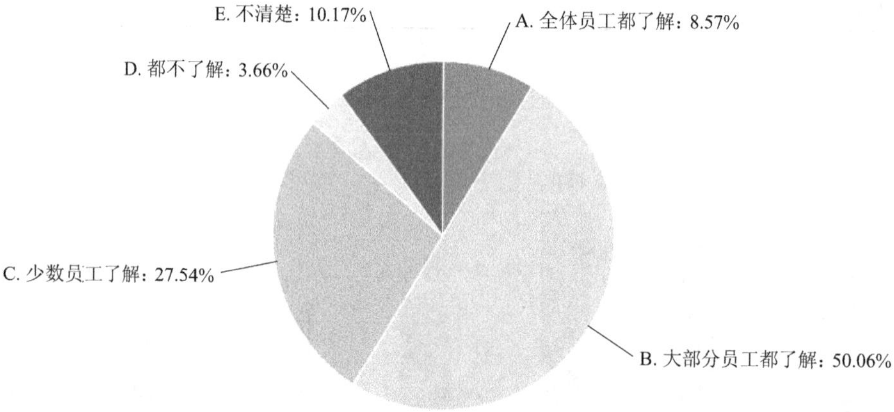

图 5-11

据统计，有 50.06% 的受访者认为大部分员工都了解本国文化，认为全体员工都了解的受访者占比为 8.57%，认为少数员工了解本国文化的占比为 27.54%，认为员工为不了解本国文化的占比为 3.66%，认为大部分员工对本国文化有一定了解的人员占比为 58.63%，接近六成，但是结合第 10 题，有接近半数的受访者认为对本国文化的了解程度是跨文化交际的难题之一。结果两项调查结果之间的反差可以看出多数受访者掌握了对本国文化的通识，但更深层次的理解较为欠缺，因而在课程设置上应该做一些深入的讲解教授。

12. 您认为具有较强跨文化交际能力的人员是否比其他人员外语水平更高？（　　）

A. 高很多　　B. 比较高　　C. 不太高　　D. 不高

E 不清楚

调查结果见表 5-12、图 5-12。

表 5-12

选项	小计	比例
A. 高很多	210	24.00%

续表

选项	小计	比例
B. 比较高	481	54.97%
C. 不太高	81	9.26%
D. 不高	25	2.86%
E. 不清楚	78	8.91%
本题有效填写人次	875	

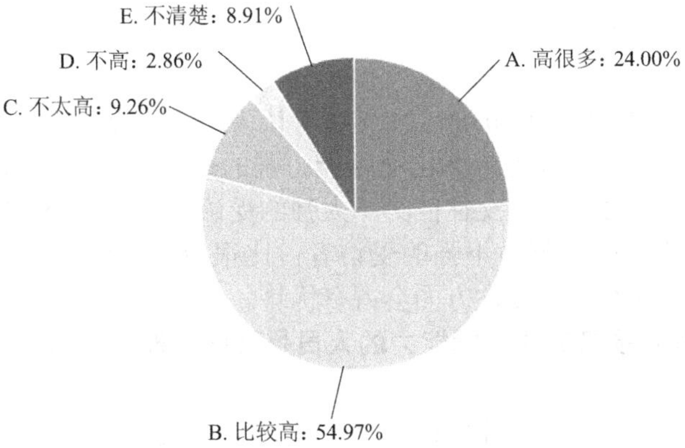

图 5-12

有 54.97% 的受访者认为跨文化交际能力强的人外语水平比较高，有 24% 的受访者认为跨文化交际能力强的人比其他人外语水平高很多，认为外语水平“不太高”（占比 9.26%）和“不高”（占比 2.86%）的受访者较少，总人数占据 1 成左右。大多数受访者（接近 8 成）认为跨文化交际能力强的人外语水平高。

13. 您认为具有较强跨文化交际能力的人员是否比其他员工在人际交往方面能力更强？（　　）

A. 强很多　　B. 比较强　　C. 不太强　　D. 不强

调查结果见表 5-13、图 5-13。

表 5-13

选项	小计	比例
A. 强很多	259	29.6%
B. 比较强	529	60.46%
C. 不太强	66	7.54%
D. 不强	21	2.40%
本题有效填写人次	875	

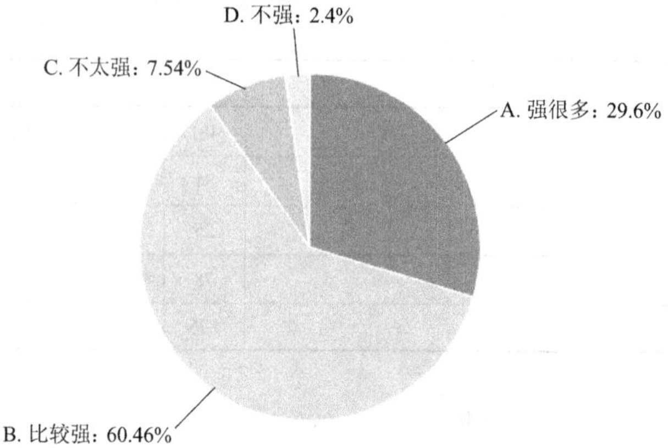

图 5-13

通过表 5-13 可以看出，有 60.46% 的受访者认为跨文化交际能力强的人人际交往能力也比较强，29.6% 的受访者认为跨文化交际能力强的人人际交际能力也比其他人强很多，认为跨文化交际能力较强但人际交往能力不太强的受访者占比较少（7.54%），认为跨文化交际能力较强的人人际交往能力不强的受访者占比很少（2.4%），9 成左右的受访者认为跨文化交际能力强的人在交际交往方面会占有优势。

14. 您认为具有较强跨文化交际能力的人员是否比其他员工适应环境和工作的能力更强？（ ）

A. 强很多　　B. 比较强　　C. 不太强　　D. 不强

调查结果见表 5-14、图 5-14。

表 5-14

选项	小计	比例
A. 强很多	260	29.71%
B. 比较强	529	60.46%
C. 不太强	68	7.77%
D. 不强	18	2.06%
本题有效填写人次	875	

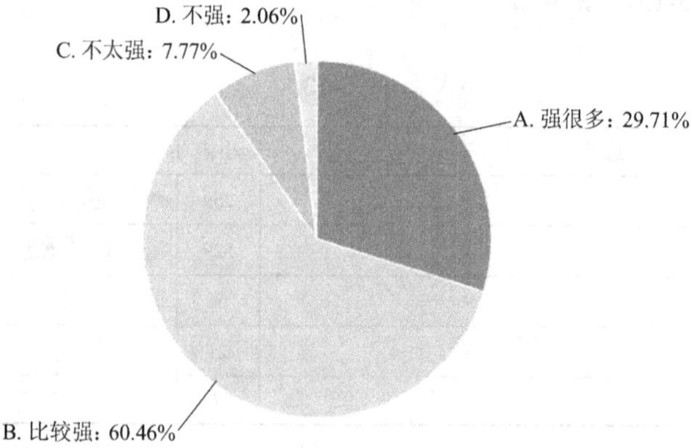

图 5-14

通过表 5-14 可以看出，有 60.46% 的受访者认为跨文化交际能力强的人适应环境和工作的能力比较强，29.71% 的受访者认为跨文化交际能力强的人适应环境和工作的能力比其他员工强很多，认为具有较强跨文化交际能力的人员适应环境和工作的能力并不太强的受访者占比为 7.77%，认为“不强”的受访者占比为 2.06%，9 成左右的受访者肯定了跨文化交际能力强的人的适应能力。

15. 您认为具有较强跨文化交际能力的员工是否比其他员工对工作的责任感更强？（　　）

A. 强很多　　B. 比较强　　C. 不太强　　D. 不强

调查结果见表 5-15、图 5-15。

表 5-15

选项	小计	比例
A. 强很多	160	18.29%
B. 比较强	521	59.54%
C. 不太强	146	16.69%
D. 不强	48	5.49%
本题有效填写人次	875	

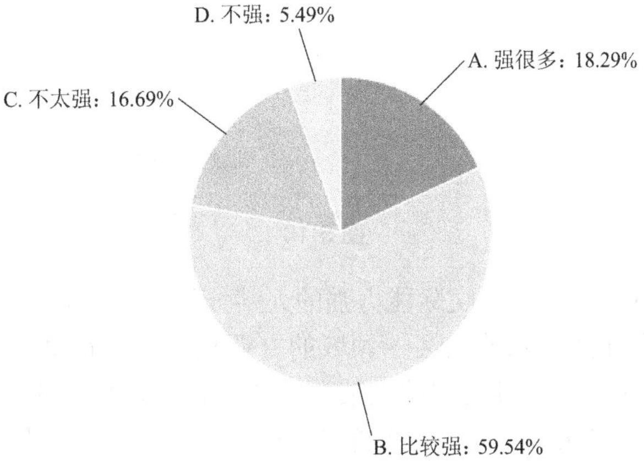

图 5-15

有 59.54% 的受访者认为跨文化交际能力强的人对工作的责任感也比较强，认为跨文化交际能力强的人工作责任感强很多的受访者占比为 18.29%，两项占比 77.83%，将近 8 成，认为跨文化交际能力强的人工作责任感不太强的受访者占比为 16.69%，认为对工作的责任感相对并不强的受访者占比为 5.49%，两项占比较少。大多数受访者认为跨文化交际能力强的人有更强的责任感。

16. 您认为具有较强跨文化交际能力的员工是否比其他员工在某一领域的专业技能更

强？（ ）

A. 强很多　　B. 比较强　　C. 不太强　　D. 不强

调查结果见表 5-16、图 5-16。

表 5-16

选项	小计	比例
A. 强很多	153	17.49%
B. 比较强	510	58.29%
C. 不太强	168	19.2%
D. 不强	44	5.03%
本题有效填写人次	875	

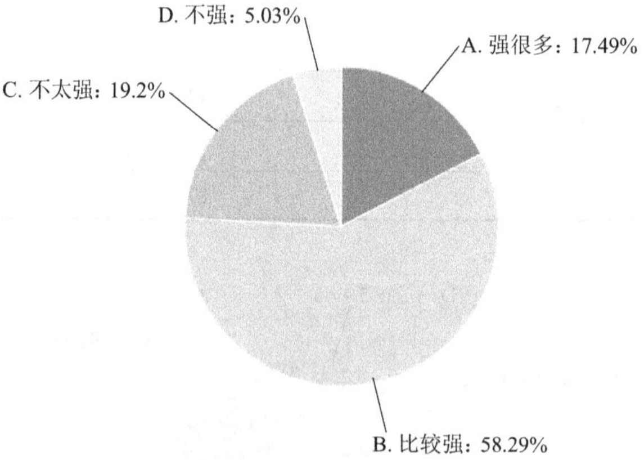

图 5-16

58.29% 的受访者认为跨文化交际能力强的人某一领域的专业技能比较强，17.49% 的受访者认为跨文化交际能力强的人某一领域的专业技能要强很多，两项占比为 75.78%，约为 7 成半，认为跨文化交际能力强的人某一领域专业技能不太强的人占比为 19.2%，认为“不强”的人占比为 5.03%，大多数人肯定了跨文化交际能力强的人的专业技能。

17. 具有较强跨文化交际能力的员工是否比其他员工对外国文化的理解更深？（ ）

A. 深很多　　B. 比较深　　C. 不太深　　D. 不深

调查结果见表 5-17、图 5-17。

表 5-17

选项	小计	比例
A. 深很多	258	29.49%
B. 比较深	536	61.26%
C. 不太深	65	7.43%
D. 不深	16	1.83%
本题有效填写人次	875	

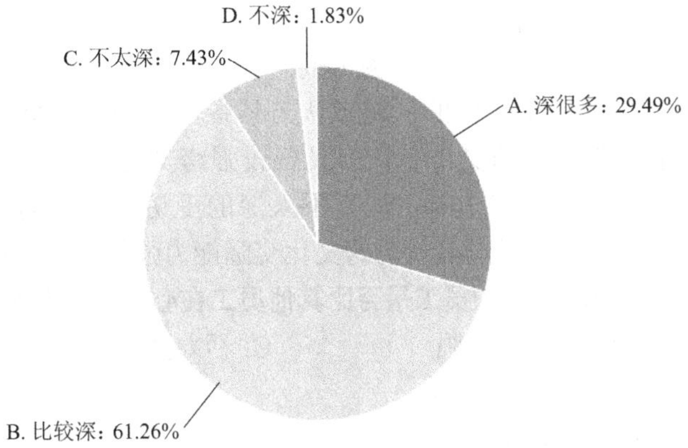

图 5-17

61.26% 的受访者认为跨文化交际能力强的人对外国文化的理解比较深，29.49% 的受访者认为跨文化交际能力强的人对外国文化的理解要深很多，两项占比为 90.75%，认为“不太深”的受访者占比为 7.43%，认为“不深”的受访者占比为 1.83%，绝大多数人认可了跨文化交际能力强的人对外国文化的理解。

18. 具有较强跨文化交际能力的员工是否比其他员工对外国的商务习惯了解得更深？（　　）

A. 深很多　　B. 比较深　　C. 不太深　　D. 不深

调查结果见表 5-18、图 5-18。

表 5-18

选项	小计	比例
A. 深很多	243	27.77%
B. 比较深	538	61.49%
C. 不太深	79	9.03%
D. 不深	15	1.71%
本题有效填写人次	875	

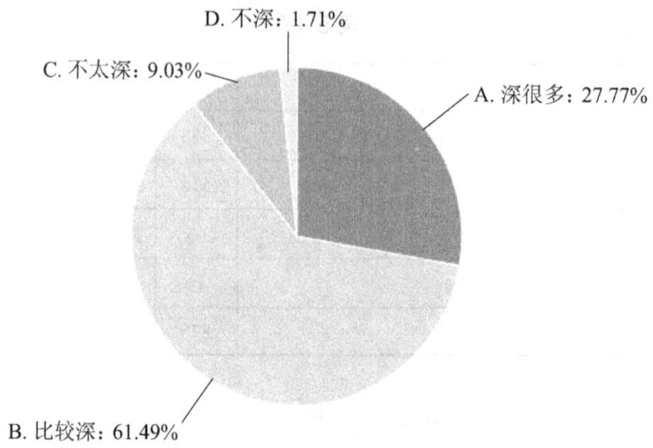

图 5-18

通过表 5-18 可以看出，61.49% 的受访者认为具备较强跨文化交际能力的人对国外商务习惯了解得比较深，27.77% 的受访者认为具备较强跨文化交际能力的人对国外商务习惯的理解深很多，两项占比为 89.26%，认为不太深的受访者占比为 9.03%，认为不深的受访者占比为 1.71%，绝大多数受访者认为跨文化交际能力强的人是了解国外商务习惯的。

19. 具有较强跨文化交际能力的员工是否比其他员工在心理素质方面更强一些？（　　）

A. 强很多　　B. 比较强　　C. 不太强　　D. 不强

调查结果见表 5-19、图 5-19。

表 5-19

选项	小计	比例
A. 强很多	168	19.2%
B. 比较强	545	62.29%
C. 不太强	123	14.06%
D. 不强	39	4.46%
本题有效填写人次	875	

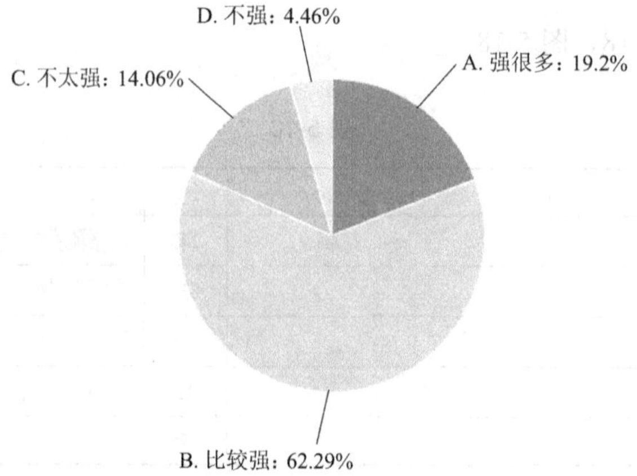

图 5-19

有 62.29% 的受访者认为跨文化交际能力强的人心理素质比较强，19.2% 的受访者认为跨文化交际能力强的人心理素质强很多，两项占比为 81.49%，认为不太强的受访者占比为 14.06%，认为不强的受访者占比为 4.46%，大多数受访者肯定了跨文化交际能力强的人的心理素质。

20. 具有较强跨文化交际能力的员工在团队合作方面是否表现突出？（　　）

A. 突出很多　　B. 比较突出　　C. 不太突出　　D. 不突出

调查结果见表 5-20、图 5-20。

表 5-20

选项	小计	比例
A. 突出很多	165	18.86%
B. 比较突出	584	66.74%
C. 不太突出	102	11.66%
D. 不突出	24	2.74%
本题有效填写人次	875	

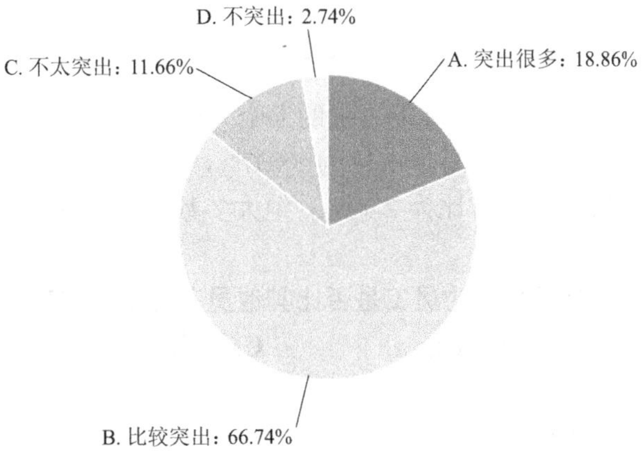

图 5-20

有 66.74% 的受访者认为跨文化交际能力较强的人在团队合作方面比较突出，18.86% 的受访者认为跨文化交际能力强的人在团队合作方面突出很多，两项占比为 85.6%，认为跨文化交际能力强的人在团队合作方面不太突出的受访者占比为 11.66%，认为不突出的人占比为 2.74%。绝大多数受访者肯定了跨文化交际能力强的人的团队合作表现。

21. 具有较强跨文化交际能力的员工比其他员工在个人成长方面是否更快一些？（　　）

A. 很快　　B. 较快　　C. 不太快　　D. 不快

调查结果见表 5-21、图 5-21。

表 5-21

选项	小计	比例
A. 很快	201	22.97%
B. 较快	570	65.14%
C. 不太快	78	8.91%
D. 不快	26	2.97%
本题有效填写人次	875	

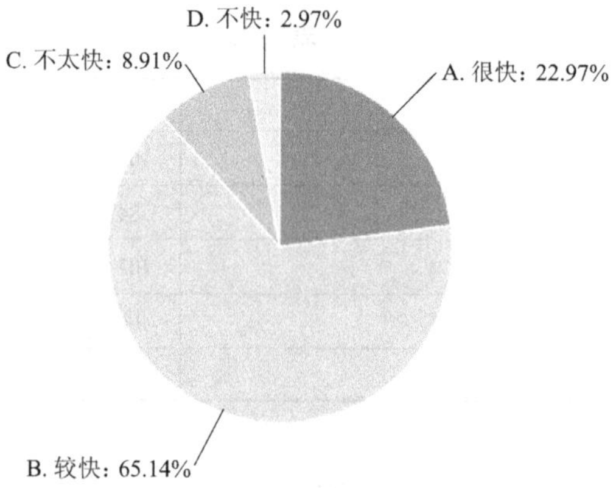

图 5-21

65.14% 的受访者认为跨文化交际能力强的人个人成长较快，22.97% 的受访者认为跨文化交际能力强的人成长很快，两项占比为 88.37%，认为成长不太快的受访者占比为 8.91%，认为成长不快的受访者占比为 2.97%。绝大多数受访者认可跨文化交际能力较强的人的个人成长速度。

22. 具有较强跨文化交际能力的员工是否比其他员工在个人修养方面更好？（　　）

A. 非常好　　B. 比较好　　C. 不太好　　D. 不好

调查结果见表 5-22、图 5-22。

表 5-22

选项	小计	比例
A. 非常好	161	18.40%
B. 比较好	594	67.89%
C. 不太好	89	10.17%
D. 不好	31	3.54%
本题有效填写人次	875	

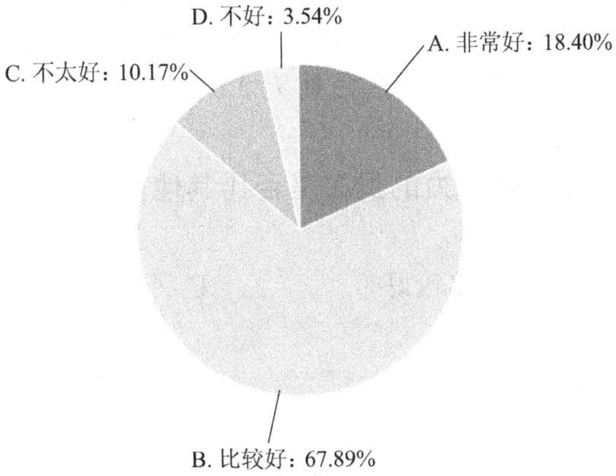

图 5-22

67.89% 的受访者认为跨文化交际能力强的人个人修养比较好，18.40% 的受访者认为跨文化交际能力强的人个人修养非常好，两项占比为 86.29%，认为不太好的受访者占比为 10.17%，认为不好的受访者占比为 3.54%，绝大多数受访者认为跨文化交际能力强的人具有更好的个人修养。

23. 具有较强跨文化交际能力的员工是否比其他员工在商务礼仪方面表现得更好？（　　）

A. 非常好　　B. 比较好　　C. 不太好　　D. 不好

调查结果见表 5-23、图 5-23。

表 5-23

选项	小计	比例
A. 非常好	209	23.89%
B. 比较好	584	66.74%
C. 不太好	59	6.74%
D. 不好	23	2.63%
本题有效填写人次	875	

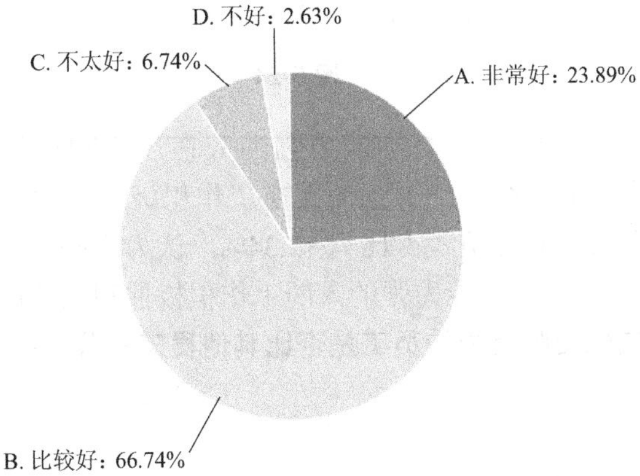

图 5-23

66.74% 的受访者认为跨文化交际能力强的人商务礼仪表现比较好，23.89% 的受访者认为跨文化交际能力强的人商务礼仪表现非常好，两项占比为 90.63%，认为不太好的受访者占比为 6.74%，认为不好的受访者占比为 2.63%，绝大多数受访者认可跨文化交际能力强的人的商务礼仪表现。

24. 具有较强跨文化交际能力的员工是否比其他员工在工作积极性和主动性方面更好？（　　）

A. 非常好　　B. 比较好　　C. 不太好　　D. 不好

调查结果见表 5-24、图 5-24。

表 5-24

选项	小计	比例
A. 非常好	172	19.66%
B. 比较好	573	65.49%
C. 不太好	108	12.34%
D. 不好	22	2.51%
本题有效填写人次	875	

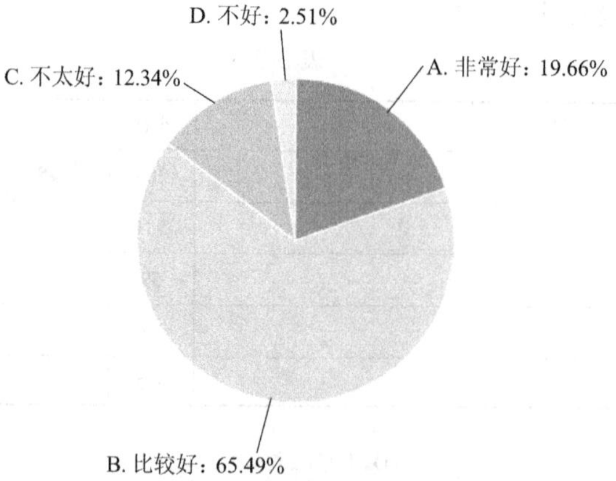

图 5-24

65.49% 的受访者认为跨文化交际能力强的人在工作积极性和主动性方面比较好，19.66% 的受访者认为跨文化交际能力强的人在工作积极性和主动性方面非常好，两项占比为 85.15%，认为不太好的受访者占比为 12.34%，认为不好的受访者占比为 2.51%，绝大多数受访者认可了跨文化交际能力强的人的工作积极性和主动性。

25. 具有较强跨文化交际能力的员工是否比其他员工对公司的贡献度更大？（　　）

A. 很大　　B. 较大　　C. 不太大　　D. 不大

调查结果见表 5-25、图 5-25。

表 5-25

选项	小计	比例
A. 很大	154	17.6%
B. 较大	551	62.97%
C. 不太大	139	15.89%
D. 不大	31	3.54%
本题有效填写人次	875	

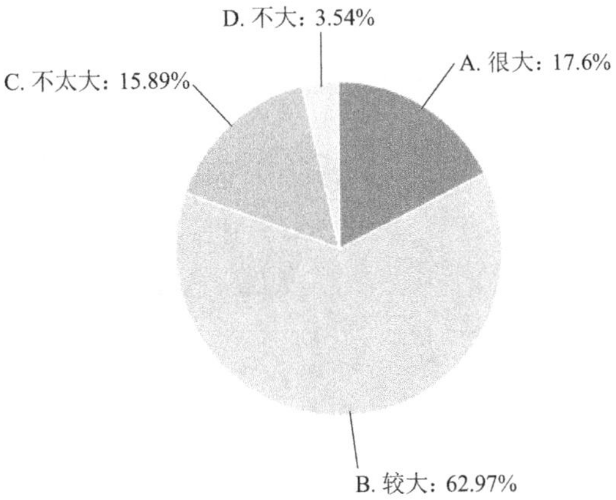

图 5-25

62.97% 的受访者认为跨文化交际能力强的对公司的贡献度更大，23.89% 的受访者认为跨文化交际能力强的人对公司的贡献度，两项占比 90.63%，认为不太好的受访者占比 6.74%，认为不好的受访者占比 2.63%，绝大多数受访者认可了跨文化交际能力强的人的商务礼仪表现。

综合考虑第 12~25 题调查结果可以得出跨文化交际能力的培养带给学生的益处是多方面的，并不局限于某一个方面。

四、企事业单位及员工本人对跨文化交际能力的重视程度及培养

26. 您所在企业中外员工之间的交流是否很多？（　　）

A. 经常交流　　B. 有一些交流

C. 不太交流　　D. 没有交流

E. 不清楚

调查结果见表 5-26、图 5-26。

表 5-26

选项	小计	比例
A. 经常交流	215	24.57%
B. 有一些交流	356	40.69%
C. 不太交流	149	17.03%
D. 没有交流	87	9.94%
E. 不清楚	68	7.77%
本题有效填写人次	875	

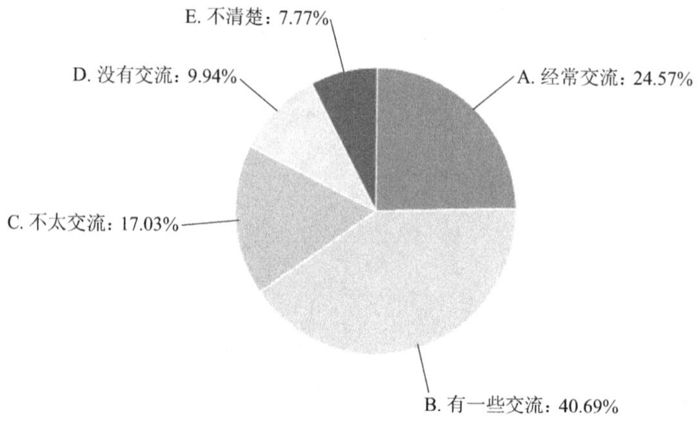

图 5-26

有 40.69% 的受访者所在企业中外员工会有一些交流，24.57% 的受访者所在企业中外员工经常交流，以上两项占比为 65.26%，17.03% 的受访者所在企业中外员工之间不太交流，9.94% 的受访者所在企业中外员工没有交流。虽然大部分受访者来自国企和私营企业，但是大多数企业还是有和国外的业务往来，也会开展对外交流活动，企业对跨文化交际能力强的员工是有需求的，这也是高校培养在校生跨文化交际能力的意义之一。

27. 您所在企业以何种方式提高员工的跨文化交际能力？（　　）【多选题】

A. 公派出国

B. 企业内开展培训

C. 外语考级经济奖励制度

D. 分发学习材料

E. 鼓励员工自身加强知识积累

F. 其他（请注明：　　）

调查结果见表 5-27、图 5-27。

表 5-27

选项	小计	比例
A. 公派出国	393	44.91%
B. 企业内开展培训	500	57.14%
C. 外语考级经济奖励制度	250	28.57%
D. 分发学习	212	24.23%
E. 鼓励员工自身加强知识积素	408	46.63%
F. 其他（请注明：　　）	104	11.89%
本题有效填写人次	875	

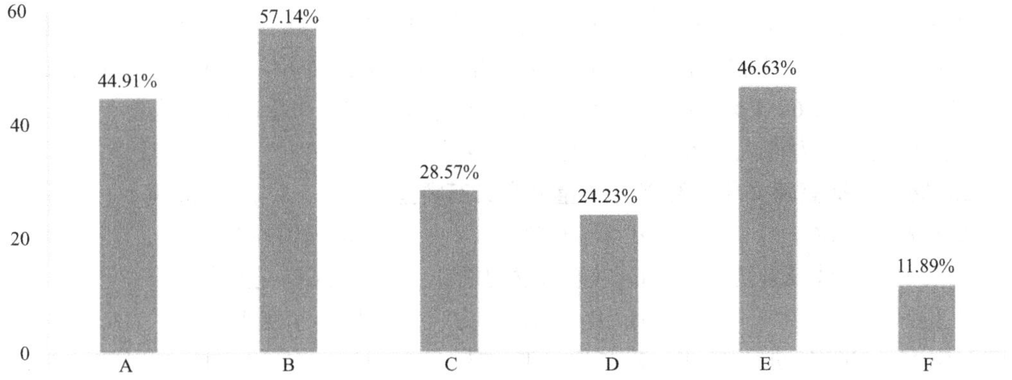

图 5-27

企业采用最多的培养员工跨文化交际能力的形式是企业内部培训（占比为 57.14%），其次是鼓励员工自身努力学习（占比为 46.63%），再次是公派出国（占比为 44.91%），外语考级经济奖励制度占比 28.57%，分发学习材料占比 24.23%。更为常见的培训方式是内部培训以及员工自我进修。大学生在校教育是培养跨文化交际能力的重要途径。步入职场之后则很难接受到系统全面的再教育形式。

28. 在贵公司员工的跨文化交际能力对职位的升迁是否起作用？（　　）【多选题】

A. 作用很大　　B. 比较起作用　　C. 不太起作用　　D. 没有作用

调查结果见表 5-28、图 5-28。

表 5-28

选项	小计	比例
A. 作用很大	169	19.31%
B. 比较起作用	425	48.57%
C. 不太起作用	205	23.43%
D. 没有作用	76	8.69%
本题有效填写人次	875	

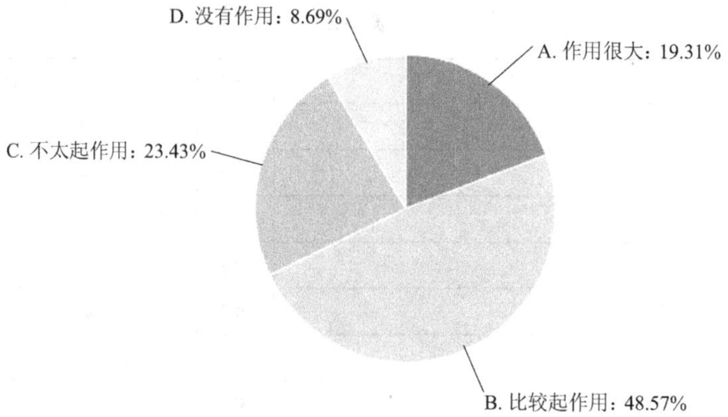

图 5-28

48.57% 的受访者认为跨文化交际能力在升迁过程中比较起作用，19.31% 的受访者认为跨文化交际能力作用很大，23.43% 的受访者认为不太起作用，8.69% 的受访者认为没有作用，笔者认为 67.88% 的受访者认为跨文化交际能力在升迁过程中是起一定作用的。具备跨文化交际能力的人更容易在事业上取得成功。

29. 您认为提高跨文化交际能力的重要意义有哪些？（　　）【多选题】

A. 提高外语水平　　B. 开阔视野　　C. 增强国际意识
D. 有利于就业及升迁　　E. 思想观念更新　　F. 提高社交能力
G. 提高文化素养　　H. 提高综合能力　　I. 提高知识水平
J. 学习国外的先进技术　　K 其他（请注明：　　）

调查结果见表 5-29、图 5-29。

表 5-29

选项	小计	比例
A. 提高外语水平	630	72%
B. 开阔视野	673	76.91%
C. 增强国际意识	605	69.14%
D. 有利于就业及升迁	359	41.03%
E. 思想观念更新	542	61.94%
F. 提高社交能力	528	60.34%
G. 提高文化素养	453	51.77%
H. 提高综合能力	521	59.54%
I. 提高知识水平	381	43.54%
J. 学习国外的先进技术	397	45.37%
K. 其他（请注明：　）	19	2.17%
本题有效填写人次	875	

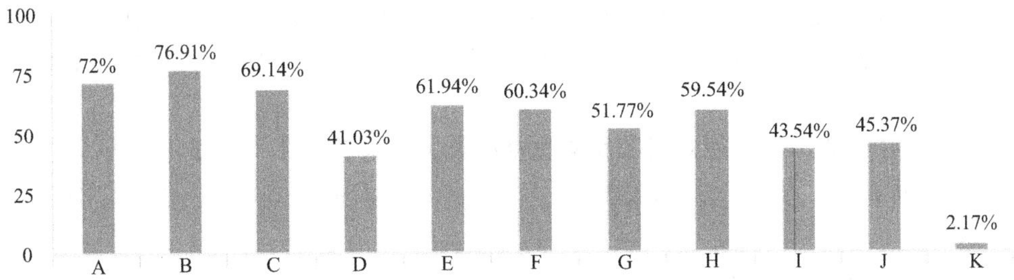

图 5-29

在跨文化交际能力给受访者带来的好处方面，问卷提供了 10 个选项，最低的选项投票人数占比 41.03%，受访者对于跨文化交际能力带给人的益处给予了充分的肯定。在校大学生培养跨文化交际能力是大有裨益的。

30. 您是否认为应重视大学生在校期间跨文化交际能力的培养？（　　）

A. 应非常重视　　B. 应比较重视　　C. 不用太重视　　D. 不用重视

调查结果见表 5-30、图 5-30。

表 5-30

选项	小计	比例
A. 应非常重视	426	48.69%
B. 应比较重视	392	44.8%
C. 不用太重视	44	5.03%
D. 不用重视	13	1.49%
本题有效填写人次	875	

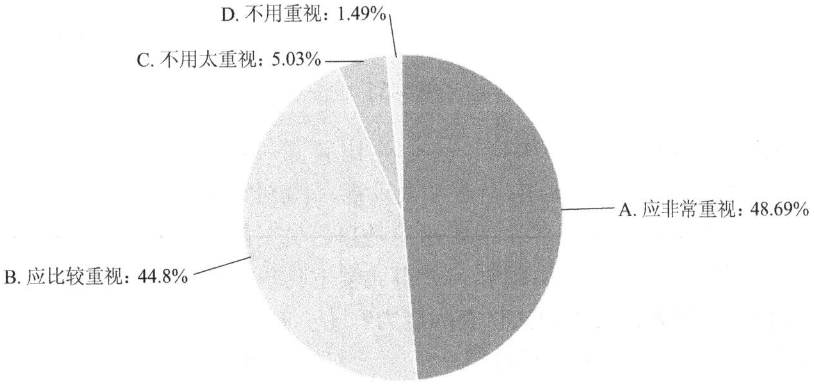

图 5-30

通过表 5-30 可以得出，有 48.96% 的受访者认为应该非常重视大学生在校期间的跨文化交际能力培养，44.8% 的受访者认为应比较重视，以上两项占比为 93.49%，5.03% 的受访者认为不用太重视大学生在校期间的跨文化交际能力，1.49% 的受访者认为不用太重视在校生的跨文化交际能力。绝大多数受访者将跨文化交际能力视为在校生需要培养的能力。

31. 您所在企业是否重视对员工跨文化交际能力的培养？（　　）

A. 非常重视　　B. 比较重视　　C. 不太重视　　D. 不重视

调查结果见表 5-31、图 5-31。

表 5-31

选项	小计	比例
A. 非常重视	137	15.66%
B. 比较重视	388	44.34%
C. 不太重视	258	29.49%
D. 不重视	92	10.51%
本题有效填写人次	875	

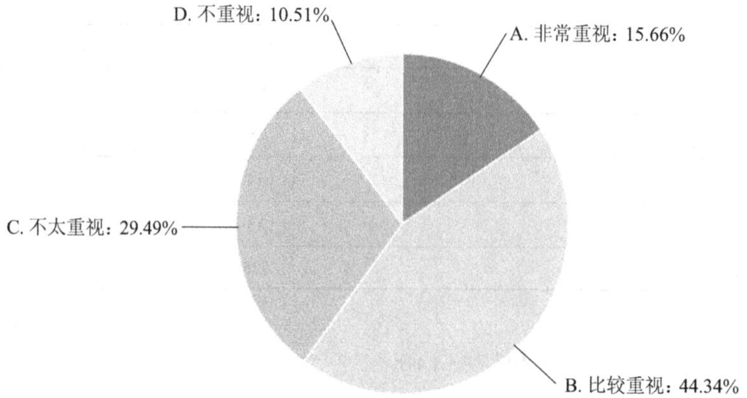

图 5-31

在受访者所在的企业，有 44.34% 的企业比较重视员工跨文化交际能力的培养，15.66% 的企业非常重视，29.49% 的企业不太重视，10.51% 的企业不重视。6 成左右的企业重视员工跨文化交际能力的培养，说明这也是自己员工能力有所欠缺的地方，高校应当做好在校大学生的跨文化交际能力培训，使得大学生具备职场基本技能。

32. 您是否希望提高自己的跨文化交际能力？（　）

A. 非常希望　　B. 比较希望　　C. 不太希望　　D. 不希望

调查结果见表 5-32、图 5-32。

表 5-32

选项	小计	比例
非常希望	406	46.4%
比较希望	393	44.91%
不太希望	59	6.74%
不希望	17	1.94%
本题有效填写人次	875	

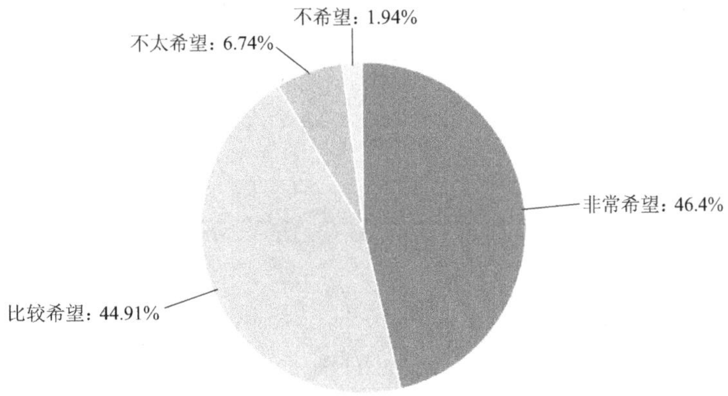

图 5-32

通过表 5-32 可以看出，作为员工个人，有 46.4% 的受访者非常希望提高自己的跨文化交际能力，44.91% 的受访者比较希望提高自己的跨文化交际能力，6.74% 的受访者不太希望提升自身跨文化交际能力，1.94% 的人不希望提高自己的跨文化交际能力。绝大多数受访者想提升自己的跨文化交际能力，但是结合第 31 题的结果来看，仍然有 29.49% 的企业不太重视培养员工的跨文化交际能力。帮助员工、企业解决问题，是高校摆脱象牙塔身份、解决社会问题的一个重要努力方向。从另一个角度看这个问题，9 成左右的员工希望提高自己的跨文化交际能力，在校大学生仍有机会接受相关课程，学习相关知识，职场工作人员如何获得再教育也是值得高校思考的一个问题，高校可以面向社会大众开设相关课程以满足大众需求。

33. 您所在企业是否会对员工进行提高跨文化交际能力的相关培训？（　　）

A. 经常有（10 次以上 / 年）

B. 有一些（5~9 次 / 年）

C. 不太有（1~4 次 / 年）

D. 没有

调查结果见表 5-33、图 5-33。

表 5-33

选项	小计	比例
A. 经常有（10 次以上 / 年）	70	8.00%
B. 有一些（5~9 年 / 年）	202	23.09%
C. 不太有（1-4 次 / 年）	331	37.83%
D. 没有	272	31.09%
本题有效填写人次	875	

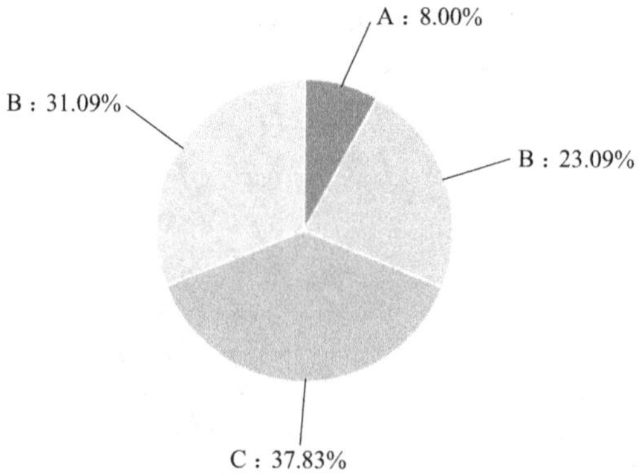

图 5-33

调查结果显示，经常举办提高员工跨文化交际能力培训的企业占比为 8%，会举办一些培训的企业占比为 23.09%，“不太有”的企业占比为 37.83%，“没有”的企业占比为 31.09%。不太重视以及不重视员工跨文化交际能力培训的企业占比较多，将近 7 成。步入职场后企业很少会组织培训学习活动。高校教育是大学生接受系统全面教育的重要机会，应当把握好大学生学习的黄金时期，培养大学生的跨文化交际能力，助力成长。

34. 企业培训主要注重哪些内容的学习？（　　）【多选题】

A. 外语语言学习

B. 中外文化学习

C. 专业外语术语学习

D. 外国技术学习

E. 其他（请注明：　　）

调查结果见表 5-34、图 5-34。

表 5-34

选项	小计	比例
A. 外语语言学习	345	57.21%
B. 中外文化学习	344	57.05%

续表

选项	小计	比例
C. 专业外语术语学习	310	51.41%
D. 外国技术学习	252	41.79%
E. 其他（请注明：　　）	39	6.47%
本题有效填写人次	603	

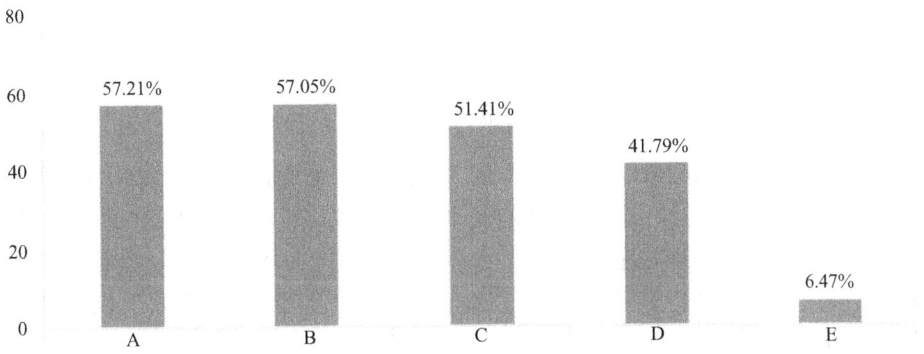

图 5-34

问卷给出的 4 个选项得票都比较高，企业比较注重语言学习、文化学习、术语学习和技术学习 4 个方面，这也是高校培养跨文化交际能力努力的方向。高校传统的跨文化交际能力培养一向比较重视语言和文化学习，术语的学习需要学生了解其他专业的相关知识，外语专业的学生可以通过讲座、选修课去学习其他专业的知识，了解其他专业的词汇。非外语专业的学生可以选修跨文化交际能力课程学习语言和文化知识。外国技术学习也是企业的重点关注对象，可以通过中外合作办学，让学生接触到更多的外国技术。

35. 您是否愿意参加企业对员工进行的提高跨文化交际能力的培训？（　　）

A. 非常重视　　B. 比较重视　　C. 不太重视　　D. 不愿意

调查结果见表 5-35、图 5-35。

表 5-35

选项	小计	比例
A. 非常愿意	410	46.86%
B. 比较愿意	387	44.23%
C. 不太愿意	50	5.71%
D. 不愿意	28	3.2%
本题有效填写人次	875	

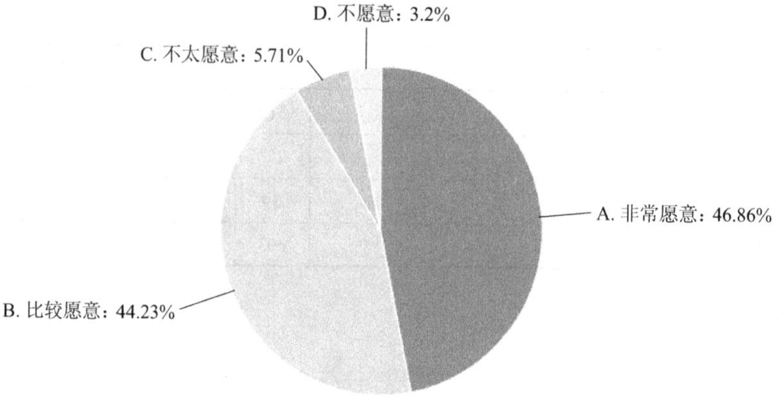

图 5-35

调查结果显示，有 46.86% 的受访者非常愿意参加企业提供的跨文化交际能力培训，44.23% 的受访者比较愿意，不太愿意的受访者占比为 5.71%，不愿意的受访者占比为 3.2%。9 成左右的受访者有意愿参加企业的跨文化交际能力培训，但是企业提供的机会较少。校企之间可以建立伙伴关系，通过学校一方给予员工充分的培训，以帮助员工的职场生涯更为顺利。

36. 您所在企业是否会对参加培训的员工给予奖励？（　　）

A. 参加并考核合格即有奖励

B. 参加并考核优秀即有奖励

C. 参加即有奖励

D. 没有奖励

调查结果见表 5-36、图 5-36。

表 5-36

选项	小计	比例
A. 参加并考核合格即有奖励	174	19.89%
B. 参加并考核优秀即有奖励	262	29.94%
C. 参加即有奖励	84	9.60%
D. 没有奖励	355	40.57%
本题有效填写人次	875	

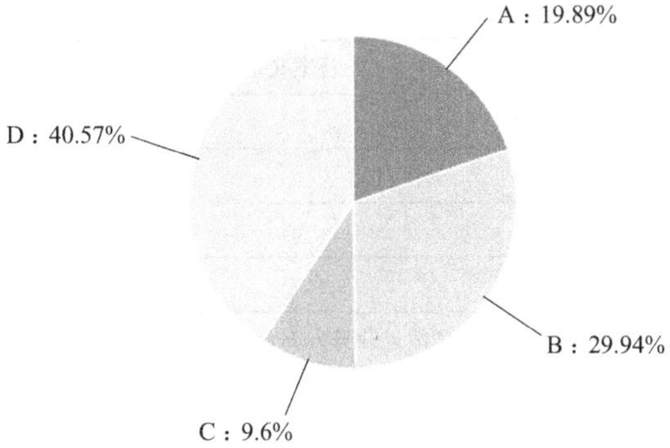

图 5-36

40.57%的受访者表示所在企业不会对参加培训的员工给予奖励，参加并考核合格即有奖励的企业占比为19.89%，参加并考核优秀才有奖励的企业占比为29.94%，参加即有奖励的企业占比为9.60%，6成左右的企业愿意奖励参加培训的员工。企业还是比较重视员工的跨文化交际能力培养的，这也说明了这一能力的重要性，高校是很有必要培养学生跨文化交际能力的。

五、问卷主观题总结及分析

37. 除了上述内容以外，您认为具有较强跨文化交际能力的人员和其他人员相比还有哪些不同？（请自由叙述）

调查结果见表 5-37

表 5-37

序号	答案文本
1	人会更乐观开朗
2	个人素质更高
3	提升自己的气质、眼界等
4	更开放的态度
5	个人三观更有层次
6	性格开朗，善于主动与人交往
7	整体意识较强
8	思维模式
9	做工作前，会提前对工作内容展开调查，进而使接下来的工作进展更顺利
10	处理事务更能符合客户行为习惯
11	国际视野不同
12	对成功的期望更高些
13	较强的同理心，开放包容，寻求合作共同点更加容易

续表

序号	答案文本
14	人际关系处理比较成熟，视野开阔
15	一般
16	素质高
17	相对自信，更敢于表达
18	较强跨文化交际能力的人员在语言能力和涉外业务方面有较大优势，但在责任感和上进心方面与其他人员相比并没有明显区别
19	包容性强，会积极换位思考
20	沟通能力，团队合作能力，人文素养
21	眼界开阔，思想具有包容性
22	性格开朗，亲和力强，心理素质好
23	沟通效率高，学习能力强，更容易达成协商目标
24	视野开阔，能够做到尽可能不先入为主，对世界有比较客观的认识
25	承担工作内容不同，可以得到更多锻炼机会
26	具有较强的认知能力，对异国文化交往活动能够很完美地把控
27	思考问题更全面、高效
28	表现欲比较强
29	处理问题的方式会跟其他人不同，会考虑到外国人的想法，并且在报告时也会考虑到对方的想法，报告时会比较容易让对方理解
30	工作能力、沟通能力都更强
31	了解中外不同的人际关系
32	具有国际视野，看问题更理性
33	思路更广阔
34	自我定位不同
35	能够减少误解，更快地融入团队
36	思维更活跃，思维方式更贴近不同文化群体的思维方式
37	性格开朗，做事思路清晰有条有序，大方得体
38	更优秀
39	语言表达能力更强
40	经验更丰富，逻辑思维能力更强
41	外语能力强，个人修养好，善于与人交流
42	更自信
43	自身素质提高
44	与企业外国员工和领导可以沟通，更加能融入外国员工氛围
45	多沟通沟通
46	在对外交流合作上更有用武之地
47	拥有靠前的思想

续表

序号	答案文本
48	身体素质要好，能够适应不同地域饮食。家庭成员要支持，可以平衡好家庭和工作
49	视野更开阔
50	人际交往能力强
51	逻辑思维强，工作思路清晰
52	对自我标准要求高，进取心强
53	逻辑思维能力强
54	学习能力更强
55	较强学习能力，交际能力
56	不一定认同本国文化
57	具有较强的国际视野
58	适应能力更强
59	有更强的适应能力和快速接受并习得的能力
60	看问题相对全面一些
61	更能理解其行为背后的思考方式及文化差异，能更好地求同存异
62	更自信
63	首先得爱国，热爱本土文化
64	积极性、沟通性
65	没什么不同
66	应变能力更强，考虑和解决问题更多元化
67	思路灵活
68	社会责任感更强
69	思想观念更加现代化，做事和思考都更加有全局观念
70	交际能力强
71	因人而异，大部分能体现出较强的适应能力
72	生活态度更倾向于积极乐观
73	思想观念
74	我觉得很全面
75	加强系统思维知识的学习
76	交际能力和适应能力较强
77	乐观积极，有上进心。善于学习研究新事物
78	气质不同，眼界不同
79	受他国文化影响，自身的性格与穿衣打扮上会有向他国文化靠近的倾向甚至已经有较明显的改变
80	眼界更开阔，思考更严谨，更受外籍客户的欢迎
81	除了交流，无其他
82	自信心、视角与思维、对新技术的掌握、自身文化修养、礼仪等

续表

序号	答案文本
83	有较强跨文化交际能力的人，学习能力、思辨能力、与人交流能力、处理应急问题能力相比一般从业人员更强；知识更有深度和广度；家国情怀不应只停留在口头上，应该深入骨髓、融入血液，在任何情况下把祖国的利益、祖国的荣誉放在第一位
84	综合素质比较强，综合能力比较强
85	具有较强跨文化交际能力的人员更有亲和力和包容性，比其他员工更容易适应环境的变化
86	对不同文化理解能力比较强，宽容度比较大
87	应熟知知名企业的企业文化培训和建设
88	能力强
89	理念更先进
90	知识面更宽，思路更广，专业能力更强
91	没什么不同
92	自信
93	这些人就是强
94	个性
95	挣钱
96	专业，素养高
97	语言能力好
98	会更积极跟客户沟通，给客户留下公司专业的良好印象
99	有利于企业对国外发展
100	游刃有余
101	眼界及思维开阔
102	没有涉及
103	交际能力强
104	思想积极
105	思维更活跃
106	看问题的角度会不同
107	如何评定是具有较强跨文化交际能力的人员？该调查概念模糊、抽象
108	能力强
109	各方面能力强
110	有更强烈的求知欲和进取心
111	自身素质强
112	自身素质较高
113	能力强
114	学习积极性主动性好
115	当今社会属于国际化社会，无论从事什么行业，都应具有国际化视野，也应具备一定的国际跨文化交际的能力，相比较一般人员，具有跨文化交际能力可以提高自身的综合素质，有利于在职场建立自己独特的优势，对自身未来发展有很大作用

续表

序号	答案文本
116	更自信，看问题更深远
117	不太了解
118	都可以
119	沟通能力更强
120	好奇心和学习欲望
121	跨文化交际能力的人员综合素质高
122	跨文化需要更多的知识与交际与沟通能力
123	更理智
124	眼界和格局及思考和解决问题的方式方法不同
125	更有亲和力
126	性格更外向一些
127	能站在其他人的角度考虑解决问题
128	思考问题的角度，处理问题的能力及沟通能力
129	包容，开放
130	更加爱国
131	更善于交际，性格更开朗外向
132	交际能力更强点，对国外文化和风俗了解更多
133	认知度强，大局观好
134	和国外交流更顺畅，不会出现文化上的失误
135	暂时没有
136	工作效率更高
137	没有其他不同
138	有更强的独立思考能力和多元化思维
139	创业成功率更高
140	更外向更活泼
141	对新事物的接受程度不同，拥有较强的主动接受意愿，并且对事物的认知能力也是比较强的
142	更自信，更容易得到外籍领导欣赏
143	沟通更专业
144	思维活跃，视野开阔
145	沟通能力强，能够顺利推动中日双方会议
146	性格开朗
147	思考方式不同，处理问题的方法不同
148	自我国家认识比较清晰
149	更接近外国人的思路和做法
150	思维方式会有不同，会更客观更理性地去看待问题和差异

续表

序号	答案文本
151	综合素质高
152	包容性强
153	更积极主动，并且具有领导力
154	跨文化交际能力是沟通能力的重要组成部分，沟通能力强的人员能够更容易更深入地理解某件事情或者周边的人
155	更有韧性
156	有更多的吹牛的资本
157	更容易接受新事物
158	更具有亲和力
159	接受能力会好很多
160	逻辑思维清晰，做人靠谱
161	思考方式更加理性
162	接受能力强

以上内容是受访企业事业单位人员对问题37的回答原文，共计162位企业事业单位人员给出了回答，通过以上问卷回答的内容，现将其观点总结为下列几个方面。

（1）具有较强跨文化交际能力的员工视野更为开阔，更了解外国和本国的国情与其语言文化，与其他员工相比具有非常明显的口语优势，其外语应用能力更强，更易接受和理解外国人的语言习惯、工作方式与思维方式，并且更方便两国文化的对接。在工作当中与外国人的沟通交流更为顺畅，避免给工作带来一些不必要的失误。

（2）具有较强跨文化交际能力的员工对社交礼仪、自我形象气质方面更为重视。

（3）具有较强跨文化交际能力的员工生存能力与适应环境的能力更强，更易理解与接受新事物，更具备工作责任感。

（4）部分回答认为具有较强跨文化交际能力并非决定个人能力的唯一因素，较强跨文化交际能力是否能提高个人素质与能力因人而异。且在工作交际中，具有较强跨文化交际能力的员工，与其他员工相比优势并不明显。

（5）具有较强跨文化交际能力的员工比起其他员工，经过了更多的锻炼，会更加乐观积极地对待自己的工作。

（6）也有部分回答认为具有较强跨文化交际能力的员工会更加爱国，因为对自己国家在国际社会的地位有了更深刻的认识。

（7）具有较强跨文化交际能力的员工会富有领导才能且有自信，懂得团队合作，容易得到领导的赏识，便于在工作岗位上的晋升，更易得到社会与企业的认可，更容易获得成功。

（8）部分回答认为具有较强跨文化交际能力的员工，可能会受到外国的文化影响，导致其外观上、性格上、思想上与其他员工有所差异。

38. 为了适应现代经济社会和企业发展的需要，为了提高学生的跨文化交际能力，您

认为中国高校教育需要进行哪些教育教学改革？您有什么希望和建议？（请自由叙述）

调查结果见表 5-38。

表 5-38

序号	答案文本
1	学校应开设相关课程
2	不以面面俱到，应独立培养
3	我认为这篇问卷，主要针对的是企业员工，也应该设置一些选项针对在校大学生，主要考察他们是否希望学习和提高跨文化交流技能
4	多进行中外文化学习交流
5	改变任务式教学方式，应侧重在学生个人发展规划上！注重实践＋理论
6	增加与留学生交流机会
7	最好能与外国朋友建立实际的沟通交流，靠想象是不行的
8	课堂活动方面的改革，教师对学生跨文化交际意识的培养
9	1. 把握时事，关心世界政治和经济。2. 多读报纸和国际评论文章。3. 多思考，形成自己的观点
10	校企合作，提前实习
11	实践的机会太少了，能提供实习岗位更好
12	可以作为专业课外的公共课程
13	课堂文化现象讨论，实习及参观交流
14	需要提高学生综合行动力，比如与外籍人士沟通，与外国企业合作实践项目，外语类专业应该实行交换留学，实际创造学生的本土文化学习机会
15	通过“交换生”项目，多与国外高校的学生进行交流
16	多组织活动，多增加与国外高校合作的机会
17	注重理论联系实际，可以通过和企业对接来具体培养学生的跨文化交际能力
18	希望语言和专业能够融合更深，有助于学生毕业后的综合竞争力
19	教育改革谈不上，在有计划参与跨文化性质工作的学生或相关专业中，可以本着开阔学生视野的目的推荐相关书籍，组织专题活动
20	制定和建立统一的口语和翻译考试标准、考核体系等
21	加强国际教育交流
22	增加一些去外企实习的机会，学校组织，学生多多接触
23	开展相关培训，最好安排社会实践，与相关企业联合开展效果会更好
24	鼓励学生参加一些正式社交交流，例如文化角，或是跨文化的交流活动，志愿活动类的
25	1. 从老师层面加强与企业的交流，了解企业工作内容、企业用人需求。2. 学生在校期间定期开展企业讲座，到企业实习等。3. 进行国家之间的交流，与国外学校、企业建立友好交流通道
26	增加海外协议学校，增加海外交换或者双学位机会
27	增加社会实践，增加社会相关人士来校演讲的机会
28	增加教育学生关于责任感和理想的培养，让学生懂得为什么学，要怎样学
29	多多进行学校与外企合作，给学生实践机会。多请外企领导来校演讲，了解社会需要什么样的人才
30	增加专业实习机会

续表

序号	答案文本
31	在大学期间不要只是专注于学校学习，利用大三、大四出去实习的时间多多接触社会。最好能够有学校与企业对接的机会
32	可以和一些跨国企业联合开展一些暑期夏令营跨文化交流活动
33	多一些交流活动
34	加强学生对本国文化的认知、认同感和骄傲感，同时多与其他国家的高校交流
35	增加跨文化交际的实际机会
36	铺建国际化教学平台，增加考核对外交流机会，增设国际课程
37	多多提供实习机会，分享输出
38	组织与外国学生的交流活动
39	学习外语基础课，可以增加专业领域词汇量的考试作为附加，提高学生自学能力和积极性。多渠道建立对外交流的机制，强制要求学生参加对外活动，开阔学生的视野
40	自律
41	增加交流合作项目，增加外籍教师
42	多与外国人交流
43	经常与国外高校开展交换学习
44	多给学生提供实习的机会，增加对工作的了解
45	校企合作，加强实践
46	增加与国外学校的合作
47	希望建立这个体系，提高加大推广传播速度
48	好好学习
49	希望国家强大吧
50	外教执教，加强中外学生交流
51	我也不太清楚
52	希望有机会能让一些外企的高管来做一些讲座，让学生提前清楚行业的需求与期待
53	务实，考虑一下西南联大，学生方面，学校方面
54	应增加这方面培训的课时
55	实行双外语并行教学，注重创造需要环境
56	增加实习以及交流机会
57	在实际工作中应用
58	加强跨文化交际课程
59	注重实际教育，不要只停留在书本上
60	培养自主学习能力，创造学习氛围，加强与外界交流
61	增加出国交流的机会
62	让学生都去国外上学
63	研究国际先进企业的企业文化，通过研究、参观、实习和训练，培养具有国际化视野的优秀人才
64	多增加实际交流机会

续表

序号	答案文本
65	除了语言方面的学习应该增加海外进修或者短期体验的机会，现地化体验更能提高理解与适应能力
66	1. 光靠在国内大学四年把零基础的学生培养成较高水平的跨文化交际人才的产量不高，当然留学项目效果不错。对学生来说，人生不仅仅只有大学，改革也不应针对某一部分，人生短暂，学生应尽早选择人生道路方向，在保证综合素质教育的同时，能更早开始接触学习相关知识，用前期大量的积累铸就扎实的基础。2. 为适应企业需求，学生不能单单掌握语言，还要掌握其他技能
67	重视学生的品德和爱国情怀
68	让学生走出去、引进来
69	互联网授课
70	课堂上加强外国文化和历史的了解学习，在课堂外创造更多的中外学生交流机会
71	从课本转移至实际操练
72	重视教育训练
73	加强针对跨文化交际能力方面的师资投入
74	留学
75	增加多种形式的教育制度，高考不再是中国孩子唯一的评判标准
76	2（国内）+2（国外），4 年制大学
77	加强党的领导，加强爱国主义教育，现在很多学生追求西方文化，有的认为在学生时代入了党会影响出国深造，学校有必要做好通过学生交流期间的党组织关系管理。在国企，反而会派党员去海外分支机构任职，因为这些人有更强的定力。作为学生，学习和沟通能力是很重要的能力，但是否有正确的政治信仰事关方向，尤为重要
78	理论要结合实践。走出课堂，亲身体验
79	强化学生各种语言能力
80	个人爱好与创新的挖掘
81	增加和留学生的交流机会，营造语言学习的外语环境
82	应该加强实践，做好职业发展规划及能力提升规划
83	将派出进修制度化，开阔学生的国际视野！严格考核外教能力与水平，在此基础上，增加外教授课量及专业外语课程量
84	提高素质教育，不应故步自封，应跳出应试教育的框架，以课本为基础，多了解他国文化、风土人情，使用课本内容向外拓展到实际生活工作上的应用场景，紧密贴合社会实践。提高大学生独立思考与团队协作的能力，增强工作中人际交往的能力，学校提供一定的企业的机会，并鼓励大学生走出校门。学校可设立人力资源、职业教育、社会工作技能等公开课，提高大学生进入社会后的工作能力与适应能力
85	多深入与外籍各阶层人士面对面交流
86	学习并深入了解本土文化，增强爱国责任意识，了解跨文化、学习跨文化
87	随着社会的需要而改变吧，不要刻意地走在前面
88	首先要多学习知识，增加文化修养，注重个人素质和礼仪方面的提高。高校要结合学生的具体情况及新形势下对学生的要求来进行，从实际出发，有的放矢，迅速打造适应性强、知识渊博、沟通融洽、有强烈爱国心和报国心的学生，使之最终成为对国家有用的人
89	首先高校教育应着眼于提高学生对本国文化知识的了解度，系统掌握博大精深的中华文化底蕴；其次进行爱国主义教育，提高民族自豪感，培养像华为董事局主席任正非一样的家国情怀；最后通过培训、交流等像学习本国文化一样系统学习异域文化，根据需要提高深度和广度，为社会培养像女排队员、姚明等具有中国情怀和国际视野的创新型跨文化交际人才
90	跨文化交流，增加实践

续表

序号	答案文本
91	我希望孩子在高校能够接受跨文化交际能力，孩子走向社会以后适应能力和接受能力会非常强
92	应注重知识和社会实践贯通培养
93	多交流
94	提高学生英语水平，请外籍教授
95	加强外语教学：外语教学要和中国文化教育相结合：提高学生的综合素质
96	多改革
97	降低英语比重，加大其他语种投入
98	投钱
99	多给学生提供一些出国交流的机会
100	都挺好
101	大学教育应该增强开放性
102	应鼓励学习第二外语
103	外语能力奖励制度设置
104	德智体美劳
105	加强与国外教育机构的交流合作
106	重视跨文化交际能力的提高
107	增强跨文化交际意识
108	应更进一步立足社会需求
109	应制定并致力于达成知识、素养、能力“三位一体”的人才培养目标。
110	多给学校提供出国机会
111	提高外语水平
112	对外国留学生和国内学生要一视同仁，不能偏护
113	多进行文化交流与工作实践，增进彼此之间的了解
114	多进行跨文化培养
115	多与外界交流，开拓视野，启迪思维
116	多多给有才能的人机会，提高综合国民素质
117	我建议中国高校应多多建立与国外各个高校的联通互动，通过学习、文化、经贸等交流，互相进步，不断提高学生们的综合素质水平，并培养学生在今后的社会工作中具备国际化视野
118	应有更多跨国交流，请进来，走出去
119	实战多些，课堂少些
120	自学
121	加强交流生能力的培养
122	走出去，引进来
123	爱国，爱家，有知识，有能力
124	多与西方高校进行文化和学术交流
125	创造更宽松自由的环境，培养公民民主思想观念意识

续表

序号	答案文本
126	增加跨文化交流实训在课程学习中的比例，更多地组织一些跨文化交流活动
127	更新外语教学模式，着重理解各国文化的异同，培养国际化人才。多开展文化交流活动，切实体验
128	重实践
129	提高实用语言交流能力的培训，不要局限于书面，外出交流基本很少用书本知识，美术知识不实用，应当注重口语，而不是笔试
130	除了语言本身的技能，可以让学生学习加深对本国文化的了解。然后再去学习他国的文化。目前学习外语更多的可能强调语法和语言本身，如果实用性更强一些会更好。再就是如果能有机会多出去看看，多交流一些会有很大帮助
131	加强国际交流，给学生提供更多的与国外交流学习的机会
132	交换生
133	组织团体出国考察，开展国际交流活动，例如“交换生”项目等
134	注重能力培养
135	通过专门的教材和课程进行讲解
136	对于学外语的学生来说，除了文化课以外，我认为学校还应增加中外学生自由交流的课程，不仅仅是死记硬背，学习与交流相结合，不仅能提高学生的外语能力，还能让学生近距离地真实地接触感受异国文化。毕竟步入社会工作之后，不是你懂就可以，而要说得出来才算可以
137	加强外语教学
138	小语种国家和地区的文化内容普及
139	摒弃唯分数论，注重学生综合素质能力的培养；理论结合实践，除了课堂教学之外，为学生创造更多与外界接触的机会
140	增加多元化交流机会，多设立实习岗位
141	应该更加注重实际操作能力培养、学生个人素质以及责任感的培养
142	首先，我认为随着我国经济的高速发展，现有教育体制的某些方面已经跟不上当今社会状况，针对现有高校教学方面提一些个人的建议。 （1）给予老师更大的教学权限。现有教学管理方面对老师的权限限制太大，老师难以发挥自我主观能动性 （2）简化老师备课流程，现在老师大部分会耗很大一部分时间来进行教学之外的工作，占用了教学所需的时间 （3）定期对老师进行教课方面的培训。现在的情况是大多数老师把主要精力放在申报课题上，教学反而成为一种职业补充
143	首先是对本国文化的夯实，中国高校应该提供或模拟更多的跨国文化交流情境，培养学生的跨文化交际能力
144	多接触其他国家文化和人员
145	多增加交流的实践活动
146	提高学生的外语口语能力和实际交流能力
147	加强情景练习、增加交流机会、增加讲座等
148	对相关外语国家的企业文化加强了解和教育
149	增加更多年轻人相互交流的活动
150	可以开设跨文化教育课或者经常组织国内外学生之间的交流活动
151	增加选修课数量
152	个人觉得重点学习他国文化的前提是打牢本国文化基础
153	可以多增加一些社会实践，增加学生与外国朋友的交流与合作

续表

序号	答案文本
154	个人觉得，跨文化沟通也好，同文化内沟通也好，作为沟通中应该遵守的原则，充分理解的基础上更有利于跨文化交际。为别人着想，站在别人的角度考虑问题，责任感等的培养不可或缺
155	根据社会发展调整教育方式
156	自己不想学，怎么教都没用
157	加强外语学习，更要加强与国际留学生的交流，把学到的东西用于实践
158	派遣学生到跨国企业实习，了解跨文化交际能力的重要性
159	建议增加实习环节
160	加强通识教育；应该把人品的培养放在第一位
161	语言学习不只拘泥于形式，要注重文化差异
162	技术转化急需加强

以上内容是受访者对第38题回答的原文，一共回收162条意见建议。通过对以上意见建议进行分类汇总，可以归纳为以下几个方面。

1）专业教学方面

（1）课程设置不应当面面俱到，要做到重点突出，重点培养。

（2）设置中外文化课程，学习好本国文化是前提，然后还要多了解外国文化。

（3）在育才的同时还应培养学生各方面的素质，加强爱国主义教育。

（4）做好考核工作，完善相关考试制度，制定统一的外语水平考试标准。

（5）教师应当多和企业沟通，了解企业用人需求，思考大环境下的教学侧重点。

（6）开展双外语教学活动，让外语专业的学生多掌握一门外语。

（7）侧重口语能力培养，不应过于侧重笔试。

（8）在学习世界主流语言的同时也应当关注小语种。

2）能力培养方面

（1）不应只注重课堂知识教学，考虑学生的个人职业规划，开展校企联合活动，多和本国企业甚至是外国企业合作，多进行职场体验活动，增加实践经验，以“实践＋理论”的方式进行培养。

（2）可以聘请工作经验丰富的人到高校做讲座，丰富学生见闻。

（3）增加学生出国留学的机会。

（4）以语言为依托，培养学生某一领域的知识，只是掌握语言技能无法应对当前的企业需求。

3）人才培养方面

（1）加强与国外高校的合作，开展合作办学，多让大学生走出国门，开阔学生视野。

（2）通过聘请外籍教师开展讲座以及相关学习形式，让学生多多感受文化差异。

（3）开展国际课程与学习活动，开设相关平台，降低学习国外课程的门槛。

（4）开展互联网授课，降低跨文化交际学习的门槛，让社会大众也能学习。

六、调查结果的总结分析及我国高校学生跨文化交际能力培养展望

（一）总结分析

对企事业单位工作人员的问卷调查主要询问了他们对跨文化交际能力的看法，对跨文化交际能力较强同事的评价，跨文化交际的培训现状以及受访人员对高校培养方式的意见和建议。通过调查结果可以得出以下结论。

1. 跨文化交际能力较强的人工作表现会更好一些

跨文化交际能力较强的人不仅在语言能力上要好一些，在个人心理素质、商务礼仪、交际能力等其他方面的表现都要好一些。跨文化交际能力的培养带给学生的影响是多方面的。可以开展校内学院之间的合作，让非语言专业的学生学习跨文化交际课程，做到全面发展。黄远振、陈维振以生态学视角审视中国教育问题，将一所高校视为生态系统，学生视为统一生态位的子系统，"倡导个体与群体之间的竞争合作，竞争互补以及竞争互利原则[①]"。笔者认为外语专业与非外语专业的学生也可以放在这一视角下进行思考，让两个"生态子系统"竞争合作，竞争互补，竞争互利，设置开放课程，让外语专业的学生了解工科专业领域知识，加强外语学习的针对性，工科学生学些外语，增强自身多维竞争力。

2. 企事业单位应加大培训力度

企业对于员工跨文化交际的培训力度稍显不足，但是员工自身学习意愿以及热情较高。通过加强学校与企业之间的合作可以弥补企业对员工培训力度的缺陷，同时也能让在校大学生体验职场生活，学习到书本以外的知识。

3. 加强与国外院校的交流与合作

受访者在对高校培养方式的建议上指出跨文化交际能力的培养不能闭门造车，要加强与国外院校的交流与合作，深入学习语言以及文化知识，了解异国风土，切实体验差异，提升跨文化交际能力。陈国明提出，跨文化交际的两个核心概念是"人际"和"互动"，语言是"互动"条件的重要前提，但是仅仅掌握语言能力并不一定能实现"人际"良好的"互动"，学校培养固然重要，但是能让学生切身体验异国文化也是十分重要的[②]。笔者认为中外合作办学可以让学生更好地学习，更好地提高跨文化交际能力。

（二）我国高校学生跨文化交际能力培养展望

1. 科学设计课程

培养语言能力自然是跨文化交际能力的一个重要方面，但是高校的着眼点并不能仅仅局限于语言能力的培养，还要加强学生对于本国文化以及外国文化的理解。同时，跨文化交际能力本身作为一种交际能力也是需要培养锻炼的，高校应当注意开设培养交际能力的课程，比如公众演讲课、礼仪课程等。不仅如此，由于语言是交流工具，高校还应当让学生走出书本，走出校园，多多参加职场实践活动，做到学有所用，以实践带动学习。盛群

---

① 黄远振，陈维振．中国外语教育：理解与反思 [J]．中国教育学会外语教学专业委员会第 17 次学术年会 2011：66-76.

② 陈国明．跨文化交际学 [M]. 上海：华东师范大学出版社，2009.

力指出“促进学习的环境也是教学设计的一部分，教师作为教学环境的负责者，也应当作出多方面的决定，让学生走进职场生活，开展实践活动。”① 笔者认为应当通过实践明确学习方向，促使学生有目的、更努力地学习。

2. 创新合作模式

姚蜀平指出，“留学政策的稳定会增强中国的留学吸引力。当今中国发展势头强劲，政策稳定，对留学生的吸引力强，我们应当抓住机会，引进人才，增强我国高校的竞争力，还应当加强与国外院校的交流与合作，培养具有国际视野的高素质人才。”② 高校需要培养出在某一领域专业技能扎实、外语能力过硬的人才，拓宽与国外院校的合作模式，让学生在有限的留学时间里学习到更多的东西，通过交流合作，提升我国高校的竞争力。

3. 结语

加强在校生的跨文化交际能力是有重要意义的，这也是推进我国高校外语教学改革的必经之路。加强跨文化交际能力的培养能够提升学生本身的个人竞争力，帮助学生培养国际视野，也能够为企业输送更多合格的人才，以支撑企业发展，这样才能更好地帮助我国发展外向型经济。

---

① 盛群力 . 教学设计 [M] . 北京：高等教育出版社，2009.

② 姚蜀平 . 留学教育对中国科学发展的影响——兼评留学政策 [J] . 自然辩证法通讯，1998（2）：11-13.

第六章　我国高校为提高大学生跨文化交际能力应采取的策略

近年来，随着“一带一路”倡仪的提出，中国的迅速发展与世界的联系更加紧密，在世界舞台上扮演着越来越重要的角色，社会对具有跨文化交际能力的专业人才需求激增。“由于沿线50多个国家在历史传统、语言文字、社会制度和宗教信仰等方面存在巨大差异，‘一带一路’建设不可避免地面临诸多问题和困难。其中，最迫切的是：沿线各国如何消除文化隔阂，在增信释疑基础上加强合作意愿、完善合作方式。”① 这一点在国家对大学生的培养目标中也得到了明确体现。2018年版《外国语言文学类教学质量国家标准》中，能力要求规定“外语类专业学生应具备外语运用能力、文学赏析能力、跨文化交流能力、思辨能力，以及一定的研究能力、创新能力、信息技术应用能力、自主学习能力和实践能力。”在课程体系中更是将跨文化交际课程规定为多语种外语专业的专业核心课程。非外语专业学生，也同样迫切需要提高自身的跨文化交际能力，增加自己在就业市场上的竞争力和未来的可能性。更重要的是，国家战略计划的顺利推进，只靠外语专业学生是不够的，需要具有不同特长但同样具有国际眼光和全球意识的高水平人才群策群力，共同贡献自己的力量。作为培养人才的第一线，高校面临着前所未有的机遇和挑战。

在第三、四、五章中，通过对全国各地区高校的学生、相关的教师以及企事业单位员工做的问卷调查及结果分析，从教、学、用三个方面了解了我国跨文化交际的现状和需求。本章将在问卷分析的基础上，从教师主体、学生主体、社会主体的层面，进一步提出有利于培养大学生跨文化交际能力的手段和策略，以期能够完善跨文化交际能力培养的方法论研究，促进高校师生意识的转变，使高校更好地为今后的跨国合作提供人才支撑。

一、高校教师自身跨文化交际能力的提高及培养学生跨文化交际能力的策略

在各个教育阶段中，高校教师承担了对即将走入社会的学生的教导工作，是培养专业人才的主要力量，在培养跨文化交际能力的过程中也扮演了重要的角色。通过第三章的调查，我们可以看到高校教师对跨文化交际能力的认识、对自己及所在院校学生跨文化交际能力的评价、已经采取的提升对策、遇到的问题点及诉求。结合调查中主要体现出的问题和跨文化交际能力的理论研究，笔者认为可以从以下4个方面提高教师的跨文化交际能

① 周虹.“一带一路”需要跨文化人才支撑[N].人民日报，2016-02-01（3）.

力，改善教学环节中不利于学生跨文化交际能力提高的因素。

（一）解决高校教师的困难、在政策和经费上给予更大的支持、建立鼓励教师自我提升的体制

许多受访教师表示了希望提高跨文化交际能力的愿望，但家庭、经济、绩效压力等外部环境让教师很难兼顾工作和提升。各级各类高校和教育管理部门应在可能的情况下对在职教师进行跨文化交际能力的培训，增加留学生和外籍教师数量，邀请曾在海外留学、参加国际学术交流的专家开展讲座、分享经验。如果没有条件直接派教师出国进修、参观，也可以在教学安排、工作量计算、岗位设置、职称评审等方面有针对性地增加政策性倾斜，提供有利于教师自我提升的外部支持。

另外，教师自我意识的改变也十分重要。跨文化交际能力不是一成不变的，而是一个不断经受磨砺、走向成熟的过程。“不应把跨文化能力看作一个‘最终产品’，而是应当看作一个开放型的过程，是一个不断学习的过程，是人们在跨文化生活和工作过程中形成的一种综合能力，而这种能力需要不断地‘更新’和发展”[①]。即使在教师岗位执教多年，也不意味着就可以高枕无忧，满足学生提高跨文化交际能力的要求。教师要做乐于更新旧观念、善于捕捉最新文化动态的表率。

（二）增强学科间合作、建立相关的课程体系和测评标准

跨文化交际作为一门交叉学科，仅靠几门课程、外语课程是无法支撑起培养目标的。流利的外语表达能力只是其中一个方面，学生能否在跨文化语境中得体、高效地实现日常或正式的沟通、协调行为，需要包含心理、知识、策略等多方面技能的积累和实践。这就决定了需要不同专业的相关教师配合起来，共同设计复合型、多元化、重实践的跨文化交际课程体系。课程体系中还应当增加学生的可选择项，才能满足在“一带一路”倡仪背景下与亚、非、欧多个国家沟通协作的时代需要。

其中本国文化知识的重要性近年来不断被提及。大学生既要学习国外文化，也要学习本国文化。交际能力不是空中楼阁，不可避免地会涉及两国的历史、地理、传统和现代文化，如果对这些知识一无所知或知之甚少，就会把交际双方置于尴尬的境地。另一方面，只有知识却不去思辨，只停留在肤浅的表层，也同样是不可取的。近年来大学生的口头表达能力、写作能力的下降屡屡被诟病，各专业的教师都反映学生的报告和论文缺乏逻辑性，表述混乱。母语尚且如此，可以想象使用外语的交流效果不理想，绝不仅仅是外语水平的问题。中国自春秋时期以来就有“学而不思则罔，思而不学则殆”的学习心得，跨文化交际能力培养也需要以此为原则，对意识、知识、技能的各方面能力培养应当同时进行，不可偏废。

另外，跨文化交际能力的评价标准的缺失也是开展教学活动的主要障碍之一。无法有效地评测学生的跨文化交际能力，就无法了解教学效果、保障教学质量。“在跨文化交际能力培养体系的构建中，测试是难度比较大的研究部分，因为人的能力和素质是很难量化和测量的”[②]。这也是跨文化交际能力研究中相对薄弱，需要充实和系统化的内容。跨文化

---

① 潘亚玲．我国外语专业学生跨文化能力培养实证研究 [J]. 中国外语，2008，(4)：70.

② 严明．跨文化交际理论研究 [M]. 哈尔滨：黑龙江大学出版社，2009：192.

交际能力涵盖了思想意识、文化知识和交际技能几大不同方面的内容，考试方法也需要多样化，结合择答题类、作答题类、个性化答题类评估方法，在保证信度和效度的同时，探索形式丰富、可行性强的测评模式。

（三）丰富实践教学手段、规范和引导学生对网络的使用

跨文化交际能力的培养仅仅通过文化知识的传输是远远不够的，需要采取各种教学辅助手段，尤其优先设置重视思辨和实践的教学环节。如模拟跨文化交际的场景、调研性的文化学习活动或课堂讨论活动等。如果学科基础课的时间确实有限，也可以安排在第二课堂上。这些活动一定要给予学生充分的准备时间，在学生充分了解活动目的的基础上展开。可以不拘一格，结合图片或实物，让学生充分发挥自主性和创新性。

在跨文化交际能力的培养中，还要注意时刻启发学生将文化知识与自己的日常生活相联系。比如日语专业的大学生在一次演讲比赛时，即席发言的题目是“日元汇率上升与我的生活”，很多选手面对这个话题感到云山雾罩、无从下手，演讲文不对题。对很多大学生来说，外国的社会、经济现象距离自己很遥远，跨文化交际更是跟日常生活毫不相关，但这都是对跨文化交际的误解。“可以说，当一个中国学生阅读一篇英语原文课文时他就在经历一次跨文化交际，尽管这是互不见面的读者和作者之间的交际”①。加上经济全球化和“一带一路”倡仪的提出，可以说今天中国和世界无时无刻不在发生着联系。要想让学生切实认识到这一点，教师必须有丰富的中外文化知识并善于将它们进行对比，才能在课堂引入外国文化时潜移默化地启发学生，使学生感受到自己所学的不是孤立、枯燥的文字，而是鲜活的、跟生活有着千丝万缕联系的实用知识。

互联网在培养跨文化交际能力的教学中发挥越来越大的作用。学生和教师都可以在不走出国门的情况下，接触到最新鲜最直接的信息，了解世界的流行趋势。互联网对开阔视野、启发思维、破除刻板印象有着不可取代的作用。但互联网也是一把双刃剑，游戏、视频网站、社交媒体都有分散精力、降低学习效率的风险，更严重的是学生可能会受网上形形色色、真假难辨、不负责任的中外媒体言论影响，成为偏见和谣言的传播者。教师应当充分认识互联网的正面作用和风险，既不能全盘否定，又要在使用过程中引导学生明辨是非、理性思考，批判地接收信息。

（四）结合思政教育、对学生正确引导

文化的重要性已经在跨文化交际的研究中得到反复印证。对语言学习者来说，文化和语言的学习更是互为动力、互相促进的。但是要注意鼓励学生在大胆思维、质疑刻板印象的同时不能矫枉过正，不能唯英语或唯传统发达国家的文化为大。

“教师在文化问题上不可能保持中立，因为他们是作为‘人’而非仅仅‘教师’回应他国文化的”②。这段描述对其他专业的教师也同样适用。在课堂引入外国文化和热点问题时，教师应指导学生树立正确的理想信念和政治方向，不人云亦云；同时教师还应引导学生认识到，学习外国文化的动机可以来自个人的兴趣爱好或对就业收入的渴望，但更应该思考怎样能够用自己的文化知识对国家的未来作出更大贡献。“学习目标应该上升到为

---

① 刘学惠．跨文化交际能力及其培养：一种建构主义的观点[J]．外语与外语教学，2003，（1）：36.

② 严明．跨文化交际理论研究[M]．哈尔滨：黑龙江大学出版社，2009：141.

‘一带一路’建设和振兴中华，对接国家需求，为社会服务的高度”①，这才是高校培养具有跨文化交际能力人才时最需要强调的核心。

二、大学生自身跨文化交际能力培养的策略

在“一带一路”的形势、经济全球化的趋势和目前大学生就业形势严峻的背景下，作为高校教师，我们要帮助大学生扩大就业视角，获得更多的就业机会，就必须要使大学生具备良好的跨文化交际能力。项目组对全国高校的大学生进行调研，对大学生跨文化交际能力现状进行分析研究，从大学生的角度找出目前高校对培养学生跨文化交际能力方面存在的共性问题，并提出有针对性的改进策略，以期为“一带一路”背景下中国及相关国家的社会经济文化发展培养更多更具竞争力的复合型人才。

（一）专业课堂层面上的对策

绝大多数大学生认为应“继续打好学生的外语语言基础，提高其口语能力”，即进一步在课堂层面加强外语能力的培养。除外语语言能力以外，“在课堂中利用新闻或影视等各类资料拓宽学生对外国文化的了解”的认可率排在第二位，“开设本国文化和外国文化的比较研究等相关课程，帮助大学生进一步了解不同文化的价值观、民族风格和生活方式”次之。由此得出，外语水平、对外国文化的了解和教师的正确引导是培养学生跨文化交际能力首先要解决的 3 个关键问题。此外，该项调查中“开设外国留学生与中国学生的共同课堂”“以分组讨论的形式进行活动”等，为今后的教学改革提供了新思路。

（二）开设选 / 辅修课层面上的对策

超过 8 成的大学生认为“开设外国文化相关课程”最有帮助。超过 5 成的大学生认为现阶段选 / 辅修课的门槛过高。超过 6 成的大学生认为外语选 / 辅修课的模式单一，应该增加修习途径。以河北工业大学报名辅修课的要求为例，只有各科成绩全部及格的大学生才有资格报名辅修课，且即便重修通过也不得报名，使得大批对外语辅修感兴趣的大学生不得不“望而却步”。

笔者认为，在报名条件层面上应该适当放宽；在课程内容设置上应该多样化、趣味化；在课堂授课方式上应该更加灵活，为了避免和其他课程发生时间冲突应该允许网络课堂的存在。总之不应“竖起高墙”，而是要提供一切条件让有兴趣的大学生能够进一步接触外国语言和文化。

（三）国际交流层面上的对策

超 7 成的大学生认为目前的留学条件过于苛刻，关于阻碍留学的因素已经在上文中进行了详细分析，主要还是由于费用过高。另外，超过 6 成的大学生认为可以设立更多形式的“外语角”活动，说明大学生希望和留学生有更多交流机会或有更多交流模式。

例如大学生问卷中提到的：“开设外国留学生与中国学生的共同课堂，以分组讨论的形式进行活动”。对于大多数大学来说，在提高跨文化交际能力方面，和出国留学相比，

---

① 王录，吴越 . 文化自信视域下英语专业语言文化类课程思政建设——以《跨文化交际》课程为例 [J]. 上海第二工业大学学报，2019，36（3）：219.

该模式是性价比较高，也是最可行的。

（四）集中培养阶段层面上的对策

从问卷调查第2题的数据中可以看出，越低年级的学生对问卷的参与度越高，高年级对跨文化交际能力的培养的关注度反而不如低年级。因此有以下分析和建议。

（1）刚刚结束高考进入大学的一年级学生对学习的热情是最高的，对学校的期待是最高的，对今后自身能力的培养也是最关注的。因此，关于培养跨文化交际能力的课程或活动应该尽量在一年级开展，所谓“打铁要趁热”就是这个道理。

（2）进入二、三年级以后，社团活动逐渐占用了学生的课余时间，进行其他学习的时间慢慢减少，学生们对学习的热情也较一年级时有所减弱。值得一提的是，大学的校园生活是远离家长督促的，学生对家长或老师的要求也不再“唯命是从”。

（3）进入四年级之后，学生的关注点主要集中在就业或继续深造上。大多数学生积极考取各类证书或奔波于各类招聘会之间，对学习的参与度和关注度是所有年级里最低的。因此，培养跨文化交际能力的课程或活动如果安排在本学年，其效果应该会是最差的。

（五）结语

在培养大学生跨文化交际能力的过程中，我们发现因不同特性的文化相互接触而产生误解和冲突往往在所难免。“高校的外语教学，不能只重视语言形式的正确性，而忽视不同文化间的差异，忽视语言与文化的密切联系，忽视语言在实际场合的应用。”① 高校教师在教授学生语言以外，还必须让学生理解异国文化，使学生具备良好的跨文化交际能力。本项目具有较好的研究价值和创新性，且对我国外语教育未来的改革方向具有现实的指导意义。

三、高校根据社会需求提高大学生跨文化交际能力的策略

近年来，在经济全球化已经成为潮流的国际形势下，我国各界各领域更是顺应趋势，不断扩大对外交流与合作。很多企业都在努力扩大海外市场，以谋求更大的发展，同时，很多外资企业也纷纷在中国建厂，努力扩大在中国的市场份额，因此，中外政治经济教育等各领域的交流越来越频繁和深入。特别是习主席提出“一带一路”的合作倡仪后，中国与其他国家的交流合作还会更加广泛和深入，那么，各领域工作人员在国外工作时，或是中国企业的经营活动跨越国境时，以及外国企业在中国进行经营活动时，本国文化必然会遇到异国的不同文化。如果在充分理解对象国文化的基础上进行交流的话，就可以避免产生各种冲突，而如果仅仅拘泥于本国文化，去考虑对象国情况、判定对象国人的想法的话，就容易产生问题。各国的文化以及人们的思维方式、价值观等都有着极大的不同。我国要想更好地在“一带一路”形势下，与各国间建立良好的合作发展关系，就需要更多具有良好跨文化交际能力的复合型专业人才。项目组对企事业单位工作人员进行问卷调查中发现，企业中具有较强跨文化交际能力的员工，在各方面的能力均大幅超出跨文化交际能力较差的职员，而且他们对公司发展所做的贡献也更大。也就是说，对于面对“一带一路”新发展形势的大学生来说，良好的跨文化交际能力，会成为他们毕业后择业、就业以

① 胡伟群. 外语教学应培养学生的跨文化交际能力 [J]. 新疆职业大学学报，2005（13）: 64.

及职业发展的一大助力和优势。

基于各个企业对具备较强跨文化交际能力人才的需求，项目组在调查目前我国大学生跨文化交际能力现状及社会对跨文化交际复合型专业人才需求的基础上进行分析研究，找出目前我国在培养大学生跨文化交际能力方面存在的问题，并提出有效的改进策略，以期为“一带一路”背景下中国及相关国家的社会经济文化发展培养更多更优秀的复合型专业人才，以期项目成果为我国高校今后如何培养大学生跨文化交际能力、如何进行相关的教学改革提供有效的依据。

（一）企事业单位员工提出的目前高校培养学生跨文化交际能力的策略

1. 专业教学方面

课程设置应科学合理，要做到重点突出，全面培养。高校在设置中外文化课程、让学生学好本国文化的前提下，还要多了解外国文化。在育才的同时还应做好育人的工作，提高学生各方面的素质，加强爱国主义教育。此外，学校要做好考核工作，完善相关考试制度，制定统一的外语水平考试标准。教师则应当多和企业沟通，了解企业用人需求，思考大环境下的教学侧重点，开展双外语教学活动，让外语专业的学生多掌握一门外语。

2. 能力培养方面

不应只注重课堂外语教学，还应考虑学生的个人职业规划，开展校企联合活动，多进与本国企业乃至外国企业合作，多开展职场体验活动，增加实践经验，以“实践＋理论”的方式进行培养。可以聘请工作经验丰富的人到高校做讲座，丰富学生见闻，并增加学生出国留学的机会。以语言为依托，培养学生成为“一专多能”的复合型人才，才能应对当前的企业需求。

3. 人才培养发面

高校应加强与国外高校的合作，开展合作办学，多让大学生走出国门，开阔视野。还可以聘请外籍教师开展讲座以及相关学习形式，让学生更多地感受文化差异。开展国际课程学习活动，建立相关平台，降低学习国外课程的门槛，开展互联网授课，降低跨文化交际学习的门槛，让更多的人也能参与学习。

（二）企事业单位管理者提高员工跨文化交际能力的策略

1. 跨文化交际培训形式应灵活多样

由于员工并非脱产培训，所以能够参与培训的时间有限，企业可采取多种培训形式，比如传统授课方式，这种方式进行学习更直接有效，授课内容可以包括语言训练、案例分析、情景模拟等。对部分工作较忙、基础较好的员工可以采取发放资料鼓励员工自主学习的方式，此外还可以采取公派出国的方式。另外适当的外语考级经济奖励会起到一定的激励作用。

2. 跨文化交际培训内容应异国文化和母国文化“两手抓”

跨文化交际是不同文化背景的人们之间的交流活动，应充分考虑跨文化交际所涵盖的各种文化因素及其相互作用，从而促成交谈双方达成跨文化交际的共识。因而企业在对员工进行外语培训的基础上，应逐步扩充语言知识所包含的文化底蕴和内涵。“员工不但要熟悉异文化国家的背景，更要了解母国文化渊源，对不同国家的风土人情、政治经济、历史文化、法律法规等多方面都需要有清楚的理解和认识。拥有广博的跨文化信息基础和广阔的跨文化视野才能保证员工能够在异文化中顺利完成工作任务。”①

3. 应充分发挥高校的社会职能、推进校企间跨文化培训合作

“高校拥有丰富的知识储备、先进的技术设备以及较强的知识应用能力，在企业自主跨文化素质提升还相对薄弱的情况下，院校方的责任尤为重要。”②因此，企业应寻求与高校的合作，使高校参与到企业的跨文化培训活动中来，面向应用和产业，培养人才和从事跨文化交际研究，在“一带一路”政策背景下切实推动跨文化体系建设成果向现实生产力转化，积极传播多元文化。加强校企合作，实现以跨文化交际培训校企结合来促进跨文化理论培训与实践的结合是非常重要的环节。

（三）结语

在经济全球化的背景下，世界联系日益紧密，中国需要世界，世界也需要中国。自中国提出共建“一带一路”的倡仪以来，河北省也在积极转型发展外向型经济，企业需要越来越多的具备跨文化交际能力的人才。“一方面，高校外语教学是培养跨文化交际能力非常重要的一条途径，而跨文化交际能力也是外语教学培养的重中之重，高校应与时俱进，认识到培养外语能力过硬且具有国际视野的跨文化交际人才的重要性，大力推进跨文化交际课程改革。”③另一方面，企业员工也应通过多种方式去努力提高自己的跨文化交际能力，争取为企业发展作出更大的贡献，同时使自己成为极具竞争力的高端人才；企业管理者也应很好的开展多种模式的跨文化交际培训，以提高员工的跨文化交际综合能力，提高员工在异文化背景下的跨文化适应能力，夯实人才基础，为企业发展源源不断地培养和输送具有较强跨文化交际能力的人才。

---

① 侯龙真 . 多元文化背景下跨国企业员工跨文化培训研究 [J]. 广州广播电视大学学报，2015（4）：41-42.

② 史兴松，潘亚玲 . 我国驻外商务人员选拔标准及跨文化培训研究 [J]. 国际商务（对外经济贸易大学学报），2012（5）：18-20.

③ 刘欣桐，侯艳宾 . 跨文化培训发展现状综述 [J]. 戏剧之家，2016（13）：77-78.

附录 1：问卷 1——高校教师

关于“大学生跨文化交际能力的培养策略研究”的调查问卷

（调查对象：高校教师）

本项目是河北工业大学外国语学院承担的河北省社科基金项目。该项目成果将为我国高校今后如何培养大学生的跨文化交际能力、如何进行相关的教学改革提供有效的依据，请大家协助回答以下问题。课题组成员对您的支持和帮助表示诚挚谢意，并保证您的问卷仅供研究使用，不做他用。谢谢！

“跨文化交际”是指本族语者与非本族语者之间的交际，也指任何在语言和文化背景方面有差异的人们之间的交际。

“跨文化交际能力”是指在跨文化交际语境中，交际者得体（符合目的文化的社会规范、行为模式和价值取向）、有效（实现交际目标）的交际行为能力。

1. 您的年龄是？（　　）

A.30 岁以下　　B.30~40 岁　　C.40~50 岁　　D.50 岁以上

2. 您的学历是？（　　）

A. 大学专科　　B. 大学本科

C. 硕士研究生　　D. 博士研究生

3. 您所在高校的地区是？（　　）

A. 北京地区　　B. 天津地区　　C. 河北地区

D. 上海地区　　E. 广东地区　　F. 其他地区（请注明：　　）

4. 您所在高校属于哪种类别？（　　）

A. 外语类　　B. 人文社科类　　C. 理工类　　D. 综合类

E. 其他（请注明：　　）

5. 您讲授的课程属于哪种类别？（　　）

A. 外语类　　B. 人文社科类

C. 理工类　　D. 其他（请注明：　　）

6. 您入职后是否有海外进修的经历？（　　）（如选择 A 则跳过下一题）

A. 有　　B. 没有

7. 您没有参加海外进修的原因是？（　　）

A. 家庭原因　　B. 经济原因

C. 校方批准门槛太高　　D. 担心影响工作

E. 担心人身安全　　F. 担心交流不畅

G. 无出国意愿　　H. 其他（请注明：　　）

8. 您在海外停留过多长时间？（包括留学、工作、旅游等）（ ）

A.5 年以上　　B.3~5 年　　C.1~3 年　　D.1 年以内

E. 没有

9. 您所在院系有多少外籍教师？（ ）

A.5 人以上　　B.3~4 人　　C.1~2 人　　D. 没有

E. 不清楚

10. 您所在院系有多少留学生？（ ）

A.10 人以上　　B.5~9 人　　C.1~4 人　　D. 没有

11. 您此前是否了解跨文化交际的概念和含义（ ）

A. 非常了解　　B. 比较了解　　C. 不太了解　　D. 不了解

12. 以下哪些项目您认为是跨文化交际能力的要素？（ ）【多选题】

A. 外语语言能力　　B. 对外国文化知识的深入理解

C. 对本国文化知识的深入理解　　D. 积极获取最新信息的行动力

E. 对外国文化和文化差异的好奇心　　F. 开放包容的心态

G. 观察与分析能力　　H. 与他人沟通和交流的亲和力

I. 较强的语言组织能力　　J. 其他（请注明： ）

13. 您认为以下哪些途径对提高教师的跨文化交际能力最有效？（ ）【多选题（最多选择 3 项）】

A. 参加国内相关培训或研修　　B. 出国研修

C. 参加国际学术交流研讨会　　D. 购买相关书籍

E. 利用网络信息　　F. 与外国人交流

G. 出国旅游　　H. 其他（请注明： ）

14. 您认为提高跨文化交际能力的重要意义有哪些？（ ）【多选题】

A. 提高外语水平　　B. 开阔视野

C. 增强国际意识　　D. 有利于就业及升迁

E. 思想观念更新　　F. 提高社交能力

G. 提高文化素养　　H. 提高综合能力

I. 提高知识水平　　J. 学习外国先进技术

K. 其他（请注明： ）

15. 您是否对外国文化以及不同文化间差异具有强烈的好奇心？（ ）

A. 非常强烈　　B. 比较强烈　　C. 不太强烈　　D. 不强烈

16. 您是否具有宽广、开放的国际视野？（ ）

A. 非常宽广　　B. 比较宽广　　C. 不太宽广　　D. 不宽广

17. 您对本国文化是否有足够的了解？（ ）

A. 非常了解　　B. 比较了解　　C. 不太了解　　D. 不了解

18. 您对外国（一国或以上）文化是否有足够的了解？（ ）

A. 非常了解　　B. 比较了解　　C. 不太了解　　D. 不了解

19. 您是否具有较强的外语语言沟通能力？（ ）

A. 非常强　　B. 比较强　　C. 不太强　　D. 不强

20. 您对国内外的文化现象作出评价分析的能力是否很强？（ ）

A. 非常强 B. 比较强 C. 不太强 D. 不强

21. 您与他人沟通和交流的亲和力是否很强？（ ）

A. 非常强 B. 比较强 C. 不太强 D. 不强

22. 您的语言组织能力是否很强？（ ）

A. 非常强 B. 比较强 C. 不太强 D. 不强

23. 您是否具有较强的获取国内外最新信息的行动力？（ ）

A. 非常强 B. 比较强 C. 不太强 D. 不强

24. 您是否会有意识地培养提高自己的跨文化交际能力？（ ）

A. 很有意识 B. 较有意识 C. 不太有意识 D. 没有意识

25. 您认为自己的跨文化交际能力处在何种水平？（ ）

A. 非常强。（无论是在正式场合还是在非正式场合，面对何种交流对象，均能实现有效交流）

B. 较强。（主要是在非正式场合同有相似教育背景的对象，可实现有效交流）

C. 不太强。（只能进行日常生活所需要的最低限度的交流）

D. 不强。（几乎不能实现有效交流）

26. 您对培养学生的跨文化交际能力是否关注？（ ）

A. 非常关注 B. 较关注 C. 不太关注 D. 不关注

27. 您所教授的学生跨文化交际能力大致处在什么水平？（ ）

A. 很强 B. 较强 C. 不太强 D. 不强

E 不清楚

28. 您认为所在院系学生是否有必要修读跨文化交际课程？（ ）

A. 非常有必要 B. 比较有必要 C. 不太必要 D. 不必要

29. 您是否认为应在课程设置中加大本国或外国文化课程的比重？（ ）

A. 两种都应增加 B. 应增加本国文化课程

C. 应增加外国文化课程 D. 不用增加

E. 无所谓

30. 您认为教师的跨文化交际能力高低是否会影响教学效果？（ ）

A. 影响很大 B. 影响较大 C. 影响不大 D. 没有影响

31. 您在授课过程中是否使用外语？（ ）

A. 全外语授课 B. 部分使用外语授课

C. 不太使用外语授课 D. 不使用外语授课

32. 您的授课内容是否经常涉及外国文化或国外科技？（ ）（如选择 D 则跳过 33、34）

A. 经常涉及 B. 有时涉及 C. 很少涉及 D. 不涉及

33. 您授课内容中涉及的外国文化知识主要是？（ ）【多选题】

A. 风土人情 B. 历史文化 C. 政治经济 D. 文学影视作品

E. 时事热点 F. 信仰和价值观 G. 专业领域的研究动态

H. 其他（请注明： ）

34. 您在课堂上是否横向对比中外文化的异同？（　　）

A. 经常对比　　B. 有时对比　　C. 很少对比　　D. 从不对比

35. 您在授课中是否强调交际能力、表达能力的重要性？（　　）

A. 经常强调　　B. 有时强调　　C. 很少强调　　D. 从不强调

36. 为提高跨文化交际能力，您会使用以下手段进行辅助教学吗？（　　）【多选题】

A. 播放影视剧或纪录片　　B. 利用互联网或 APP

C. 鼓励学生利用第二课堂　　D. 模拟跨文化交际的场景

E. 介绍相关的课外读物　　F. 展开课堂讨论

G. 其他（请注明：　　）　　H. 不使用

37. 您认为以上哪项辅助手段最有效？（　　）【多选题（最多选择 3 项）】

38. 您认为提高学生跨文化交际能力的最有效途径是？（　　）【多选题（最多选择 5 项）】

A. 开设专门课程　　B. 授课教师引导

C. 购买相关书籍　　D. 利用网络信息

E. 学生与留学生交流　　F. 外教主导的沙龙等活动

G. 出国旅游　　H. 留学

I. 海外游学　　J. 邀请校内或校外专家讲座

K. 其他（请注明：　　）

39. 您认为应该如何提高教师的跨文化交际能力？（请自由叙述）

40. 您对提高学生的跨文化交际能力有何建议？（请自由叙述）

附录 2：问卷 2——高校学生

关于“大学生跨文化交际能力的培养策略研究”的调查问卷

（调查对象：高校学生）

本项目是河北工业大学外国语学院承担的河北省社科基金项目。该项目成果将为我国高校今后如何培养大学生的跨文化交际能力、如何进行相关的教学改革提供有效的依据，请大家协助回答以下问题。课题组成员对您的支持和帮助表示诚挚谢意，并保证您的问卷仅供研究使用，不做他用。谢谢！

“跨文化交际”是指本族语者与非本族语者之间的交际，也指任何在语言和文化背景方面有差异的人们之间的交际。

“跨文化交际能力”是指在跨文化交际语境中，交际者得体（符合目的文化的社会规范、行为模式和价值取向）、有效（实现交际目标）的交际行为能力。

1. 您在大学所学专业是？（　　）

A. 外语类　　B. 人文社科类

C. 理工类　　D. 其他（请注明：　　）

2. 您所在年级是？（　　）

A. 一年级　　B. 二年级　　C. 三年级　　D. 四年级及以上

3. 您是哪里生源的学生？（　　）

A. 北京地区　　B. 天津地区

C. 河北地区　　D. 上海地区

E. 广东地区　　F. 其他地区（请注明：　　）

4. 您进入大学之前学习了几年外语？（　　）

A.10 年及以上　　B.6~9 年　　C.3~5 年　　D.3 年以下

5. 您进入大学之后学了几年外语？（　　）

A.3 年以上　　B. 2~3 年　　C.1~2 年　　D. 1 年以下

6. 您进入大学之后的外语水平是否有所提高？（　　）【多选题】

A. 听力有提高　　B. 写作有提高　　C. 阅读有提高　　D. 会话有提高

E. 翻译有提高　　F. 没有提高

7. 您此前是否了解“跨文化交际”的概念？（　　）

A. 非常了解　　B. 比较了解　　C. 不太了解　　D. 不了解

8. 进入大学之后，您的跨文化交际能力是否有所提高？（　　）

A. 有很大提高　　B. 有较大提高　　C. 没有太大提高　　D. 没有提高

9. 以下哪些项目您认为是跨文化交际能力的要素？（　　）【多选题】

A. 外语语言能力
B. 对外国文化知识的深入理解
C. 对本国文化知识的深入理解
D. 积极获取最新信息的行动力
E. 对外国文化和不同文化间差异的好奇心
F. 开放包容的心态
G. 观察与分析问题的能力
H. 与他人沟通和交流的亲和力
I. 条理清晰地表达想法的语言组织能力
J. 其他（请注明：　　　　　　　　）

10. 您是否有深入了解外国文化、进行跨文化交际的热情？（　　）
A. 非常有热情　　B. 比较有热情　　C. 不太有热情　　D. 没有热情

11. 您是否对外国文化以及不同文化间的差异具有强烈的好奇心？（　　）
A. 非常强烈　　B. 比较强烈　　C. 不太强　　D. 不强

12. 您对本国文化是否有足够的了解？（　　）
A. 非常了解　　B. 比较了解　　C. 不太了解　　D. 不了解

13. 您对外国文化（一国或一国以上）是否有足够的了解？（　　）
A. 非常了解　　B. 比较了解　　C. 不太了解　　D. 不了解

14. 您获取国内外最新信息的行动力是否很强？（　　）
A. 非常强　　B. 比较强　　C. 不太强　　D. 不强

15. 您对国内外文化现象做出评价分析的能力是否很强？（　　）
A. 非常强　　B. 比较强　　C. 不太强　　D. 不强

16. 您与他人沟通和交流的亲和力是否很强？（　　）
A. 非常强　　B. 比较强　　C. 不太强　　D. 不强

17. 您的语言组织能力是否很强？（　　）
A. 非常强　　B. 比较强　　C. 不太强　　D. 不强

18.“听、说、读、写、译”这五种能力您哪一种最弱？（　　）
A. 听　　B. 说　　C. 读　　D. 写
E. 译　　F. 其他（请注明：　　）

19. 您认为在专业课堂中，该如何提高大学生的跨文化交际能力？（　　）【多选题】
A. 继续打好学生的外语语言基础，提高其外语的听说读写译这五大基本能力
B. 在课堂中利用新闻或影视等各类资料增加学生对外国文化的了解
C. 在课堂中引导学生对本国文化和外国文化进行比较，总结相同点和不同点
D. 开设本国文化和外国文化的比较研究等相关课程，帮助大学生进一步了解不同文化的价值观、民族风格和生活方式
E. 请有丰富跨文化合作经验的专家来讲课或开设讲座
F. 开设更多在跨文化公司实习课程或增加相应学分，加强大学生与跨文化企业和机构合作
G. 其他（请注明：　　）

20. 您认为在开设选 / 辅修课层面上，如何提高大学生的跨文化交际能力？（　　）【多选题】

A. 开设外国文化相关课程

B. 开设本国文化相关课程

C. 放宽外语选 / 辅修的条件

D. 设立更多种类外语选 / 辅修的模式，增加修习途径

F. 其他（请注明：　　　　　　　）

21. 您认为在高校国际交流层面上，如何提高大学生的跨文化交际能力？（　　）【多选题】

A. 增加本校留学生的数量

B. 让更多外国留学生来本校进修留学

C. 增强留学项目的宣传力度

D. 放宽本校学生出国留学的条件，对有意愿出国进修的大学生提供更多支持

E. 举办更多形式的“外语角”活动

F. 其他（请注明：　　　）

22. 您在大学期间主要学习的是哪部分外语知识？（　　）【多选题】

A. 听　　B. 说　　C. 读　　D. 写

E. 译　　F. 其他

23. 您所在的专业，中国文化相关课程是选修课还是必修课？（选择 C 或 D 时跳过下一题）（　　）

A. 选修课　　B. 必修课　　C. 没有开设　　D. 不太清楚

24. 您所在专业开设了哪些中国文化相关课程？（　　）【多选题】

A. 大学语文　　B. 中国传统文化　　C. 中国古典文学　　D. 中国现代文学

E. 不清楚　　F. 其他（请注明：　　　）

25. 您所在院系是否有外籍教师？（　　）

A. 有 5 名及以上　　B. 有 3~4 名　　C. 有 1~2 名　　D. 没有

E. 不清楚

26. 您所在院系是否有留学生？（　　）

A. 有 10 名及以上　　B. 有 5~9 名　　C. 1~4 名　　D. 没有

27. 您认为所在院系有较高跨文化交际水平的老师是否很多？（　　）

A. 非常多　　B. 比较多　　C. 不太多　　D. 不多

28. 您的专业课教师在课堂上是否有意识地引入外国文化以及国外科技的相关知识？（　　）

A. 有意识去引入的老师非常多　　B. 有意识去引入的老师比较多

C. 有意识去引入的老师比较少　　D. 没有老师去有意识引入

29. 您认为自己的跨文化交际能力处在何种水平？（　　）

A. 非常强。（无论是在正式场合还是在非正式场合，面对何种交流对象，均能实现有效交流）

B. 较强。（主要是在非正式场合和有相似教育背景的对象，可实现有效交流）

C. 不太强。（只有日常生活所需要的最低限度的交流。）

D. 不强。（几乎不能实现有效交流。）

30. 您是否愿意和外国人沟通？（　　）

A. 特别愿意　　B. 比较愿意　　C. 不太愿意　　D. 不愿意

31. 您有过出国经历吗？（　　）

A.3 次及以上　　B.2 次　　C.1 次　　D. 没有

32. 在学期间您想出国留学的理由是什么？（请排序）（　　）【多选题】

A. 开阔视野　　B. 提高外语能力

C. 获得更理想的学位证书　　D. 有利于就业

E. 可以提高综合能力　　F. 其他原因（请注明：　　）

G. 不想出国

33. 在学期间您不想出国留学的原因是什么？（请排序）（　　）【多选题】

A. 不安全　　B. 费用太高　　C. 求学时间过长　　D. 不能顺利毕业

E. 不能适应外国环境　　F. 不能自立　　G. 外语能力不足　　H. 家庭原因

I. 其他原因（请注明：　　）

34. 您的学校是否举办文化周或文化专题讲座等活动？（包括本国文化和外国文化）（　　）

A. 经常举办　　B. 有时举办　　C. 不太举办　　D. 不举办

E. 不清楚

35. 您是否参加学校举办的文化周或文化专题讲座等活动？（包括本国文化和外国文化）（　　）

A. 经常参加　　B. 有时参加　　C. 不太参加　　D. 不参加

36. 您是否修读过外国文化知识的通识课程？（　　）

A. 修读很多　　B. 修读较多　　C. 修读很少　　D. 没有修读

37. 您认为提高自身跨文化交际能力的最有效途径是？（　　）【多选题（请选 3 项）】

A. 修读专门课程　　B. 通过授课教师引导

C. 购买相关书籍　　D. 利用网络信息

E. 结交外国友人　　F. 外教主导的沙龙等活动

G. 出国旅游　　H. 留学

I. 海外游学　　J. 邀请校内或校外专家讲座

K. 其他（请注明：　　）

38. 您是否希望提高自己的跨文化交际能力？（　　）

A. 非常希望　　B. 比较希望　　C. 不太希望　　D. 不希望

39. 您认为提高跨文化交际能力对将来个人发展有影响吗？（　　）

A. 影响很大　　B. 比较影响　　C. 不太影响　　D. 不影响

40. 您认为提高跨文化交际能力对个人发展影响体现在哪些方面？（　　）【多选题】

A. 有利于就业　　B. 外语能力的提高

C. 开阔视野　　D. 国际意识增强

E. 思想观念更新　　F. 学习外语意识增强

G. 社交能力提高　　H. 综合能力提高

I. 没什么影响　　J. 其他（请注明：　　　）

41. 您认为学校为了提高学生的跨文化交际能力应该采取哪些措施或进行哪些改革？

42. 您今后打算如何提高自己的跨文化交际能力？

附录 3：问卷 3——企事业单位

关于“大学生跨文化交际能力的培养策略研究”的调查问卷

（调查对象：企业员工）

本项目是河北工业大学外国语学院承担的河北省社会科学基金项目。该项目成果将为我国高校今后如何培养大学生的跨文化交际能力、如何进行相关的教学改革提供有效的依据，请大家协助回答以下问题。课题组成员对您的支持和帮助表示诚挚谢意，并保证您的问卷仅供研究使用，不做他用。谢谢！

“跨文化交际”是指本族语者与非本族语者之间的交际，也指任何在语言和文化背景方面有差异的人们之间的交际。

“跨文化交际能力”是指在跨文化交际语境中，交际者得体（符合目的文化的社会规范、行为模式和价值取向）、有效（实现交际目标）的交际行为能力。

1. 您在大学时期所学专业是什么？（　　）

A. 外语类　　B. 人文社科类

C. 理工类　　D. 其他（请注明：　　）

2. 您的学历是？（　　）

A. 大学专科　　B. 大学本科

C. 硕士研究生　　D. 博士研究生

3. 您的工作年限是：（　　）

A.5 年以下　　B.6~10 年

C.11~15 年　　D.15 年以上（请注明：　　）

4. 您现在的职位是：（　　）

A. 操作工　　B. 一般文职人员　　C. 技术人员　　D. 管理人员

E. 其他（请注明：　　）

5. 您目前供职的企业的所在地区是：（　　）

A. 北京地区　　B. 天津地区

C. 河北地区　　D. 其他地区（请注明：　　）

6. 贵公司的公司性质是：（　　）

A. 中外合资企业　　B. 外国独资企业　　C. 私营企业　　D. 国营企业

E. 其他（请注明：　　）

7. 贵公司将员工派往国外工作的机会多不多？（　　）

A. 很多　　B. 较多　　C. 不太多　　D. 没有

8. 此前您是否了解跨文化交际的概念和含义？（　　）

A. 非常了解　　B. 比较了解　　C. 不太了解　　D. 不了解

9. 贵公司在招聘员工时，是否重视其跨文化交际能力？（　　）

A. 非常重视　　B. 比较重视　　C. 不太重视　　D. 不考虑

10. 您认为跨文化交际的主要障碍是什么？（　　）

A. 外语语言能力

B. 对本国文化的了解程度

C. 对他国文化的了解程度和求知欲

D. 积极学习新知识的行动力

E. 观察与分析能力

F. 与他人沟通和交流的亲和力

G. 其他（请注明：　　）

11. 您公司的员工对其本国文化是否了解？（　　）

A. 非常了解　　B. 比较了解　　C. 不太了解　　D. 不了解

E 不清楚

12. 您认为具有较强跨文化交际能力的人员是否比其他人员外语水平更高？（　　）

A. 高很多　　B. 比较高　　C. 不太高　　D. 不高

E 不清楚

13. 您认为具有较强跨文化交际能力的人员是否比其他员工在人际交往方面能力更强？（　　）

A. 强很多　　B. 比较强　　C. 不太强　　D. 不强

14. 您认为具有较强跨文化交际能力的人员是否比其他员工适应环境和工作的能力更强？（　　）

A. 强很多　　B. 比较强　　C. 不太强　　D. 不强

15. 您认为具有较强跨文化交际能力的员工是否比其他员工对工作的责任感更强？（　　）

A. 强很多　　B. 比较强　　C. 不太强　　D. 不强

16. 您认为具有较强跨文化交际能力的员工是否比其他员工某一领域的专业技能更强？（　　）

A. 强很多　　B. 比较强　　C. 不太强　　D. 不强

17. 具有较强跨文化交际能力的员工是否比其他员工对外国文化的理解更深？（　　）

A. 深很多　　B. 比较深　　C. 不太深　　D. 不深

18. 具有较强跨文化交际能力的员工是否比其他员工对外国的商务习惯了解得更深？（　　）

A. 深很多　　B. 比较深　　C. 不太深　　D. 不深

19. 具有较强跨文化交际能力的员工是否比其他员工在心理素质方面更强一些？（　　）

A. 强很多　　B. 比较强　　C. 不太强　　D. 不强

20. 具有较强跨文化交际能力的员工在团队合作方面是否表现突出？（　　）

A. 突出很多　　B. 比较突出　　C. 不太突出　　D. 不突出

21. 具有较强跨文化交际能力的员工比其他员工在个人成长方面是否更快一些？（　　）

A. 成长很快　　B. 成长较快　　C. 成长不太快　　D. 成长

22. 具有较强跨文化交际能力的员工是否比其他员工在个人修养方面更好？（　　）

A. 非常好　　B. 比较好　　C. 不太好　　D. 不好

23. 具有较强跨文化交际能力的员工是否比其他员工在商务礼仪方面表现得更好？（　　）

A. 非常好　　B. 比较好　　C. 不太好　　D. 不好

24. 具有较强跨文化交际能力的员工是否比其他员工在工作积极性和主动性方面更好？（　　）

A. 非常好　　B. 比较好　　C. 不太好　　D. 不好

25. 具有较强跨文化交际能力的员工是否比其他员工对公司的贡献度更大？（　　）

A. 很大　　B. 较大　　C. 不太大　　D. 不大

26. 您所在企业中外员工之间的交流是否很多？（　　）

A. 经常交流　　B. 有一些交流　　C. 不太交流　　D. 没有交流

E 不清楚

27. 您所在企业以何种方式提高员工的跨文化交际能力？（　　）【多选题】

A. 公派出国

B. 企业内开展培训

C. 外语考级经济奖励制度

D. 分发学习材料

E. 鼓励员工自身加强知识积累

F. 其他（请注明：　　）

28. 在贵公司员工的跨文化交际能力对职位的升迁是否起作用？（　　）【多选题】

A. 作用很大　　B. 比较起作用　C. 不太起作用　D. 没有作用

29. 您认为提高跨文化交际能力的重要意义有哪些？（　　）【多选题】

A. 提高外语水平　　B. 开阔视野

C. 增强国际意识　　D. 有利于就业及升迁

E. 思想观念更新　　F. 提高社交能力

G. 提高文化素养　　H. 提高综合能力

I. 提高知识水平　　J. 学习国外的先进技术

K 其他（请注明：　　）

30. 您是否认为应重视大学生在校期间跨文化交际能力的培养？（　　）

A. 应非常重视　　B. 应比较重视　　C. 不用太重视　　D. 不用重视

31. 您所在企业是否重视对员工跨文化交际能力的培养？（　　）

A. 非常重视　　B. 比较重视　　C. 不太重视　　D. 不重视

32. 您所在企业以何种方式提高员工的跨文化交际能力？（　　）【多选题】

A. 公派出国　　B. 企业内开展培训

C. 外语考级经济奖励制度　　D. 分发学习材料

E. 鼓励员工自身加强知识积累　F. 其他（请注明：　）

33. 您所在企业是否会对员工进行提高跨文化交际能力的相关培训？（　）

A. 经常有（10 次以上 / 年）　B. 有一些（5~9 次 / 年）

C. 不太有（1~4 次 / 年）　D. 没有

34. 企业培训主要注重哪些内容的学习？（　）【多选题】

A. 外语语言学习　B. 中外文化学习

C. 专业外语术语学习　D. 外国技术学习

E. 其他（请注明：　）

35. 您是否愿意参加企业对员工进行的提高跨文化交际能力的培训？（　）

A. 非常愿意　B. 比较愿意　C. 不太愿意　D. 不愿意

36. 您所在企业是否会对参加培训的员工给予奖励？（　）

A. 参加并考核合格即有奖励　B. 参加并考核优秀即有奖励

C. 参加即有奖励　D. 没有奖励

37. 除了上述内容以外，您认为具有较强跨文化交际能力的人员和其他人员相比还有哪些不同？（请自由叙述）

38. 为了适应现代经济社会和企业发展的需要，为了提高学生的跨文化交际能力，您认为中国高校需要进行哪些教育教学改革？您有什么希望和建议？（请自由叙述）

参考文献

[1] 爱德华·霍尔．无声的语言 [M]．何道宽，译．北京：北京大学出版社，2010.

[2] 高雅丽．跨文化教育的内涵、必要性、开展途径及原则 [J]．江西社会科学，2013（10）：12-15.

[3] 葛春萍，王守仁．跨文化交际能力培养与大学英语教学 [J]．外语与外语教学，2016（2）：79-85.

[4] 胡文仲．跨文化交际能力在外语教学中如何定位 [J]．外语界，2013（6）：2-8.

[5] 李翔．"一带一路" 背景下大学英语教学中学生跨文化交际能力培养策略探究 [J]．兰州教育学院学报，2018（3）：147-149.

[6] 彭春菊等．大学英语教学中跨文化交际能力培养研究 [J]. 海外英语，2015（2）：51.

[7] 史兴松，朱小玢．我国近十年跨文化交际研究回顾与展望 [J]. 中国外语，2015（6）：58-64.

[8] 吴筱明．以就业能力为导向的跨文化能力的培养 [J]. 岳阳职业技术学院学报，2011，26（5）：20-22.

[9] 张卫东，杨莉．跨文化交际能力体系的构建：基于外语教育视角和实证研究方法 [J]. 外语界，2012（2）：8-16.

[10] 赵萱，张佩萍，陈佳．历史评述：联合国教科文组织和跨文化教育实践 [J]. 现代教育科学，2011（1）：24-25.

[11] 赵芳．渗透式跨文化交际能力培养模式研究 [D]. 上海：上海外国语大学，2014：42-48.

[12] 周梅，张娟，胡亚林．"一带一路" 倡仪下地方应用型本科高校大学生英语口语交际能力研究—以皖西学院为例 [J]. 科教文汇（下旬刊），2020（6）：169-171.

[13] BEHRND V，PORZELT S.Intercultural competence and training outcomes of students with experiences abroad[J].International Journal of Intercultural Relations，2012（ 36）：213-223.

后　记

现代的学术研究已成为一种社会性事业。任何一项研究课题的获得与开展，都需要相关部门的支持、同行的合作和认可。本研究是针对全国高校大学生跨文化交际能力培养的策略研究，涉及面非常广泛，既涉及全国高校的大学生，又涉及广大高校教师，同时还涉及大学生就业的企事业单位，因此需要得到全国高校、企事业单位的大力支持与配合。

在本研究成果即将出版之际，首先要感谢河北省哲学社会科学规划办公室对本研究给予的经费资助。在课题研究开展过程中，还得到了河北工业大学科学技术研究院、河北工业大学外国语学院各级领导的大力支持和帮助，在此向各级领导以及对本研究提供了支持和帮助的各界人士表示衷心的感谢。同时对全国参与问卷调查的高校师生及企事业单位员工表示深深的感谢！此外，天津大学出版社各级领导和陈柄岐老师在本书出版过程中给予了大力关怀和帮助，在此向出版社的各位老师致以诚挚的谢意！最后对课题组成员解媛媛、丁宁、郭媛、邓颖、马千红的共同合作一并表示感谢！

周宝玲

2021 年 1 月